财经易文
www.ewinbook.com

发现机会

罗恩·科比　著
伍健仁　　译
金　季　译校

DISCOVER THE UPSIDE OF DOWN

中国财政经济出版社

图书在版编目(CIP)数据

发现机会:逆境中的投资金率/(美)科比(Coby, R.)著;伍健仁译,金季译校.
—北京:中国财政经济出版社,2010.6

书名原文:Discover the Upside of Down

ISBN 978-7-5095-2207-3

Ⅰ.发… Ⅱ.①科… ②伍… ③金… Ⅲ.投资—基本知识 Ⅳ.F830.59

中国版本图书馆 CIP 数据核字(2010)第074059号

著作权合同登记号:图字01-2009-4037号

责任编辑:孙伟生　责任校对:孙志敏

封面设计:华乐功　版式设计:孙志云

Ronald J. Coby
Discover the upside of down: investment strategies for volatile times
ISBN 978-0-470-41972-4

Published by John Wiley & Sons, Inc., Hoboken, New Jersey.

中国财政经济出版社出版

URL: http://www.cfeph.cn

E-mail: webmaster@ewinbook.com

社址:北京海淀区阜成路甲28号　邮政编码:100142

发行电话:010-88191017

三河市祥达印装厂印刷　各地新华书店经销

787×1092毫米　16开　16.25印张　220千字

2010年7月第1版　2010年7月北京第1次印刷

定价:39.80元

ISBN 978-7-5095-2207-3/F·1753

(图书出现印装问题,本社负责调换)

目　录

译者序

本书作者罗恩·科比是华尔街的著名投资经理人，根据自己在美国证券市场征战20多年的实践经验和教训，提出了市场波动时期的投资策略，即空头方策略。通观全书，具有以下鲜明特点：

第一，几乎没有深奥的投资理论，基本上以自己的亲身经历，用通俗易懂的语言，介绍作者在证券市场成长的过程，投资的经验教训，以及作者本人总结的10条投资铁律。

本书的一个最大特点是，通过讲作者本人的投资经历，向读者展现了最新的投资理念。尤其是介绍作者本人如何在逆境中坚持，从这个意义上说，这又是一本励志的书。在以美国次贷危机演变为一场新世纪全球经济大危机的面前，投资者阅读本书，将了解如何驾驭金融的未来，勇于面对人生的“过山车”的秘诀，有利于针对新情况，采用新的投资理念，坚持投资。

第二，观察市场的思路和视野非常开阔。作者不仅分析美国的房地产市场，而且分析国际石油等主要商品市场；不仅分析股票市场，而且分析汇市、衍生品市场。更重要的是，不仅分析美国经济问题，更注重国际重大政治事件，如美国反恐战争的军事打击，以色列对伊朗可能发起的突袭等，这些重要国际事件都可能导致金融市场的大幅波动。

作者在讲述自身投资创业经历的过程中，实际上，还揭露了美国证券市场存在的一些弊端，如利用内幕消息操纵市场，尔虞我诈等。从中可以看出，即使是世界上最发达的金融市场，并非尽善尽美，也存在最传统、最常见的问题。金融危机以来，美国不断爆出在华丽包装下的金融诈骗案，就是最好的佐证。

第三，力主“空头方策略”。作者提出的空头方策略与传统的空方策略有所不同。传统的空方策略就是卖空或沽空。作者提出的空头方策略是：根据市场行情，涨势时低买高卖股票，跌势时高卖低买股票期权；不同的金融市场、同一市场中的不同板块，都要持有投资头寸；既要有多头，又要有空头；在跌势中，必须采取“赢利和保护”的投资策略，即及时了结获利，增加现金头寸，及时补仓，抓住市场反弹的机遇，从中获得盈利。

作者认为，在这市场剧烈波动的新时代，必须在执行严格的风险管理纪律的前提下，实施更加随机应变的投资策略。作者的投资策略和时机选择指标，有助于投资者识别市场的顶部和底部，确定卖出股票以保护投资的时机，确定进行反攻以寻求资本收益的时机。此外，作者提出了“10 条投资铁律”，这是其从 20 多年来在投资业“攻城掠地”的经验中总结出来的智慧结晶。

当前，世界各国依然携手应对国际金融危机。尤其是美国，一方面，为了防止经济衰退，美联储采取“定量宽松”的货币政策，对市场大量注入流动性；另一方面，美元流动性泛滥，导致美元不断贬值。因此，可以说，美国遇到了通胀和通缩的两面夹击。现在，美联储再次面临类似于 20 世纪 30 年代大萧条的困境，各类资产价格都在缩水。严重的“滞涨”——在房地产价格急剧下降的同时，出现通货膨胀和经济停滞——已经引起大多数投资价值下降，同时生活必需品价格上升。我们正处于经济剧烈动荡的时代，本书将成为理想的投资指南，有利于投资者驾驭美国和全球经济今后出现的巨大的市场波动局面。这场经济风暴终将过去，无论是在当前的经济环境下，还是准备充分利用全球经济再次繁荣时的新牛市，本书介绍的保护和赢利策略，将有助于投资者继续生存与投资。

需要说明的是，美国的证券市场是全球规模最大、流动性最强、产品最多、开放程度最高的市场，作者完全是从美国金融市场体系出发，提出交易策略，投资者可以充分地、灵活地利用现货市场与期货市场、商品市场与金融市场、国内与国际市场，进行对冲式投资。中国金融市场的深度和广度都处在发展、完善阶段，与最发达的市场相比，品种缺得比较多，尤其是金融衍生产品，因此，运用策略时需要考虑中国市场的实际情况，有些策略暂时还无法运用。但是，作者关于投资策略的思想、思路，是完全可以借鉴的。

全书共 12 章，各章翻译和校对人员如下：封面、封口和封底由李思民翻译，第 1 章和第 10 章由文斌翻译，第 2 章由易化翻译，第 3 章和第 9 章由孙刚翻译，第 4 章和第 11 章由王甄翻译，第 5 章和第 8 章由西北林翻译，第 7 章和第 12 章由华文翻译。结束语、专业词汇、索引、第 6 章由金季翻译。李思民对 10、11、12 章进行了初校，全书由金季校对。由于译、校者水平有限，难免会有瑕疵，敬请赐教。

译者

2009 年 11 月

第1章

看涨者与看跌者，究竟谁是赢家？

看涨者与看跌者之间的争论已经成为CNBC（美国国家广播公司下属的一个财经、金融新闻专业电视台）的一个消遣娱乐节目，我还听到有人称之为“看涨者炫耀”（the bull parade）。人们每天都可以在电视上看到有关牛市或熊市讨论的聊天节目。许多市场预测家们展示了他们针锋相对的观点，这些观点听上去都很有说服力。一种观点预计美国经济会崩溃，如彼得·希夫（Peter Schiff）在其所著的《美元大崩溃》（*Crash Proof*）中提出了这个观点（John Wiley & Sons，2007）。另一种观点预计未来将出现“世界史上最伟大的经济繁荣”，如著名的市场时机战略家唐·海斯（Don Hays）就是这么预测的。双方的观点都有说服力，使得大多数投资者无所适从，失去自信，并常常被误导。市场专家、交易者和投资者在市场高涨时过于乐观，而在市场低迷时过于悲观，这进一步加剧了预测的混乱。

阅读本书，您将学会如何把握个人理财的未来，领先于美国和世界经济而顺利登上千载难逢的“市场过山车”。为了明智地确定你的资金头寸，以便为将来出现的繁荣和萧条做好准备，让我们回顾一下我们这一代人所经历过的事情，即从1995年到2008年初，市场关于最大的繁荣和泡沫破灭时期的争论。理解过去的心路历程，再对照实际的现实，将有助于您更好地确定未来的投资头寸。

在1995年初开始的牛市中，奥本海默（Oppenheimer）的看跌首席投资策略师，已故的迈克尔·梅茨（Michael Metz）对客户提出建议，当投资者应当用两个拳头买入股票的时候，要谨慎小心，并及时筹集好现金。与此同时，雷曼兄弟公司首席市场策略师伊莱恩·加扎雷利(Elaine Garzarelli)的观点与其针锋相对。1995年，由于伊莱恩坚持看涨市场，以至于被老板解雇了，特别是在1994年市场极度疲软之后，她的这种看涨的观点似乎太荒谬了，而且与当时的舆论完全相悖。但是，迈克尔·梅茨却不同，他越是看跌股票市场，在电视上露脸的机会就越多。但是，当股票止损回升时，伊莱恩的看涨观点得到了验证，她成了华尔街名噪一时的人物。当迈克尔·梅茨的身影出现在纽约股票交易所交易大厅的时候，人们会纷纷避开，就像他得了传染病一样。

就在伊莱恩的名声如日中天的时候，她的厄运不期而至。1996年7月26日，当伊莱恩四处发布“立即卖出所有股票”的预告时，股票市场却再次开始向新的最高点位发起冲击。错过这次大牛市之后，她不得不通过对其市场时机模型进行“新的改变”而最终改变她的看跌判断。

在牛市初期，传播范围最广的看涨观点大概来自于拉尔夫·阿坎波拉（Ralph Acampora），他于1995年6月发表了这种观点，当时道琼斯工业股票平均价格指数（DJIA）接近5000点。拉尔夫是培基证券公司(Prudential Securities）的首席技术策略分析师，他发表了一份题为《道指将涨到7000点》的详细分析报告。在报告中，拉尔夫强烈推荐大量买入，一石激起千层浪，这份报告的发表引起了极大的轰动。

就在2000年牛市正要转入熊市的时候，出现了三位著名的看涨者：A. G. 爱德华兹公司首席策略分析师阿尔·戈德曼（Al Goldman)、高盛公司首席市场策略分析师阿比·约瑟夫·科恩（Abby Joseph Cohen）以及 Gruntel公司投资政策主任乔·巴蒂帕里亚（Joe Battipaglia)。这三位看涨者的著名人物——阿尔、阿比和乔——难以置信地经常出现在电视访谈节目中，他们个个后来都因此而声名鹊起。值得肯定是，他们以前对牛市趋势的看涨预计都是正确的；不利的是，面对人们的掌声和欢迎，他们不能做到急流勇退。

另一位在电视节目广告中曝光最多的牛市名人是纳斯达克的交易主

任，布赖恩·芬纳蒂（Brian Finnerty）。我记得2000年1月27日有线电视新闻网财经节目（CNNfn）里的布赖恩，他在节目中推荐JDS Uniphace公司（JDSU）的股票。他声嘶力竭地宣称："JDSU给了我们许许多多的昨天……，JDSU获得了200倍的收益，难道我的这种估价过高了吗？我不知道"。这个节目播出不久，JDSU的股价一路狂跌，每股价格从155美元下跌至1.55美元，仅仅是小数点上小小的变化，却发生巨大的价格变化！

同样地，在CNN的财经节目上，还有一位名人叫利兹·安·森德斯（Liz Ann Senders）的，当时她是Campbell Cowperthwait公司的执行董事（现在是Charles Sclrwab and Co. 公司的首席投资策略分析师），在谈到JDSU公司时，她说："无论从长期讲还是从短期讲，都喜欢这只股票"。她也喜欢股票市场，在AOL、思科（CSCO）、安然（Enron）以及Broadcade公司的股票暴涨70%至100%之前，她接二连三地向人们推荐这些股票。

我个人特别喜欢观看的是内德·赖利（Ned Riley）的访谈节目，他是国政街全球咨询公司（State Street Global Advisors）的首席投资策略分析师，我从他的电视访谈节目中获益匪浅。内德是一位"牛市的死硬派"（perma-bull），用他自己说的一句话就可以证明这一点，他说："我到死都会推荐QQQ（纳斯达克100）"（消息来源：CNN周末货币在线）他自嘲自己不仅嫁给了股票市场，而且同具体的股票也结下了不解之缘。在2001年的后期，他在亚太财经新闻频道（CNBC）的电视节目里还大力推荐了Elan Pharmaceuticals（ELN）公司的股票。这是他非常喜欢的一只精选的股票，从20世纪60年代他推荐这只股票开始，直至20世纪中期，一路下跌，但他依然喜欢这只股票。ELN股票连续下滑，从其下跌速度和下跌所带来的痛苦来讲，该股票成了最大的输家之一。该股票的地板价为1.03美元——专家们所能期望的也只有这么多了。

2000年，阿尔、阿比和乔的牛市观点，同唐·海斯的熊市观点是截然相反的，唐·海斯是"Wheat First Butcher Singer"公司的首席投资策略分析师，当时他提出股票市场经过一个长期牛市之后，将出现大崩盘。就像2000年失控的大股灾一样，金融市场混乱正在横扫全球的金融市场，因此，阿尔、阿比和乔坚定的牛市观点越来越没有市场了。但是，当2000年纳斯达克大熊市止跌反弹时，这三位策略师会立即出现在CNBC的所有电视节目中，口吐兰花，鼓动人们唯一采取的行动是——买进，买进，买进！那些听信他们建议的投资者，买进以后，眼睁睁看着他们的股票在随后的市场暴跌中损失贻尽。

尽管唐·海斯以前提出了熊市的判断，但却使其客户免受损失。纳斯达克100指数暴跌83%以后，媒体像躲避瘟疫一样躲着阿尔、阿比和乔。当股市跌到谷底时，唐·海斯——我还是喜欢称他为“唐老爹”——全身披着牛皮及时走出他的熊洞。即使在2008年美国股市已经崩盘的情况下，唐·海斯仍然是一个看涨者，期待着美国迎来“一个市场繁荣金色的新时代”。

崩溃？还是繁荣？

唐·海斯认为，美国将来会有一个低通胀的发展机遇，会出现一个金色的新时代。他认为，美国市场“将在未来29年中出现最严重的估值过低”。这个关于未来的展望同欧元太平洋资本管理公司（Euro Pacific Capital）的彼特·希夫的看法形成了非常鲜明的对照。彼特是一名股票经纪人，也是《暴跌证明》一书有争议的作者。有一次，他在电视节目上几乎花了一周的时间，同所有看涨者讨论为什么美国经济即将走向崩溃。您还可以从彼特的网站（www. euro. net）中了解他以往的讨论内容。这些内容生动有趣，值得一看。彼特认为，美元正处在一个全面、彻底崩溃的边缘。

即使全球市场大幅震荡，彼特依然建议其所有客户，取出现在正在升值的美元，去购买高分红的外国股票。

然而，唐·海斯却认为，美国正处于“技术革命第二次浪潮”，他认为，在印度和中国出现新的消费者和工人的基础上，将保持高需求和低工资、低通胀的局面，因此，股市将出现长期和强劲的繁荣。彼特是美国股票和美元百分之百的看空者。他认为，对于未来的美国资产来说，将面临大规模的通货膨胀和金融灾难。唐·海斯却是投资美国股票百分之百的看多者，他认为，美国股票、债券乃至美国经济，未来都将出现巨大的机遇。彼特指出，美国贸易和预算巨大的不平衡以及零储蓄率，将导致美国经济的彻底崩溃。看涨者的观点与此正好相反。他们认为，投资者退休后新创造的所有财富以及基奥计划账户（Keogh accounts）都是美国经济实力十分强大的佐证。

我个人认为，在双方的观点中，有些是有可信性的，有些是可能的。这就是为什么不管您现在所听到公开嚷嚷的市场判断，是繁荣还是崩溃的预计，都迫切需要有一个保护和赢利的策略。我将这个策略称为沽空方策略（short-side strategy）。对于未来的牛市或熊市，沽空方策略都要持有股票多头和空头。这是应对通货膨胀和通货紧缩同时并存的一种策略，这种经济现象被称为经济滞胀。不管您对市场熟悉的程度达到什么水平，这是一种人们容易理解的常识性策略。

《发现机会》一书以确凿的证明来准确地测定市场变化的主要方向。我的沽空方策略将帮助您看到市场预警信号，使您走在市场暴涨或暴跌之前，并且合适地确定两种市况的头寸。我将与大家分享我个人成功和失败的故事，从中既受到教育，又得到启迪。您将会看到，为什么大多数投资者目前和在可见的未来都应当使用某种形式的空头方策略。下面，在本书中，我愿意同您分享我所发现的令人不可思议的市场时机指南，这将有助于您实施沽空方策略。

奥哈伊市的看涨者和看跌者

2005 年，我参加了一个在加利福尼亚州奥哈伊市为专业投资人士和交易商举办的股票市场专业研讨会，这些人被称为“雷特里特山的米尼安人”（Minyans in the Mountain Retreat.）。米尼安人村（Minyanville）

是一个很酷的互动网站（www. minyanville. com），在该网站上，人们集思广益，相互分享和交流彼此对市场的敏锐看法。在奥哈伊市的这次研讨会上，有一些出类拔萃的市场策略师和预测专家，主要就美国股票市场的展望，分享了各自的观点和看法。

我对这次会议感触良深，同时又感到惊奇，这些成功的市场预测师们是如此的自信，相互之间坚持己见，水火不容。托尼·戴尔（Tony Dyer）是一位极具敏锐洞察力的市场策略师，他预测，一个非常热闹的牛市即将到来。他解释说，股市的估值太低了，他的解释是非常有道理的。约翰·苏克（John Succo）是维奇斯资本管理公司（Vicis Capital）的对冲基金经理，富有经验，为人精干，他预测即将有一场经济飓风，把美国这个经济强国的面目一扫而光。他的根据是现在需要增加多少美元的债务才能产生一个美元的国内生产总值（GDP）。用约翰自己的话来说，“1980 年，美联储只需要增加 1 个美元的债务，就可以创造 1 个美元的 GDP。到 2000 年，需要增加 4 个美元的债务才能创造 1 个美元的 GDP。2007 年，需要增加 6 个美元的债务才能创造 1 个美元的 GDP”。约翰继续说：“只要流动性增加（通货膨胀），流动性减少的力量（通货紧缩）也会增强。从某些方面来说，通货紧缩的可能性（债务减少）将成为现实”。约翰对此概括得很精辟：“看起来事情将趋好，但实际上却越来越糟糕。”我之所以在这里转引约翰的话，是因为《发现机会》想详细探讨经济崩溃的可能性。

如果上述通货紧缩理论是正确的，由于你的证券组合和我们国家可能的结果会发生演变，因此，对于现在的投资者来说，理解这个理论是十分重要的。在本书中，我们将对全球的影响进行彻底的探讨。最重要的是，如果这种可怕的预测将成为现实，你需要一个定义明确的保护和赢利策略。如果全球经济繁荣实际上是建立在美国政府和房地产投机商不计后果的债务基础上，那又会怎样？如果股票和房地产的资产通货膨胀出现崩溃导致强制减少债务，那又会如何？如果真的发生这种可怕的情景，你用保护和赢利策略作好充分的准备了吗？在灾难突然降临之前，你能辨认出确凿的、可靠的市场迹象而免受冲击吗？

奥哈伊研讨会上有许多乐观向上的看涨者和悲观失望的看跌者，双方势均力敌，观点针锋相对。在奥哈伊的研讨会上，有一场我最喜欢的演讲，演讲人是史蒂夫·肖宾（Steve Shobin）。即使是一位技术策略师，史蒂夫仍然认为，基本面分析与市场的技术面分析一样重要。史蒂夫·肖宾不仅是一位最杰出的市场技术面分析师，而且是人类有史以来最伟大的分析师。史蒂夫的策略不是对市场大势作出死活判断。史蒂夫从股票市场的多空双方和交易的买卖双方来考虑投资策略。

“我当时对奥哈伊研讨会总的感觉是，听众和小组讨论会上的嘉宾都是看跌者的观点，反对派的观点也认为股市只是呈现短期的看涨信号。奥哈伊研讨会是一个没有结论但又很有教育意义的研讨会，使我在回家的路上不禁产生这样的疑问：“如果真如他们所认为的那样，世界将会怎样？”

你们应当向自己提出同样的问题。*如果市场看跌者的观点是对的，很快就要发生金融灾，那世界将会怎样？*看涨者和看跌者的预测都振振有词。但是，具有讽刺意义的是，约翰的熊市观点和托尼的牛市观点都各有千秋。如果实行低利率，再加上流动性泛滥，美国股市和经济怎么可能不像看涨者预测的那样再次繁荣起来呢？

然而，还有与看涨者相反的观点。如果在货币供应大量增加的同时，美国长期双赤字继续下去的话，怎么可能避免美元的彻底崩溃，或者，最少怎么可能避免货币的某种危机呢？真正的问题是，如果马上出现暴涨或暴跌情况，在这种情况下，你将如何进行安全的交易或投资，使自己得到保护并获得赢利？我将在本书中一直强调这种策略。

我的看法是，如果资产价格能够保持上涨，那么，美国投资者巨大的资本净值将使债务处于可管理的水平。如果美元或债券不崩溃，外国中央银行和投资人就会选择为我们的债务和赤字继续融资，那么，我们可以避免经济滞胀的金融大灾难。

另一种意见认为，就像股票、债券或房地产所经历的价格彻底崩溃一样，最终证明，这种债务导向型繁荣在很大程度上是虚假繁荣。如果发生这种现象，正如看跌者所预测的那样，美国的经济繁荣将是一种虚假繁荣（ka-boom）。

这里是我对市场研究 21 年之后的苦心所得。我见过许多昙花一现的策略师，他们来去匆匆，而且都有一个共同点。他们都在错误的时间里作出了市场大势的判断，看涨或看跌，他们的名声也是短暂的。我要介绍的沽空方策略是灵活多变的，可以在国内和国际的股票市场，以及无不相关的市场上，利用多空两个方向来确定你的证券组合头寸，以起到保护和赢利的作用。

发布坏消息的看跌者

看跌者在这方面受到了最大的挫折，他们在错误的时候对股市作出了世界末日的判断，这看来是愚蠢的。我不得不承认，在预计坏时机方面，罗伯特·普雷切特（Robert Prechter）是发布坏消息看跌者的第一人。罗伯特出版过两本书，都是预计市场崩溃的。这两本书都预测牛市要结束了，但实际上股市即将出现前所未有的牛市。他的第一本书是《风口浪尖》（*At the Crest of the Tidal Wave*）（新经典图书馆，1995）（New Classic Library，1995），出版时间是 1995 年初，当时股票市场处于谷底。他的第二本书是《战胜崩溃》（*Conquer the Crash*）（约翰·威利，2002）（John Wiley & Sons，2002），出版于 2002 年，当时股票市场处于下一个谷底。这是一个令人恐慌的股票市场时机，但是，对于担心被紧紧套在谷底的投资者来说，这两本书的出版恰逢其时。

彼特·希夫到目前为止一直是最高调的看跌者，经常受到媒体的追捧。投资者在电视上见到了彼特，他关于美元货币即将崩溃的陈词滥调，令人沮丧。对他的追随者来说，随着 2008 年美元指数创出新低，他的这类估计似乎也在慢慢消失。彼特呼吁买进黄金，这是十分正确的，也是中肯的，因为市场黄金价格又创新高。他声称，美国经济和股票市场将走向崩溃，使许多追随者一直在巨大的希望中等待。2008 年的彼特·希夫会是1995年迈克尔·梅茨的翻版吗？或者说，面对市场崩溃，彼特的熊市观点依旧是正确的吗？

彼特建议他的客户将所有的资金全部投资于外国股票和黄金。但是，外国股票走势又紧随美国的市场，这已在目前和历史上美国股票牛市和熊市的实际走向中得到广泛的证明。彼特正在购买高分红的股票，以此作为他保护客户的策略，但是，即使高分红的股票也会暴跌。

*沽空方策略涉及到市场的多空双方，但又不是只依赖于一方。*只有时间可以证明，彼特关于美国经济的预计是否正确。有一件事是正确的：彼特可能是，也可能不是市场天才，但是，鉴于他能成功地获得媒体的认可，他确实是一位市场营销的天才。

另一位20世纪90年代后期受到痛击的看跌者是盖尔·杜达客（Gail Dudack），那时，她是UBS证券公司的市场策略分析师。她是《华尔街周刊》的路易斯·鲁凯泽节目（Louis Rukeyser show）的“小精灵”之一。我个人认为，该节目是最棒的，也确实是观察、了解股票市场前所未有的伟大的节目。“小精灵指数”是由已故的卢·鲁凯泽于1989年创建的，实际结果证明，其市场记录非常糟糕。卢·鲁凯泽有一个10人小组，对股市发展方向进行投票表决。“小精灵指数”的表现实在太差，以至于人们将它看为是一种相反的指标，当“小精灵指数”反映股票市场看涨时，这就是说明人们开始特别小心的信号。由于盖尔·杜达克对股票市场长期看跌，所以每次盖尔在鲁凯泽电视节目中出现的时候，鲁凯泽都感到相当的心烦。当纳斯达克泡沫越来越多，人们满脑子尽想赚钱的事情的时候，盖尔却还在为她的熊市估计寻找根据（或还固执己见），认为自己的看跌预计是正确的。这时，你可以看到鲁凯泽面露难色，他利用电视节目嘲笑盖尔的熊市观点。1999年11月，就在纳斯达克指数接近空前的顶峰时，鲁凯泽用艾伦·邦德取代了盖尔。在2000年3月市场达到顶峰时，“小精灵”几乎成了清一色的看涨者。盖尔刚被解雇的时候，我同她聊过，并告诉她，她早先提出的熊市估计很快就会得到验证，因为这是正确的估计。果然，几个月之后网络公司的泡沫开始破灭了。

对于现在受欢迎的市场预测家来说，他们赞同什么样的长期展望呢？在看涨者中，最有代表性的是唐·海斯，他认为，像2000年纳斯达克一样，黄金、石油以及所有的商品都已形成了潜在的泡沫。唐认为，美国经济出现了世界前所未有的持续、长期的繁荣。这种观点与彼特·希夫的看法完全相反。彼特认为，美国经济的未来只有老天知道。您能相信谁？您能信任谁的判断？

如果您是一个看跌者，只沽空股票或手持现金，那么，唐·海斯的预测是对的，但是，如果股票再度暴涨，价格越来越高，您打算怎么办？如果彼特·希夫的预测是对的，正好在这个拐点发生了剧烈的暴跌，您的401（K）计划又百分之百的是多头股票，您将怎么办？这就是为什么在这个波动的新时代，即使是最看牛或最看熊的投资者，也需要从市场多空双方来作准备。

因为您和所有人都不知道股票究竟是否会继续下跌，所以，您必须首先保护好自己的头寸，然后再考虑赚钱。美国的股票市场如同一座摇摇欲坠的大厦，即将倾倒。在这种情况下，您的策略应当为自己提供股票市场崩溃保险。因为您不知道是否会再度繁荣，如果唐预测美国经济繁荣新的黄金时代真的来临，您肯定还有赚钱的机会。无论未来出现什么情景，您必须学会如何准备好在市场崩溃中保护自己。在我认为的这个市场波动新时代，您必须自觉地从市场的多空双方来考虑问题。

没有人能够看到未来——绝对没有。如果发生出乎意料的事件，如美国或以色列进攻伊朗，正如有些人预计的那样，股票将会受到重创，看涨者的观点将是错的。如果美元走势逆转，资金大量涌向美国资产，那么，看跌者必将感到很难堪。事实上，美国累积的信贷从来没有达到像现在这样令人难以置信的高水平。另一方面，事实上，在长期、强劲的经济繁荣过程中，股票和房地产的巨额净值也在不断积累。

我将帮助您辨别市场顶部的许多典型迹象，这样，您可以对您的证券投资组合作出明智和及时的调整。在美联储削减利率和牛市情绪极度高涨之后，就像 2007 年晚些时候股票市场达到高峰时的情景一样，这些迹象往往会自己表现出来。我还会为您介绍牛市是如何攀上“烦恼墙”（“wall of worry”），并在人们兴奋、激动的氛围中崩溃，以及如何不费力气地识别牛市和熊市。

从长远观点来说，股票将会居高不下，而且存在这样的先例，即可能出现长期的熊市或横盘的趋势。任何意想不到的外来事件，例如美元崩溃、利率危机或突袭伊朗，都可能使股票发生强烈的、大幅暴跌。如果发生其中任何一种情景，由于资产价值降到了低于巨额的债务与股票、房地产价值之间的差额总量，都会导致的问题。这种全球催收巨额保证金的问题，将对全世界的股票和经济造成负面的影响。股票和房地产的风险从来没有更高过，美国家庭拥有股票和房地产的比例在新世纪达到最高水平就证明了这一点。保证金和住房抵押贷款债务达到了创记录的高水平，因此，投资者在这两大类资产方面存在最高的潜在风险敞口，这进一步证实了股票和房地产之间的密切关系。

从市场周期性波动的观点来说，只要美联储积极地降低利率和对金融体系大量注资，牛市就很可能发生。从长期的世俗观点来说，看跌者所提出的警告应当使投资者确信，无论他们是多方还是空方，都要小心谨慎。大多数人认为，彼特·希夫提出“从美国取出你所有的钱”，这种极端怀疑论的观点是太过头了，但对于他的这种警告，人们不能视而不见。希夫关于美元贬值的判断还是正确的。如果希夫的判断是正确的，美国经济和股票市场崩溃必将到来，那怎么办呢？你做好准备了吗？或者说，你是一个只做多头的投资者吗？

唐·海斯是我在 1987 年至 2007 年间所遇到的一位较好的投资策略分析师，所以，看跌者对他的观点也要充分留意。对于这些针锋相对但各自有说服力的观点，在未来的繁荣与破灭、牛市与熊市中，您都必须采取安全和明智的策略来确定您证券投资组合的头寸，以获得保护和赢利。我个人的哲学是，在市场的重大判断上不要逞英豪，不管电视节目说的情景是否将发生，都要保持心态平和，定出赚钱的灵活策略。既有多头方，又有空头方，做多方或做空方都可以赚钱。要学会集中精力使您的证券组合主要侧重于市场正确的一方，但也要学会确定市场多方和空方的头寸。正如传奇的交易者杰西·利弗莫尔曾经说过的那样："股票市场只有一方是赢家，那就是正确的交易方"。

看涨者的忽悠

我真的从来没有想到，我们还会在 CNBC 的节目中看到像 1999 年那样，有一帮看涨的人对市场表现出几近歇斯底里的狂热，但是，我错了。有一位新人加入到牛市派，因此，你每天都能听到他扯着嗓子喊叫："股市看涨"，"买进、买进、买进"，或者"卖出、卖出、卖出"。现在，吉姆·克拉默（Jim Cramer）已经成为这次看涨忽悠的领头人，在每天的市场秀节目中，他都配备整齐，使用了高音喇叭和疯狂的音响效果。由于吉姆具有敏锐的判断力和狂热怪异的举动，他已成为全世界投资者心目中具有传奇色彩的"英雄"。吉姆曾是一个成功的对冲基金经理，由于他在 60 分钟内为他管理的对冲基金做了一笔股票交易，由此而名声大作。这是一笔值得一看的大买卖，当时我想，吉姆真是一个喜欢当日交易股票的狂妄之徒。然而，让我惊讶的是，CNBC 竟雇佣了他，允许他出镜，在电视上大秀自己。

吉姆为人十分精明，是一个讨人喜欢的哥们儿。他总能够在经济景气和股票市场处于人气旺盛的情况下精明地进行投资。实际上，吉姆的脸色已成为了股票市场的晴雨表。因为他已经成为了股票市场先生，所以，人们都想知道，"克拉默是如何看的?"

克拉默变得如此之重要，以致于 2005 年 9 月出版的《商业周刊》将他作为封面人物。但我看到那篇文章的时候，我不禁为之感到愕然，因为这使我想起如今已声名狼藉的《商业周刊》1979 年曾刊登过一篇题为"股票之死"（"The Death of Equities"）的文章。就在这篇封面故事发表之后，过了两三年时间，股市经过长期低迷最终触底，然后开始暴涨。几十年以来，股票一直处于买入并持有就赚钱的单边行情。

我不禁要问，《商业周刊》积极地将市场先生作为封面人物，是不是也自以为将出现一个新的长期走势，这次要将长期牛市推向顶峰。在 1979 年刊登封面文章后，过了两三年，股票市场才再次掉转方向。2005 年《商业周刊》积极地将市场先生作为封面人物，可能与 1979 年封面人物文章“股票之死”的效果一样，实际走势与作者的看法正好相反。如果《商业周刊》确实起到了反向指示标的作用，那我们在 2007 年就看到了股票市场的顶部，因此，我们将抢占先机，在第一时间用上了本书所介绍的沽空方策略。当商业长周期接近顶部或底部时，《商业周刊》封面人物的文章成为了反映全国国民情绪的一个重要指示标。

我要再讲一讲吉姆 · 克拉默的情况，以及 CNBC 的影响力。吉姆的电视秀节目深受大众欢迎，他甚至可能成为 CNBC 的下一任总裁。如果道指上升到 39000 点，如同上世纪 80 年代日本股票市场的表现一样，那么，吉姆甚至有机会当选美国总统——他的名声太大了。就个人来说，我挺佩服这哥们儿如此多才多艺，从美国政治目前和未来的发展情况来看，如果吉姆想竞选总统，我将第一个投他的票。

如果这看来像一个泡沫……

债券泡沫

自上世纪 80 年代以来，债券市场一直处于长期的牛市。在上世纪 70 年代，由于石油价格暴涨和经济上的通货膨胀对经济的严重冲击，债券市场也暴跌了。在尼克松总统和约翰逊总统时期，美联储向市场投放了太多的货币，导致出现严重的通货膨胀，从而造成股票和债券的暴跌。谨慎的投资者应当注意到，目前市场的状况与上世纪 70 年代经济滞涨时期的情况有某些惊人的相似之处。

正如我后面要阐述的，我们正在经历类似的危机，债券市场的收益率至今处于低水平。就像上世纪 70 年代一样，美联储一直在加大货币供应量，但是，债券价格至今处于稳中有升的状态，因为债券正在更多地反映出经济滞胀中通货紧缩的一面。

从 2001 年的大行情到整个 2008 年，各种商品价格也竞相创出新高。这反映在路透社商品研究局指数（Commodity Research Bureau index，简称 CRB 指数）的上涨上，该指数是由一篮子商品价格构成的。由于 2008 年油价暴涨到了三位数，CRB 指数达到了创记录的新高。这使 CRB 指数在 2001 年到 2008 年期间的上涨幅度，远远超过从 1971 年至 1974 年上涨 146.7% 的水平。

黄金价格涨到了每盎司 1000 美元，像上世纪 70 年代那样达到创记录的新高。然而，我们所听到的都是“不可能不发生通货膨胀”。但债券市场一直不顾这些传统的通货膨胀警告，许多经济学家和债券看跌者也都持怀疑态度。加上这些债券看跌因素，在新世纪开始的几年中，美元指数一直疲软。更有甚者，联邦储备委员会在 2007 年降息，接着主动降息发生在 2008 年。降息犹如火上加油。通货膨胀的野火可以燎原，最终使债券收益率创出新高，将债券价格降至极低的水平。如果通货膨胀如脱缰之马，利率将会成倍上升，或三倍地翻番，就像上世纪 70 年代出现的情况。这时，联邦储备委员会需要采取以往经过验证的老套路来对付通货膨胀，即紧缩银根，提高利率。

在债券价格下跌时，一种简单的应对办法是投资于 Rydex Juno 基金（RYJUX）。如果 30 年期的国债价格将下跌 10%，那么，可以将 Juno 基金设计成上升 10%（需要了解详情，请登陆：www. rydexfunds. com ）。市场专业人员卖空债券期货，对冲利率上升的风险，但期货市场不是投资新手玩的地方。当债券价格走势最终达到最高点并与基本面一致时，要进行沽空。当债券价格走势逆转时，25 年的牛市即将结束，新的一轮熊市将要开始。

上世纪 70 年代，保罗·沃尔克用紧缩银根的办法来对付通货膨胀，迫使利率上升。一旦开始反通货膨胀，由于利率将上升，因此，债券价格将暴跌。就在最近，在格林斯潘和伯南克时期形成的巨额货币供应，一直在为股票、房地产和债务增长注入活力。如果货币供应不断减少，那么，目前房地产价格的缓慢下降将会变成飞速下滑。这可能抑制消费支出，从而可能导致经济和股票出现上世纪 30 年代那样的暴跌，产生一系列的连锁反应，即某个负面事件引起另一个负面事件的发生。这很可能再次出现“21 世纪新的大萧条”。与上次大萧条相比，不同之处在于，这次大萧条更像是一种新的大萧条，但在滞胀新时代伴随着通货膨胀的压力。

停滞的经济中出现通货紧缩与通货膨胀压力上升同时并存的现象，我称之为经济滞胀等式（经济停滞 + 通货膨胀 = 经济滞胀）。当日本的经济增长奇迹转为噩梦的时候，日本发生了通货紧缩。利率下降到低水平，但是，无论利率下降得多么低日本的投资者仍然不愿意借款，不愿意增加债务。随着美国住房抵押贷款债务危机的爆发，人们就更不愿意增加债务，特别是高度投机项的借债。

一旦美联储开始抑制通货膨胀，而不是促使通货膨胀，目前的债券市场正在出现一次重大的卖空机会，最终将导致未来一次重大的长期买入机会。重要的是要知道，典型的表现形式是，债券价格首先开始下跌，然后导致股票市场在 6 至 12 个月内发生剧烈的逆转。在新的经济滞胀环境中，即使债券价格保持上升势头，股票价格也会下跌。由于美联储将重点放在降低通货膨胀，使经济中商品和服务急剧上升的成本下降，只要美联储开始紧缩银根，债券价格就可能突然发生逆转。美国股市像发生一阵阵雪崩那样直落到半山腰，声势惊天动地。

这也是为什么我要将第 6 章的标题定为“除了下跌以外就别无出路吗?”。当上述事件发生后，在未来相当长的时间内，股票、债券和房地产的走势只有下降，别无出路。一旦美联储被迫紧缩银根，提高利率，毫无疑问将发生上述的情况。第 6 章用这样标题的另一个原因是，在市场顶部买入股票的投资者除了遭遇下跌之外，一无所获，在市场底部卖出股票的投资者同样只能遭遇下跌。

房地产泡沫

房地产经历了50年的牛市，但在2005年中断了，房地产市场受到了重创。在2006年、2007年和2008年，对房地产市场的冲击，看上去更像是与房地产市场状况有关的负面消息所造成的一个大窟窿。令人疑惑的问题是："如果这个窟窿是大峡谷将怎么办——目前房地产市场的下行将如何对未来的房地产产生重要的影响?"在本书中，我们将以令人感兴趣的故事和实际生活经历，对这个问题进行探讨。

实际上，房地产泡沫不是美国国内的问题，是一个全球现象。在2005年房地产价格处于顶峰时，《经济学家》杂志的文章将房地产繁荣称为"历史上最大的泡沫"，因为在过去10年的房地产牛市中，"世界住宅不动产价值从40万亿美元迅速攀升至70万亿美元以上"。该文章指出，世界住宅不动产价值的增量30万亿美元恰好大约等于整个发达世界国家的国内生产总值（GDP）。在1995年到2005年房地产牛市中，美国、澳大利亚、西班牙、爱尔兰和英国的住房价格暴涨。*如果房地产市场看起来像出现了泡沫，行为像泡沫，感觉也像泡沫，那么肯定就是泡沫！*自从那篇文章发表以来，有关的例证越来越多，每周都可以看到这方面的文章。您知道，这引起实施积极货币政策措施的联邦储备委员会的严重关注。美联储在2007年和2008年下调了利率，这与2001年采取的措施完全一样，当时美联储试图希望减缓纳斯达克的崩盘。在最终触底之前，纳斯达克的下跌幅度超过了80%。在最终跌到长期的底部之前，房地产价格的跌幅究竟有多大？此外，请继续阅读我关于1929年危机情景的探索，因为债务紧缩周期已经开始了。有关泡沫的问题是，泡沫将在何时破灭，一般来说股市都会下跌过头，跌至极点，正如股市会暴涨过头，直至泡沫破灭。

商品泡沫

2008年的路透社商品研究局指数达到了新高，比2001年最高点还高 146%。投机性交易使黄金、石油、铜、银、铂金以及几乎所有商品的价格都上涨得让人瞠目结舌。美元跌到了历史最低点，并推高了房地产价格，实际上以贬值的美元来标价，显得房地产价格上涨。商品看涨者认为，连续疲软的美元，加上中国和印度对能源和金属难以满足的需求，将把商品期货价格推向新高。著名的商品投资人吉米·罗杰斯出版了另一本书，鼓励投资者买入中国概念的股票和商品。2007 年 11 月，吉米在接受彭博社电视采访时表示，他正在套现在美国所有的资产和美元。他说，我们有“一个精神错乱的美联储主席”，他准备推行不计后果的美联储政策，使美元不断膨胀直至泡沫破灭。吉米认为，商品将像其早期的牛市一样继续看涨。随着石油和石油股票价格剧烈地上下震荡，人们不禁要问，我们是不是要再次看到像 2000 年纳斯达克市场那样的另一个价格泡沫？

不管商品看涨者的看法如何，商品期货交易似乎一直最容易赚到钱。如果美元真的出现货币危机，在商品价格最终上涨到顶峰之前，将出现另一次商品价格泡沫破灭的情况。随着中国泡沫的破灭，难以满足的商品需求正在萎缩，因此，商品泡沫也将破灭。本书后面将进行更加详细的介绍，但是，只要展望未来就足以认为，投资者和交易者也需要在商品交易方面采取沽空方策略。在商品交易上只做多头将不再是有效的策略，因为正如华尔街银行家所说：“树长得再高也够不着天”。

股票市场泡沫

股票市场的长期繁荣确实持续了很长时间。股票价格享受了世界上“金发姑娘”经济（“Goldilocks” economy）最美好的时光，既不太热也不太冷。正当房地产面临“完美风暴”的时候，即使股票价格下跌，投资者依然继续不断地向股票市场注入资金。股票正在与疲软的房地产和不吸引人的债券进行一场竞争。2007 年，股市出现一场并购高潮，减少了流通中股票的供应量。刚好在 2008 年剧烈地修正到熊市区间之前，2007 年将道琼斯指数和标准普尔股指推向创纪录的新高。资金通常都是向最安全和最受益的地方流动，因此，在过去长时间中资金一直向股市中流动。包括我自己在内，许多投资者关注的问题是，如果美国房地产继续非常疲软，或者利率终于开始上升，美国的经济和股市到底会糟糕到什么程度？

从更宽的角度来看，股票、债券和房地产价格仍然非常高，而且估值过高。但这不意味着某些热门行业的股票，或者某个股票市场不可能大幅上涨。也不意味着房地产市场不会发生温和的复苏，很可能发生的情况是，现在不可能复苏，但将来会繁荣。由于债券收益率太低，许多人认为，相对于债券来说，股票还是估值过低的，因此，按住房价格计算，住房抵押贷款利率很可能在未来获利。我认为利率将来会大幅上升，如果我的这个观点是正确的，与经济下跌和失业相比，股票和房地产价格看来不会跌得那么便宜或所期望的水平。另一个关注点是，对于股票市场来说，新总统任期的头两年可能会非常艰难，波动幅度可能非常大。

这一切对您意味着什么？您认为股票价格还有吸引力和便宜吗？你认为房地产价格是低了，还是估值过低？或者老百姓负担得起吗？利率很低，只有1位数，对你有吸引力吗？需要说明的一种情况是，从长远的观点来说，股票、债券和房地产只存在下降压力。

本书并不打算散布悲观情绪，而是实事求是地解释为什么大多数投资者应当采用沽空方的策略，以应对引起经济滞胀的新经济力。更重要的是，无论你属于哪个阵营，看涨者或看跌者，这是一种谁都能使用的策略。所以，让我们用我所归纳的9个字来《发现机会》：牛与熊，涨与跌，多和空。

第 2 章

新兴都市变成了废弃之城

在三种主要类型资产中——股票、债券、房地产——房地产最受人喜爱，但也最估值过高。在房地产市场，我目睹了像 1929 年一样的情景，那年的情景导致了 20 世纪 30 年代的大萧条。在 20 世纪 20 年代，股票投资人只要按所购股票额的 10% 支付保证金，就可以购买股票了。只要 10% 的保证金，或 1 万美元，股票持有人就可以掌控价值 10 万美元的股票。这使价值高估资产由于杠杆效应而产生了惊人的交易金额。当价值高估的股票崩盘时，所有的债务不得不通过对那些股票进行清盘来偿还。从中人们可以容易地了解当今房地产市场的发展状况，以及其可能导致美国进入新的衰退期。

在新的世纪，只要支付少量款项，或者是零首付，就可以买入一个大额的房地产。房主和投机者用 10% 的首付款就已经掌控了房地产，这与 1929 年的股票买卖几乎一样。许多住房的价格下跌到不足 10% 的首付款，致使房主只剩下负资产，即债务大于缩水后的住房价值。1929 年股票负资产导致交易所发出保证金催收通知书，现在住房负资产也出现了类似的情况。当年股票投机者收到准备金催收通知书后，不卖出股票就无法满足追加保证金的要求，按月偿还抵押贷款与此也很相似。如果房地产价格暴跌，房主们将面临住房价值的巨大损失。这将伤害美国经济。极低的利率导致信用过度扩张，巨量的信贷资金溢入房地产市场。由于信用膨胀，先是引起股市繁荣，后于 1929 年道琼斯工业股票平均价格指数暴跌，更近的是 2000 年纳斯达克市场暴跌，现在与那两次的情景非常相似，都是由信用膨胀引起的。

表 2. 1　格林斯潘的分析与科比的比较对照表

格林斯潘对 1929 年的分析	将现代与 1929 年的比较
当美国经济发生温和的萎缩时……	2000 年纳斯达克泡沫破裂后,美国经济发生了温和的萎缩。
美联储印发了更多的纸币,希望防止可能出现的银行准备金短缺问题。美联储成功了……但是,在这个过程中,差点儿毁掉世界经济。美联储向经济中注入过度的信贷,大量信贷资金溢入股市,引发了美妙的繁荣……	美联储将利率下降到大萧条时期 1% 的低水平,使资金大量溢入房地产市场,造成了巨大的投机狂潮!
行动迟缓了,美联储的官员想方设法要收回这部分超额准备金,最终要中止这种繁荣。但为时太晚……	2005 年,格林斯潘提高利率,延缓了房地产泡沫的膨胀速度。
过度投机问题太严重了,以至于紧缩银根的措施产生了急剧收缩的作用,最终使经营信心受挫……	在 2007 年末到 2008 年,伯南克紧急下调了利率,以防止发生由于房地产价格下跌引起巨额债务的信用危机。
“因此,美国经济大幅下滑。”	房地产市场价格的修正演变为暴跌和经济崩溃,发生了 21 世纪新的大萧条。

表 2. 1 左边一栏直接引用了格林斯潘对 1929 年经济危机的描述(引自《黄金与经济自由》，其观点，在 1996 年，并且在艾恩·兰德所著的《资本主义：未知的思想》中也引用了，纽约：企鹅出版社，1987)。为了了解现在的危机究竟是怎么回事，在格林斯潘的论述中，只要用“房地产”替换成“股票”，就可以看到，他对 1929 年危机的分析是完全适用于现在的危机情况的。

无论是在政策考虑上，还是在两种资产类型上，格林斯潘都犯了同样的错误。他在 1990 年代末大量增加货币供应，在 1999 年大幅调高联邦基金利率后，使纳斯达克市场泡沫在 2000 年达到顶点，然后泡沫破灭了。纳斯达克综合指数的暴跌幅度接近于 1929 年道琼斯工业股票平均价格指数下降幅度的 89%。然而在“9·11”之后，他又大量增加货币供应。将利率下调到 1%，与 1929 年的利率水平一样低。这就像 1929 年发生的通货膨胀那样，对房地产市场来说是火上浇油，2005 年房地产市场泡沫达到峰值。如果美联储用尽所有货币魔术弹，但经济没有明显的复苏，那么，这种货币急剧扩张就会变成货币泛滥。

2008 年，由于担心再次发生像 1929 年那样的股价暴跌，美联储采取了紧急调低利率和增加流动性的革命性工具。这次股价暴跌起因于房地产价格的下跌。直到 2008 年初，最终蔓延到股市时，才运用这些货币政策的工具。如果美联储采用更加宽松的信贷政策来促使房地产和股市复苏，那么，只会将市场崩溃的日期向后推迟一些。我将美联储这种政策称作“为获得眼前利益而付出长期痛苦代价”的货币政策策略。

许多人认为，与股票不同，房主不必被迫出售住房。只要他们能够按期偿还抵押贷款，他们不必担心房价下跌，或被迫按亏损价卖掉住房。如果美国和全球经济不出现停滞问题，房主没有失业，这种看法是成立的。下面是如果债务紧缩周期加快，已经发生和将要发生的情况：

- 房主不能像以前那样将住房作为提款机来使用，以前房价上涨时，可以借钱买房，现在借不到钱了。
- 人们不断地从报纸上看到坏消息，并且亲眼目睹了邻居住房价格的下跌。
- 人们感到更加贫困了，因此，开始从财务上勒紧自己的裤腰带。
- 房地产疲软蔓延到全国的每个州。
- 当越来越多的人紧缩开支时，经济将开始下降。
- 由于经济下降，报纸就重点报道发生经济衰退的可能性。
- 一旦经济陷入衰退，失业将增加。
- 由于失业增加，更多的住房将投放市场进行出售。
- 由于房地产市场供给增加，价格将下跌。人们将感到日常开支更加捉襟见肘，因而经济将进一步下滑。
- 这将迫使公司进一步减产，从而将导致更多的失业。
- 失业浪潮将导致经济更加萎缩，直到“大萧条”这个词充斥于媒体。

- 一旦投资者担心经济衰退，生产和消费将继续下降，更多的人将失业。
- 由于房主在出售住房时房价已经下跌了50%，但他们将负责偿还所有的住房抵押贷款债务。
- 这将导致大规模的破产浪潮，并导致21世纪新的大萧条。
- 由于人们失业了，无力支付抵押贷款，最终将导致在全国范围发生忍痛低价抛售住房的风潮。

1929年是股市崩盘引起的，这一次是房地产价格暴跌使美国经济陷入衰退。这次由于资产类价格急剧下跌，引起了同样的巨额债务问题，导致忍痛低价抛售资产。

让我用棒球队的术语来进行说明。房地产好比是棒球赛，房地产投机者好比是棒球队员。从2003年至2005年，房地产队在比赛中一直拔得头筹。并在过去的50年中，房地产队获得了长胜不衰的伟大记录，换句话说，房地产价格在过去50年得到了大幅度的上升。在最近的三个棒球赛季中，即2006年至2008年，灾难降临了。这支看上去不可战胜的房地产队遭到了重创，损失惨重。球迷们对房地产队的表现很不满意，不愿意再买该队的赛季票。他们感到心烦意乱，因为他们花大价钱买了球场的座位（即住房），但现在他们无法按原价卖出——即使在过去的年代中，房地产队的激情活力曾经使票价和球赛的价值得到了相当大的上涨。棒球队的老板（政府）可以做所有事情，扭转困难——减免附加税，建立人们对房地产队的信心，采取刺激措施，因此，可以使那些作出购买球票的错误决策的球票拥有者感到有希望，政府会将他们从绝望中拯救出来。

房地产队在2008年刚打完的第三局比赛中处于低迷状态。这是一支正在落败的球队，并且，这种低迷状态将一直延续到下跌的决胜局。一场九局的棒球比赛将进入加时赛，这意味着房地产队的低迷状态还将持续7年至10年，或者更长时间。是的，房地产队经过徒劳的努力或许可以打赢两、三局，但最终的结果将是相同的——失败。

让我们暂时不谈这个低迷的周期，回到现实生活中来，这样，你可以更好地理解和作些准备。在为彼得·希夫（Peter Schiff）工作时，2007 年年中，我驾车环游全国，从温斯罗普、华盛顿到达里恩、康涅狄格。我之所以这么做，是因为我已得出了可怕的结论，即，未来可能发生货币危机（现在正在发生），美元濒临于重大贬值（已经贬值了）。彼得和我秉持相似的看法，所以，我想造访他公司中具有类似想法的伙计们，将是非常有意义的。四个星期之后，我从欧洲太平洋资本管理公司（Euro Pacific Capital）辞职了，这样，我可以全力以赴地完成驾车环游全国的旅行。

在我进行横穿全国的旅行中，我了解到了有关房地产市场现状和未来可能的健康状况的大量实际情况。从明尼苏达州出发，途经俄亥俄州、佛罗里达州、加利福尼亚州，最后由俄勒冈州返回到华盛顿，我听到了丧失抵押品赎回权住房数量迅速增加的故事，还了解到进入房地产市场等待出售住房的数量也迅速上升。以 2007 年 8 月为例，未售出的住房数量创下了 16 年以来的新高。到 2007 年 11 月 1 日，丧失抵押品赎回权的住房数量按年率折算上升了 100%，并且遍布全国 50 个州中的 48 个州。吉姆·罗卡基斯（Jim Rokakis）是克利夫兰市凯霍加县（Cleveland's Cuyahoga County）的财政局长，他在 2007 年 11 月说："华尔街创造的'无首付'、'无条件'贷款的策略已经吸干了我们这个城市的活力"。1929 年也出现过类似的情绪，当时因为股价暴跌，华尔街创造的首付 10% 的策略吸干了美国经济的活力。

当我离开欧洲太平洋资本管理公司后，掉头向南去看我妈妈，她受到了房地产价格下跌的轻微影响。她在佛罗里达州的威尼斯市购置了一处面积不大但非常漂亮的二手房，显然是在市场达到最高价位时购买的。当我在我妈妈邻居外表相似的房子周围散步时，我注意到，邻居们正在以大约 100000 美元的价格对外出售，这远低于我妈妈两年前购买时所付的 300000 美元。对我妈妈而言，幸运的是，她在南卡罗来纳州的默特尔海滩拥有一幢住房，在她买了这所房子几年之后，房产得到快速的升值，所以，在这场房地产队的比赛中，她仍然遥遥领先。与我妈妈一样，尽管当前市场疲软，大多数房地产投资者仍然在住房上持有相当可观的净资产。这起到了缓冲作用，使房地产投资者免于恐慌，也使美国经济免于彻底崩溃。2008 年，我妈妈在佛罗里达州邻居们的住房价格已拦腰一刀，只有 2005 年价钱的一半了。碰巧，你可能也有某位亲戚或朋友被定价过高的房地产套牢了。

在我去东海岸的路上，我驱车经过南卡罗来纳州时，给我亲戚戴夫打了个电话，他是默特尔海滩成功的房地产经纪人，我问他那里的房地产市场情况如何。他告诉我，房地产市场非常疲软，然而，令人难以理解的是，住房建筑商还在继续不断地建住宅，这对现在已经供给过剩的市场来说，只能是雪上加霜。他还说，所有的“快枪手”（“FLIPPERS”）（通过快速倒手获取利润的投机者）都被住房套住了，面临丧失住房抵押品赎回权的境地。房地产市场太疲软了，以至于许多像我亲戚戴夫那样的房地产经纪人，在市场翻转之前，即使晚上加班干，也只能勉强养家糊口。

在驱车周游佛罗里达州威尼斯市的时候，我看到了许多穿着比基尼的年轻女孩儿举着巨大的标语牌，上面写着：“在这个周末买房将节省 10 亿美元”。住房建筑商几乎把所有东西都免费赠送，包括带花岗岩台面的橱房水池。最初，佛罗里达州房地产下跌的价格不包括这种免费赠送的因素，而现在全国到处都这么做。房价打折最初是以免费赠送的形式吸引人们购买那些住房。价格下跌终于开始体现在房地产统计数据中，这时，才更加准确地反映出全国房地产疲软的真实情况。

在我向西横穿全国的路上，通过看报纸、与人交谈和综合观察，我继续看到、听到和读到同样的情况。在我看来，像佛罗里达州一样，加州是另一个房价泡沫破灭的州。当我驱车来到西海岸，抵达了俄勒冈州梅德福市（Medford，Oregon），那里是住房市场疲软的一个完美例证，这使我相信，全国范围内的房地产都将出现疲软问题。进入加州境内向北 1 小时车程，就到梅德福市了，该市在很大程度上受加州经济的影响。这是一个大约有 80000 人的城市，我的家庭和生意都已迁离此地。使我感到非常惊奇的是——到处都抛卖房子。我怀疑是否发生过某种“三英里岛”（“Three Mile Island”）沉没事件，因为看上去人人都在设法逃离道奇车。

我给当地的一个房地产经纪人打了个电话，让他带我去看一些出租房，我并不是想买一幢住房，因为我确信房地产价格肯定要下跌。我向他请教，梅德福市房地产市场怎么了。他告诉我：“市场上的住房数量每天都在增加，住房供给多已经有好几年了”。我问为什么会这样。他举了一位女士正要出租住房的例子，他带我看的就是那位女士的房子。这位女士是一个“零首付迅速倒手”（“nothing-down flip”）的房地产投机商，这种人买房子时没有首付，总希望价格便宜一点，然后设法立即卖给其他人，快速获利了结。这是一个类似于庞氏骗局的阴谋，要么你不想成为最后一个两手空空的人，要么在这种情况下办理住房抵押贷款。不幸的是，迅速倒手变成砸在手里了，都等了 1 年多了，她还是没有卖掉这幢住房。她被迫将快倒失败的住房改为出租房。令我惊讶的是，她的经纪人也说，如果这幢房子租不出去，她将被迫按低于她支付的价款卖掉房子，损失将非常大。

我对俄勒冈州梅德福市大量抛卖的住房快速地作了进一步的调查和核实，发现标价都过高。维护不善的普通住房要价超过 300000 美元！在我看来，好像是房地产投机者买了一幢破旧的小房子，以为将屋顶翻新、重新油漆后，就可以获得巨大的利润。我留意到，整个地区出售住房的价格水平都高估了。显然，这些售房者真的以为他们住宅的本身价值在上涨。这种盲目的自信，致使他们全然不顾梅德福市市场上住房供应激增，需求下降以及住宅交易不活跃这些事实。

从纳斯达克得到的教训

这次驾车环游梅德福市以及全国各地的经历，使我想起我现在具有与2000年纳斯达克股价下跌时同样的自信。这就是为什么我预计，与2000年纳斯达克股票崩盘很相似，房地产泡沫很可能要破灭的理由，但要经过一个缓慢的下跌过程。我确信，主要问题在于，尽管市场已经放缓，房地产经纪人和投资者却都坚信“房地产价格会一直上涨”。因此，住宅和不动产销售商顽固地坚持涨价，这只能拖延问题的解决。这种心态使我想起2000年纳斯达克的投资者，他们设置了限价交易指令，但所限价格却高于正在下跌的股价。他们在等待着永不再现的止跌回升行情。当收到保证金催收通知时，他们被迫大幅压低股价抛售股票。只想快速而轻易致富的幻想最终破灭了。这种发生在股市的情景，也会发生在房地产投机者和房主身上，因为现实注定终将发生。

还记得房地产泡沫是怎么开始的吗？房主们看到他们邻居以非常高的价格出售山顶附近的住宅，也盘算自己的住宅值多少钱。他们相信，他们已经看到银行账户上的巨额现金存款，所以，他们搬出住房，卖掉了住宅，又买了更大的住房，甚至不惜因此而欠下了更多的债务。房地产投资者和投机商都看到房价在惊人地上涨，他们也借了更多的债务。这个令人悲哀的故事的结局非常糟糕，因为这种新创造的纸上权益导致了房地产投资者干了傻事。这种金额惊人的超额权益采取了住宅权益信贷额度（home equity lines of credit，HELOCs）或第二抵押权的形式。很多人将自己的住房当作自动提款机。这种权益抽取法（equity extraction）给房主留下了巨大的抵押债务负担。这种巨额债务将在未来的许多年里影响美国经济。一旦房地产价格暴跌，这将是新世纪最大的事件，美国经济将陷入衰退。

从住房中获得的权益增值现金（equity-extracted cash）又用于对其他房地产的投资、住房翻修改建、购买股票，进一步推动了资产价格的上涨。这种虚假繁荣是建立在巨大债务水平的基础上，这像庞氏骗局一样，早晚要败露和破灭。在“喧嚣的 20 世纪 20 年代”，投机者买股票时只需要付很少的首付，喧嚣的 21 世纪的房地产投机商也一样，贷款可以达到 90%。当 1929 年不可避免的逆转来临时，股市发生暴跌，但债务依然存在。这正是美国房地产市场将要发生的情况，因为用少量首付或“无首付”买的住房经历了剧烈的价格下跌。

记得 2004 年后期，在俄勒冈州本德市，我到我喜欢的酒吧喝啤酒的情景。当时市场正处于高峰期。在那里，我想起了一个关于擦皮鞋男孩的故事，这个男孩在 1929 年股市大崩溃之前将股票全部卖光了。我在酒吧喝酒时，我的一个足球球友是这家酒吧的男服务员，他给我送啤酒的同时，给我一张他的名片。我问他：“约翰，从什么时候开始酒吧服务员也分发名片了?”他哈哈一乐，让我看看名片。原来他在本德的一家小公司做房地产营销的小时工。我笑着看着我的朋友，冷静地建议他：“不要辞去你夜间的工作”。我举起酒杯祝他好运，然后回到我们的桌子，告诉我妻子，我们必须在本德房地产市场暴跌之前卖掉我们的房子。这个故事使我认为，本德市的房地产市场就像纳斯达克市场 2000 年达到顶峰时火爆的科技股。我敢打赌，在你的市镇上同样有酒吧招待转行做房地产经纪人的情况。房地产泡沫使全国都沉浸在兴奋中。很显然，所有的货币投资者都借钱买房，以期待房价不断上涨带来投资收益。

到了 2007 年后期，市场上旧住房的供给量达到了 15 年以来的最高水平，并且新住房的供给量达到了 16 年以来的最高水平。因此，2008 年的房地产市场必然是加速下跌。到 2009 年至 2010 年，由于经济下降导致利率上升或失业大量增加，我们将看到价格暴跌。荒唐的贷款制造了房地产泡沫，使我们处在严重住房抵押贷款危机之中。危机导致了住房抵押贷款条件的收紧，这使房地产市场的需求进一步疲软。尽管住宅的供给增加、需求下降，但是，同我交谈过的大多数房地产经纪人告诉我，他们并不担心，因为“从长远看房地产价格总是上升的”。这就是为什么我认为，2008 年只能完成衰退中的房地产市场的第三局比赛，因为如果利率上升或经济下滑，房地产市场的衰退将进入加时赛。

最终，房地产投机者和房主们将认识到，某些方面出现了严重的错误。正像以前纳斯达克市场的投机者那样，恐慌将继续下去，房地产市场将继续下跌，最终将崩溃。当房主们看到他们的邻居大幅度折价出售住宅时，就如同在股市上看到交易员对某只股票做的最终价手势。突然之间，全国开始发生价格下跌，住房供应过剩、价格下跌的信号，预示着未来房地产将面临不景气时期。

然而，在市场价格下跌的情况下有一种简单而有效的方法赚钱，即我称为的空头方策略。有许多房地产概念的股票可以卖空和买入。由于美联储下调了利率，在重新进入长期的下跌之前，这些股票可能会出现大的止跌反弹行情，可以进行买入交易。我们称这种交易为"强烈的攻击性反弹"（"dead cat bounces"）或"熊市反弹"（"bear market rallies"）。股市不会只是一个方向的发展下去。如果那样的话，从 2006 年到 2008 全年，所有的住宅建筑商股票都在下跌，按照这个跌幅，这些股票的价格将很快变得一钱不值。请别忘记，在所有的股市中，赚钱的都有两个交易方——多头方和空头方。我们将对这两个交易方进行分析，并揭示多头和空头在任何市场环境和任何资产种类上是如何赚钱的。在本书的结尾，我将与你分享用来确认股价顶部和底部的股价走势图形的识别指标，这是当我到达梅德福（Medford）时发现的。

美国的兴旺之城本德市

我居住在俄勒冈州的本德市已有十年了，根据 2007 年 3 月 1 日道琼斯新闻专线报道："从 2005 年第四季度到 2006 年第四季度，本德市位居美国住房市场增长最快城市排名第一"。我亲眼目睹了我所生活的地方在短时间内房地产发生的惊人增长。本德市是一个非常凉爽的地方，距离巴赫尔山滑雪胜地（Mount Bachelor Ski Resor）不到一个小时的车程，山上有许多引人入胜的休闲运动项目，例如：徒步旅行穿越、越野自行车、激流皮划艇、钓鱼、高尔夫，以及国家公园和森林。加州人已经卖掉了估值严重过高的住房，驱车搬到本德市居住，这更加促进了本德市房地产业的繁荣。

我就是全国各地房地产投机者具有冒险心理最恰当的一个例子。1996年，当我妻子和我在本德市买下第一个住宅时，我们每平方英尺只付了100美元，6年后最终出售时大约赚了70%。在当时，任何人都会像我们那么干，即买一个面积更大的房子。我们花了79.5万美元买了第二个房子，然后，2年后我们决定想法抓住房地产市场的价格顶部机会卖掉住房。在我们对第二所房子标价出售之前，一个邻居兴奋地穿过院子来告诉我，本地区一个更小的住房卖了110万美元。他建议，我的住房肯定"至少值130万美元"。受到快速获利的诱惑，我将我房子的售价标在了想象中的130万美元。我们标价之后，我察觉到我的邻居们和我一样有同样的想法，他们也都把要出售的房子标个大价钱。这种现象一直持续到我意识到住房供给迅速增加，同时出现了竞相出售住房的状况。

这里有一个例子，讲的是如此多的住房供应是如何使市场饱和，迅速压低市场价格的。凭着我更好的直觉，我和我妻子举行了一个家庭招待会（我本以为那些好管闲事的邻居们会对我们的讨价还价说三道四）。那天是我们在本德市的某个星期六，阳光灿烂，住宅周围环境幽雅宜人，但是包括那些好管闲事的邻居们在内，一个人也没露面。事情的真相很快清楚了：市场迅速疲软，价格下跌得更快。由于我们的住房标价不正常，出现这种情况令人感到震惊。为了卖掉房子，我被迫不止一次降价，前后三次降低售价。最终，我找到了一个出价100万美元且没有任何不可预见费的买家，我欣然接受了这个价格。这个"可靠的买家"测量房间面积，拍了照片，并说他是多么高兴买下这幢"漂亮的住房"。他的热情很快如烟云般消散，因为他卖不掉手里的房子，在最后时刻他对这笔交易食言了。这就是当房地产市场疲软时所发生情况的一个最好的例子。事实上，根据主要住房建筑商的首席执行官看法，违约率直线上升，这是全国房地产投机商恐慌心越来越严重的一个清晰的信号。

由于本德市房地产市场越来越疲软，当我们找不到住房的买家时，我们彻底失望了。但侥幸的是，4 个月后，我们以 97.5 万美元把这幢住房卖掉了。本德市积压的住宅数量一直在增长，我们能把住房卖了，是非常幸运的。据本德市我的经纪人讲，那个最初要买我住宅但后来食言的买家，在他下调报价后的 2 年中，仍然没有卖掉他的住宅。对于他来讲，不买我的住宅是一个正确的决定，否则他将被两个庞大的住房抵押贷款套住。这就是全国各地的房主和投机者所面临的情况。

相当有趣的是，这个食言而没买我住宅的买家是个房地产经纪人。房地产经纪人和投机商们对住房价值将持续上升太有信心了，以至于他们对房地产充满信心。这是因为绝大多数房地产经纪人和投资者所经历的都是房价不断在上涨。售房者认为，既然他们的邻居都能对待出售的住房标出不合情理的价钱，他们同样也能这么做。但是，实际上事与愿违，邻居最终降低了住房的售价。突然，住宅的市价下跌，但相对于他们持有的估值过高的住宅来说，住房抵押贷款成为了新的债务。

总之，我以每平方英尺 273 美元的价格卖掉了我在本德市的第二所房子，而 10 年前我买第一所房子时，房价仅为每平方英尺 100 美元。最近，我在本德市的经纪人给我发了一个电子邮件："罗恩，你溜的太及时了，由于新房屋供给数量的增加与买家的减少，本德市的房地产市场继续面临走低的压力，房价今后还要下跌。"她还说："那些没有卖掉住房的人仍然顽固地不使价格下调到位，住房销售额下降了 48%。"我的另一个老朋友是本德市一位成功的房地产投资者，写到："俄勒冈州本德市房地产萧条没有什么大的改观，没有迹象显示这种情况将很快结束。实际上，有些人认为至少要到 2010 年，本德市的房地产市场行情才会好转。"在此，要问自己一个问题：如果本德市和全国各地住房销售额下降 48% 变成房价下降 48%，将会出现什么情况？

账面收益只不过是写在纸上的数字

房地产投资者和投机商们认为账面收益在 2004 年达到峰值，这只不过是他们的一种错觉。下面我举例说明我的看法。我有一个朋友，他是本德市房地产的长期投资者，他告诉我他很着急。由于债务占其不动产投资组合的比例上升，可能导致他破产。两年前他是房地产的纸面百万富翁，现在他最担忧的是，他可能一无所有，因为负债大于纸面收益。我知道，本德市总是一个宜居之地。如果房价继续下跌，我不会感到惊讶，并且，如果让我妻子和我重新选择的话，我敢打赌，我们可以回到与我们卖掉相似的住宅居住，在房地产市场最终的长期底部，每平方英尺的住房价格将大大低于 275 美元。从这点来看，兴旺之城本德市很像一座被废弃的城市。

由于房地产市场的衰落，“削价”、“有奖促销”、“大甩卖”、“特价销售”等广告词将成为这时期房地产新的标志。数百万投资者仅需少量首付（“无首付”房地产）就可以买到住房，而且，将表面看在增值的权益用于消费、投机股市，或者，现在出现的最糟糕的情况，甚至购买了更多的房地产。这使我相信，由于房地产价格暴跌和大于持有房地产价值的巨额债务，当前的房地产投机将使我们进入 21 世纪新的大萧条。

将你的盈利存入银行

美联储付出了九牛二虎之力，具有预见性地下调利率和大量增加货币供应，这些政策措施或许能使房地产市场得以暂时的复苏。如果确实如此，我奉劝读者们保存好利润和减少债务。你会告诉我说：“除非我不得不搬到其他地方去居住，我不会再去购买另一幢估值过高的住房。”

我有两项建议。第一，如果你能将你的住房净资产存入银行，并当作利润，你可以买一个小一点的住房，这样，当房价暴跌时，你的损失将减少，同时债务也会减少。第二，按我妻子和我的方式去做——租房子住。大约两年之后我们将本德的房子卖掉了，现在我们住在一幢面积和质量与我们以97.5万美元卖掉的房子相似的住宅内，每月只付1100美元的租金。这比以前抵押贷款的分期付款要少一些，那时每月要偿还贷款本息4000美元。每个月我高高兴兴地寄出付房租的支票，因为我知道，尽管全国的房地产都很疲软，但我既没有损失金钱，也没有背上沉重的债务负担。

我经常可以从房地产看涨者那里听到这样的话：租房是愚蠢的行为，就像扔钱一样。自从2005年房地产达到峰值以来，由于房价的下跌，佛罗里达、加州以及国内许多州的房主们，一定有大把现金被抽水马桶冲掉的感觉。2007年4月11日，《纽约时报》对每个大都市区域的买房与租房做了一个分析比较。从分析结果中发现："购买住宅需要许多相关费用，例如，抵押贷款的分期付款、财产税、房地产经纪人的费用等等，比租赁的费用高很多。"目前，我深信租房或许是个明智的策略，因为全国各地的房地产价格完全回落到了更加现实和可以承受的水平。

财务杠杆效应也会起到反作用

在这次长期的房地产大繁荣中，房地产和财务杠杆率都起到了极好的作用。我的情况就是一个极好的例子。我在购买兴旺之城本德的第一套住宅时，银行贷款占购房款的80%。然后我卖掉了第一套房子，所得的利润用来买更大点儿的房子，又从银行借了80%的房款。从理论上讲，这种财务杠杆率的作用很大，但实际上，我正在进行的交易是，一项估值过高的资产与另一项估值过高资产的交易。我很幸运能够以好价钱卖掉第二所房子，获得了丰厚的可兑现利润，因为在我卖掉房子之后，市场行情立即下跌了。在我买了第二套房子之后，我背负了大约63.5万美元的抵押贷款债务。

大约在我以令人惊呀的低价购买住房一年之后，我决定依靠不断上涨的房价来获得房屋抵押贷款。与其他美国人不一样，我拼命花钱，度假、买家具、买消费品等，随着家庭成员的增加，成为了5口之家，生活费用也相应增加。当我申请贷款时，银行要求我对住宅进行估值。如果我的估值越高，意味着我可以得到更多的贷款，于是我压低估值，只将我的住宅估价为110万美元。银行对我估值的金额没有提出疑问，根据我的住房价值，允许我不明智地多借22.5万美元贷款。当时，我深陷债务之中，但是，由于住房业在“兴旺之城的高速发展”，因此，我一点儿也不担忧。实际上，我有86万美元债务，但在我心目中，我认为我的住宅价值130万美元，或者说我有44万美元的账面资产净值。当然，当我以97.5万美元出售我的住宅时，假想的利润就消失了。房主们在2008年开始感受到这种现实的威胁。扣除我支付给经纪人的佣金，除了解除巨额抵押贷款债务以外，我一无所得。

如果我在本德的住宅还未售出，而我必须要卖掉它，但房地产价格已下降了30%，将出现什么情况呢？据CNN市场观察节目报道（CNN's Market Watch）：本德市的房地产市场被“高估了50%”，所以降价30%并不过分。由于房价下降了30%，我的住房只值68.6万美元，但住房抵押贷款却高达86万美元。这时，债务就不再是我的朋友了，杠杆效应在起反作用。现在，实际上我收到了保证金催缴通知书，净资产为负值了。如果我被迫以下跌后的价格出售住房，售房款全部归还银行贷款后，我还欠银行贷款17.4万美元。如果像许多人预测的那样，本德市房地产价格下降50%，又会怎么样？本德市的房地产就像2000年纳斯达克市场的网络股一样。

如果我还不起银行贷款，将会怎么样？在房价下跌30%的情况下，我的账面收益44万美元将变成损失17.4万美元。一旦房地产价格暴跌到地板价时，对买房者来说，这就是简单的数学计算结果。如果价格继续上涨，又可以增加债务，数学计算结果还会显示有利可图。相反，由于价格下跌，反向的杠杆效应差点把美国房地产业的市值从地球上全部抹去。

作为补充说明，我愿意补充一些情况，2007年3月道琼斯新闻专线也曾提及，2005年至2006年，韦纳奇和华盛顿是美国房地产市场表现最好的两个城市。2007年11月2日，《韦纳奇世界新闻报》（*Wenatchee World newspaper*）头版的标题是："9月的住房销售额出现年度最大跌幅"。这篇文章说："住宅销售额出现了年度最大跌幅——比2006年9月下降28%。"文章接着说："奥卡诺根县（Okanogan County）丧失抵押品回赎权的数量增加了117%，目前丧失抵押回赎权全国平均增长100%"。这两个美国房地产市场表现最好的城市，使我想起了纳斯达克指数最高时的JDSU（JDS Uniphase）和思科股票。当股价以抛物线走势一直上涨时，更加剧烈的下跌则是完全不可避免的。

每个房地产投资者、房主和投机者需要问自己的一个问题是："如果房地产业像2000年的纳斯达克市场一样，但是缓慢的螺旋式下降，那会怎么样？如果经济下降、失业大量增加，又会怎么样？"既不典当你的房子，也不买中国货，也许你应该做的是恰恰相反。由于泡沫的破灭，积极的投资者们正在典当他们的房子，并在全球市场进行沽空，尤其是中国概念股。

住房，可爱的住房

当房地产市场最终触底时，人们将把住房看作居住的场所，而不是投机的对象。近年来，房地产投资者很像是1999年的科技股投资者，这两种投资者都在进行一种估值过高的资产与另一种价格膨胀的资产的交易，都感觉自己是有钱人。在1999年的股市狂热中，投资者愿意卖掉像微软那样的股票，然后买入其他定价高得荒唐的股票，如思科或亚马逊网络公司的股票。在房地产业中，投机者以更高的价格买入更好的住房，或利用1031免税交易条款来借新还旧。这种类型的投机行为让我想起了一个小男孩的故事：一天，一个孩子兴奋地告诉他父亲，他刚才以5万美元的价格把他的狗卖了。他父亲问到："儿子，你究竟是怎么卖了5万美元？"儿子回答："这真是太容易了，老爸，我只不过是用它换了别人的两只猫，每只猫价值2.5万美元。"

如果价格发生了像我预计的重大逆转，那么让我提个问题：这种买入更高价格的交易活动真的是一个明智的想法吗？当然不是，但当时的确是那样想的。如果你承受的债务太多，而且不得不进入疲软的市场卖掉资产，那么你所拥有的美国梦可能很快转变为你自己的梦魇。

2007年4月4日，据彭博社报道，历史上业绩最佳的房地产基金经理肯尼斯·希布纳（Kenneth Heebner），对房地产的未来作出了如下的评估："自大萧条以来最大的住房价格下跌正在来临"，而且"在最终触底之前，全国各地一些市场的房价还要下降20%"。2008年，新房销售额的初步数值达到了"创记录的新低"，那么，我们有充分的理由以我们的方式看待这位成功的房地产管理者的预言。如果看跌者是正确的，那么，购买住宅看上去像购买一辆崭新的汽车，在你一转动车钥匙的一刹那，你就发生损失了。

罗伯特·希尔（Robert Shiller）是耶鲁大学教授，曾预计2000年纳斯达克股指价将达到顶部，他在彭博电视台上说："房地产价格的暴跌即将来临"。他接着说："越是繁荣，泡沫破灭的损失就越大"，"住宅价格下降才刚刚开始"。他注意到，从1890年到1990年，住宅价格的年均上涨幅度为3%左右，但房地产价格在新世纪开始的5年已经翻一番，这是一个"反常的现象"。他还认为，"一些市场将下降50%"。我不赞同他的其他看法。再次说明，投机者才处在房地产市场长期下跌的初期。然而，美国股票最近才打完长期牛市比赛的加时赛。美联储的政策是用眼前利益换取长期痛苦，也许只能暂时地有助于美国房地产业的复苏，并有助于股市再次繁荣。这只能延缓清偿债务带来的痛苦，但最终无法避免这种痛苦。

新任美联储主席本·伯南克1929年大萧条时还是个学生，他代表了看跌硬币的反面。用伯南克自己的话说："我是一个大萧条迷，就像有些人是美国国内战争迷"。对于经济来说，这是个好消息，因为美联储主席了解历史，在1929年股市崩溃及其随后发生的大萧条之前，1927年先发生了住房市场疲软。伯南克正在不顾一切地发行钞票，下调利率，试图防止在其任内发生经济灾难。他十分清楚，资产价格的严重下跌将怎样吞噬投资者在美国股市和房地产市场繁荣时积累的财富。1929 年，资产价格的暴跌削弱了银行体系，银行停止发放新的贷款，从而导致经济衰退。2007 年和 2008 年，由于发生了住房抵押贷款危机，违约率上升，各银行提高了信贷标准。这使有能力获得抵押贷款的消费者和投机者的人数都大大减少。

2007 年 11 月 8 日，伯南克就房地产"日益加剧的疲软"以及经济前景接受议会质询。加州女议员洛蕾塔·桑切斯在她的发言中说，房地产危机的程度比伯南克所认为的"要糟糕的多"。她说"在加州的阿纳海姆市，有三分之一的住宅都挂上了出售的标签，绝大多数住房都已经或不久将丧失抵押品赎回权。"她说她在一个星期之前买了一处住宅，"信用评分最佳，大量资产，没有负债"。现在，对她发放住房抵押贷款的银行向她的报价是："利率比规定的水平高 100 个基点"。她继续说，如果连她都经历信用恐慌，那么，美国人确实处在严重的信用危机之中了。她就美联储现在和以前错误的决策指责伯南克，并暗示宽松的信贷政策是这次信贷危机的根本原因。伯南克对此十分清楚，采取紧急下调利率和加速扩大货币供应的政策措施，应对住房价格的下跌。黄金投资者预期通货膨胀的压力会迅速上升，而且一场货币危机迫在眉睫，特别是美元汇率在 2008 年跌至创记录的新低之后。资产价格下跌与通货膨胀压力增加并存被称为经济滞胀。简而言之，美联储在滞胀的新世纪使出浑身解数应对资产价格紧缩，对通货膨胀来说，无疑是火上浇油。

有利于美国经济的好消息是，房地产价格依然很高。这种由房地产高价格引起的财富效应使经济避免出现急剧的萎缩。伯南克清楚，他必须使投资者的资产负债表保持良好的状态，否则，他将冒出现严重的经济不景气或彻底衰退的风险。股市已经对房地产的最终结果投了自己的一票。房地产公司概念股和住房抵押贷款概念股都大幅度和快速下跌了。像房利美那样的许多住房抵押贷款公司已出现破产危机，其它许多公司都已倒闭了。银行和证券经纪业股票暴露出住房抵押贷款违约的巨大风险敞口，股票市场也对这两大类股票中的许多股票实行停盘。当你长期观察股票走势图表时会发觉，具有住房抵押贷款高度风险敞口的金融股，看来还有很长时间的继续下跌的过程。好消息是，如果这些股票触底了，它们会提前释放信号，表明房地产市场可能将发生逆转，即使只是出现临时性反弹，但我对这种反弹有点怀疑。

底线是房地产市场和美国经济都在如履薄冰。房地产市场由于泡沫破灭而萎缩，但真正的问题在于：它会拖垮美国的经济吗？我的最佳推测是房地产市场危机会拖垮美国的经济，所以，我预计美国和全球经济将从火热的繁荣变成冰冷的衰退。紧接着的问题是：你处在薄冰之上吗？不管未来房地产市场出现什么情况，教训十分清楚——不要对房地产进行过度的投机，因为不像许多投机者认为的那样，住房价格会永远上涨。

第 3 章

现美元不断贬值，今后美元可能一文不值

“美国投资者拒绝美元资产——美元正在走向崩溃”

“股票市场正陷于急剧而持久的下跌中”

“美国，一度是世界上经济最繁荣的国家，经济直线下滑——拖累全球大多数股票市场下跌”

在印度尼西亚货币崩溃期间，类似的上述通栏标题出现在1998年1月9日的香港媒体上。如果改几个字，把印度尼西亚换成美国，这些标题很快就可以用在我们美国人身上了。如果美联储不放慢货币投放的步伐，美国政府不控制“双赤字”（预算赤字和贸易赤字），那么，美元危机终将变成现实。由于个人债务和美国政府的国债风险不断恶化，美国最终要遭受一场经济飓风的袭击，这种可能性越来越大。乌云压顶，这场毁灭性的经济海啸正在迅速向我们逼近。

美国已经从最大的债权国变成了最大的债务国，按照理性的思维来衡量，债务达到了深不可测的水平。美国政府及其国民已经很幸运了，上帝赐予了一个很长时期的股票、债券和房地产牛市，这使“赤字无害论”（“deficits don’t matter”）一直有市场。如果长期牛市和经济繁荣崩溃，像过去轰然倒塌的帝国一样，我们可能面临经济上的毁灭。

外国央行和投资者一直为巨大债务导向的经济繁荣提供融资。如果这些提供融资的外国央行和投资者担心美国的经济盛会要结束了，就会像我们在20世纪70年代所经历的那样，美元将出现暴跌。由于我国的

财政状况从来没有出现过这样大的不稳定性，这次美元的跌幅可能更深，速度更快。

为了给日益增长的不平衡进行融资，美国极度依赖于外国购买我们的国债，以至于不可自拔。如果外国央行和外国投资者认为，在新世纪已经发生的美元持续下跌不会出现好转，外国央行可能开始卖出所有的美国资产。那么，美元可能会下跌过头。这将使通货膨胀率直线上升，并导致资产价格全面下跌。对私人和我们的政府来说，利息支付已经成为一个沉重的负担，我们正处在经济下降周期与通货膨胀并存的风险之中，即一种有害的下跌与通胀并存的经济现象，叫作滞胀（stagflation）。

沉重的债务负担与对外国资本的过度依赖交织在一起，造就了房地产和股票投资者在历史教科书中才能看到的一种经济现象。当债券因利率上升而下跌时，所有可调整利率的住房抵押贷款将继续重新设定利率，达到更高的水平。在某些情况下，甚至连美国政府都没有能力对所有无力偿还抵押贷款的房主施以援手。这将导致更多的房主面临丧失抵押品赎回权的境地。

经济雪球

如果我们的政府不能解决住宅方面的经济问题，就会产生如下风险：

- 债务负担过重的经济更加疲软，美元继续走低，引发通货膨胀。
- 股票下跌，经济持续恶化，并进入严重的经济滞胀。
- 由于房地产更加低迷，企业和消费者削减开支，国内生产总值（GDP）连续6个季度下降，最终导致真正的衰退。
- 股票下跌，通货膨胀高企，经济进入新的滞胀周期，长期的消费繁荣终告结束。

每一次负面事件的发生，都离不开其他因素的推波助澜，这就像滚到半山腰的大雪球一样。经济问题越来越严重，经济雪球就越滚越大，直到在巨大而威力无比的撞击下，把美国经济推向谷底。

如果美国真的就这样崩溃了，对世界其他国家来说，可能是一场灾难。对那些持有美国股票和债券的国家而言，不断暴跌的美元，就像破坏力巨大的金融原子弹（multiple financial atomic bombs）爆炸，蘑菇云笼罩着全世界，很可能出现“二十一世纪全球大萧条”（“The Great Global Depression of the Twenty-First Century”）。这次大萧条将起因于美元购买力急剧下降而引发的大规模通货膨胀。我们面临的更大风险并非美元贬值，而是美元真正变得一文不值。一旦对我们的所有诺言和信用支持丧失信心，美元将被看作只是印有已故美国总统图像的一张绿纸。

自从1971年尼克松总统废除金本位制（the gold standard）以来，除了美国政府“信誓旦旦的诺言和信用”（“full faith and credit”）以外，美元没有任何保障。如果这种承诺价值也突然消失了，我们法定货币美元也就一文不值了。

花点儿时间考虑一下这个问题吧。美国已经积累了巨额的债务，同时，美国国民严重陷于估值过高的股票和房地产投机之中，除长期保持上涨以外，已无路可走。美国经济就像一个巨大的赌场，投机者很容易获得的信用，大肆地对股票和房地产下赌注。

这个巨大赌场是怎样膨胀起来的

我们有必要重温第二次世界大战结束时的历史，以了解一条最重要的历史教训。1944年，主要大国十分关注由全球各国政府为战争融资而新增发的货币。这些大国担心，新增发的货币会导致价格失控，出现恶性通货膨胀。因此，在新罕布什尔州的布雷顿森林（Bretton Woods, New Hampshire），举行了一次世界货币峰会。会议参加国共同提出了一个计划，以促进战后贸易，防止各国政府超额印发货币，保持经济的稳定性。该计划得到了全球44个国家的批准，同时，成立了国际货币基金组织（IMF）和世界银行。由于美国掌握了世界上大部分黄金储备，因此，美元被确定为世界“储备货币”（“reserve currency”）。

为确保任何国家都不会印发过量的货币，美国同意让美元可以与黄金进行自由兑换。IMF 成员国深知，过度增发货币无异于对通货膨胀火上浇油。1967 年，由于美国经济陷入严重痛苦的经济衰退，林登·B·约翰逊（LyndonB. Johnson）总统和美联储大量印发货币。为了建设“一个伟大的社会”（“A Great Society”），林登·约翰逊开闸放水，大肆增加支出，打了一场不加税的战争。在向越南开战的同时，约翰逊还发起了另一场战争——“向贫穷开战”（“War on Poverty”）。美国政府不停地发行新债券，美联储则大量增发货币，购买国债，以帮助政府为这两场战争筹集资金。全美国的银行系统充斥着新增发的货币，失控的通货膨胀开始出现了，利率开始急剧上升。

在约翰逊之后，尼克松总统的财政政策措施也是失败的，为了有助于拯救美国经济，尼克松总统迫使当时的美联储主席阿瑟·伯恩斯（Arthur Burns）加快美元印钞机的印刷速度。这引发了经济过热，因此，尼克松对黄金价格采取强制控制措施，并突然关闭了黄金兑换窗口，终结了美元与黄金自由兑换的制度，最终导致了布雷顿森林协议（Bretton Woods Agreement）失效。在 20 世纪 70 年代，通货膨胀数次爆发，因此，石油价格暴涨，正像 21 世纪头几年油价所表现的那样。由于 2008 年石油和商品价格出现惊人的剧烈波动，看来 2009 年将面临类似于 20 世纪 70 年后期的情形。这就是上一次弥漫美国的经济滞胀，也是现在全世界的人们正在开始体验通货膨胀高涨和世界性经济停滞并存的滋味。

美联储变成了“通货膨胀的引擎”

在吉米·卡特（Jimmy Carter）总统任职期间，通货膨胀和经济问题进一步恶化。当人们终于明白布雷顿森林协议已经彻底废弃时，再也没有任何办法阻止美联储无限制地印发美元了。从这时起，美联储变成了很多人背地里称其为“通货膨胀的引擎”（“engine of inflation”）。美联储投放货币的基本途径是从银行购买债券，从而把大量美元投放到银行系统，用于发放贷款。这些过度发行的货币起初流入投机性资产，最后流入整个经济体系，最终导致失控的通货膨胀，正如我们在20世纪70年代所遭遇的一样。

在里根（Reagan）时代的早期，当时的美联储主席保罗·沃尔克（Paul Volcker）开始遏制通货膨胀。保罗·沃尔克需要恢复人们对弱势美元的信心，因此，他削减了货币供应，并大幅提高利率。这与本·伯南克在2007年和2008年所采取的措施恰好相反。当弱势美元达到创纪录的新低、而石油达到创记录的新高时，本·伯南克降低了短期利率。在以前富有责任心的美联储主席保罗·沃尔克看来，这项措施无异于精神错乱。在里根时代，保罗·沃尔克制服了通货膨胀，美国人因此对他感恩戴德。在经济低迷时，沃尔克投入了大量的政治热情，但这正是他要做的事情。很不幸的是，本·伯南克能够拯救彻底崩溃的美元的唯一办法只能像保罗·沃尔克所做的那样，提高利率，而且，美联储可以采取的最佳措施就是减少货币供应。

开始新的繁荣

艾伦·格林斯潘创造了美国历史上两个最大的资产泡沫，对美国经济造成了巨大的伤害。他首先造成了2000年纳斯达克的疯狂上涨，然后是房地产泡沫。房地产泡沫更为致命，美国出现了导致经济毁灭的海市蜃楼。如果2008年的抵押贷款危机在2009年或2010年使房地产市场彻底崩溃，那么，格林斯潘将因成为美国历史上最不计后果的美联储主席而名落千丈，他和伯南克2人注定要载入史册。历史记载将说明，正是他们放松银根的政策，导致21世纪初期爆发了类似于20世纪70年代的通货膨胀。

正因保罗·沃尔克在20世纪80年代初期完成了控制通货膨胀最艰

巨的任务，美国才在随后的 25 年中分享了高度的经济繁荣。1987 年，艾伦·格林斯潘开始进入人们的视野，成为新任美联储主席。上任伊始，格林斯潘步保罗·沃尔克的后尘，继续采取提高利率的政策。实际上，继续提高利率已没有必要，因为，应对通货膨胀的战役早已打响，并取得了胜利。金融市场对提高利率迅速做出暴跌的反应。正是因为如此，格林斯潘成为了受华尔街欢迎的美联储主席。

如果研究一下货币供应的数据，可以发现，从 1996 年开始，格林斯潘一直实施积极的货币扩张政策，只是在 2000 年出现过短暂的中断。2001 年，他重新走上了货币扩张的老路。所有垄断发行的货币造就了一个巨大的经济赌场。这个经济赌场起先是由格林斯潘通过无限量地印发“无中生有”（“out of thin air”）的美元而创建的，他为那些欢喜赌博的投资者和投机者提供了所有必需的筹码。只要这些投机客赔钱了，筹码少了，不管什么时候，美联储的反应都是印出更多垄断发行的货币。美联储不让投机者损失太多的筹码（美元），因此，他们总是不停地为投机者提供筹码（印票子），以保证整个投机性赌博能够一直进行下去。

1987 年，我们看到了这样一幕：为了帮助共同基金应对投资者的恐慌性赎回，满足其资金需求，格林斯潘向共同基金提供了资金。当银行发生存贷危机时，为使大银行得到恢复，他人为压低利率，从而严重地助长了之后的道德风险。1997 年和 1998 年亚洲和俄罗斯发生金融危机，以及随后发生的长期资本管理公司破产倒闭事件时，我们又一次看到发生了同样的事情。格林斯潘以前是一个计算机程序员，因而对千年虫（Y2K）保持着高度警觉。由于担心 2000 年 1 月 1 日这一世界末日如期而至时，银行没有足够的资金应对提取现金的问题，他针对千年虫问题预先采取了大量注入资金的措施。这种错误的货币供应泛滥政策，最终导致了自 20 世纪 30 年代以来从未出现过的投机性繁荣，互联网和网络公司的股票价格狂涨。现在最悲观的看空者认为，股票、债券、房地产和美元现在同时出现下跌，说明 2000 年纳斯达克泡沫的破灭，预示着今后将发生重大经济事件。

1999年，当格林斯潘发觉出现了明易的科技股泡沫时，他开始提高利率，撤走了纳斯达克盛宴上的宾治酒杯。但这并没有达到预期的效果，2000年，他终于开始减少货币供应，这才找到了可以戳破自1929年市场高点以来最大泡沫的有效办法。即使在“9·11”前夕，格林斯潘又改变了货币政策，开始降低利率。“9·11”之后，格林斯潘把自己看作是防止经济出现严重衰退的救世主，再次开闸放水，大量增加货币供应。格林斯潘大幅降低利率，已达到只在“大萧条”时期才出现过的极低水平，因此，公众却高度信任他，常常把他称作“调控大师”（“The Maestro”）。

只要美国经济不利于过度投机，格林斯潘就诉诸于美联储的致胜策略，开出无限额的支票，印发不断贬值的货币。这一作法大获成功，2003年3月，股票最终触底，并发生了最令人感兴趣的一些事情。美联储大幅度降低了贴现率，这制造了一个全新的、甚至更大和更危险的泡沫，现在这个泡沫正在慢慢地破灭，实际上可能将从根本上危害这个国家。2005年，格林斯潘意识到他制造了一个新的房地产泡沫，他开始提高利率，就像1999年给纳斯达克降温时的做法一样。这一次，他必须挤掉房地产市场中的一些泡沫，同时希望不出现像纳斯达克市场那样的暴跌问题。由于抵押贷款利率太低，加之银行充斥着美联储投放的全部现金，房地产市场出现了一次新的繁荣，这次繁荣具有与2000年纳斯达克相似的投机特征。在将利率下调到很低的水平时，格林斯潘并没有完全意识到，这会使投资人从一家赌场（股票市场）取出筹码，到另一家赌场（房地产市场）进行赌博。

在2000年至2002年之后，纳斯达克科技股投机者一边舔着伤口，一边又开始了另一场全新的赌博，这次是赌住房。2000年纳斯达克泡沫破灭，当时只影响到股票市场投资者。这次房地产泡沫的破灭对整个国家都产生了影响——实际上是影响到全世界的经济——因为全球经济都非常缓慢地下滑。之所以说非常缓慢地下滑，是因为美联储在2005

年收紧了利率，对2006年至2008年的整个房地产市场都造成了震动。由于担心房地产市场崩溃，美联储再次开始降低利率，并迅速扩张货币供应。这些低廉的资金，为房地产增添了新鲜血液，这将是一次伴有温和而短暂复苏的缓慢下降。正是松动的银根，维持了房地产这个病入膏肓者的生命。经过更长一段时间以后，这个病人显露出走到生命终点的征兆。房地产的长期看涨者正在希翼通过重新实施低利率和增加货币供应量的政策，再现新繁荣。这就是房地产看涨者具有信心的基础。

信贷泡沫

毫无疑问，房地产泡沫是建立在低廉货币供应和轻易就可获得的贷款基础上的。“宽松的艾伦”（“Easy Al”）提出的宽松货币政策，导致了投资者和投机者比以往任何时候举债都多，为什么不呢？如此低的利率，如此廉价的举债成本，他们怎样会拒绝呢？最大的原因是，他们要购买的资产的增值速度远远快于债务的增长。由于房地产价格继续按几何级数的速度上涨，因此，这些投资者的账面资产不断增加，他们通过债务创造更多财富（debt-created wealth）的愿望越来越强烈。

财富不断增加的兴奋之情溢于外表，房主们决定要购买一套用于度假的住房，或者更新、更贵的住房，因此，房地产投机者可能将房价提高一倍。这些美国的房主不仅仅要与有钱的邻居进行攀比，而且还要买下有钱邻居居住的住房。在这个过程中，他们背上了更加沉重的住房抵押贷款债务。

全国的房地产业主和投机者不断贷款，投机性债务不断积累。看来这种投机程度还不够，一些银行和抵押贷款公司创造出了一些奇异型住房抵押贷款产品，如“只付利息”（“interest only” payments）和“无首付”（“no money down”）住房抵押贷款，这使房价进一步上涨到了更荒唐的程度。放松银根对住房投机更是火上浇油，这催生了一类新的投机者——“快枪手（或短线炒家）”（“flipper”）。就像以前股票市场当日交易者的表兄弟一样，由于房地产市场重现了2000年纳斯达克泡沫破灭的景象，快枪手已经销声匿迹了。

2005 年，房地产市场投机狂热达到了高潮，就像它的姊妹纳斯达克在 2000 年初出现的泡沫一样。如同纳斯达克泡沫的砰然破裂，房地产泡沫也在非常缓慢的下跌中突然破灭了。实际上，由于担心房地产价格暴跌，股票市场开始向下修正时，我们的新任美联储主席本·伯南克赶来救援了。与其前任如出一辙，本·伯南克采取了印票子的办法来拯救市场。多么的富有创意呀！

就像有人把艾伦·格林斯潘叫做“吹泡泡”（“Bubble Blowing”）的格林斯潘时，本·伯南克也有外号了。很多人都把他称为“本·直升机”（“Helicopter Ben”）。非常有趣儿的是，“本·直升机”是他自封的名字，因为他是一名直升机驾驶员，更主要的原因是他 2002 年 12 月 1 日在华盛顿特区全美经济学家俱乐部的一次著名演讲。人们引用了他说过的一句话：如果美国人持有的资产发生通货紧缩，他会“用直升机空投”（“helicopter drop”）大把大把的美钞——换句话说，就是用美国政府无限额的支票簿增发新的货币。

这使许多美元看空者得出了一个可怕的结论。大多数美元唱衰者认为，即将来临的美元危机终将导致恶性通货膨胀。正因为存在这种可能性，投资者才需要在证券组合中考虑黄金和空头方策略的因素。

美元币值界限

美元指数是用以衡量美元与一篮子世界其他主要货币之间汇价关系的一个指标。从历史情况看，这个指数的重要支撑水平在 79 - 80 的区间。2008 年，在出现阶段性重大反弹之前，美元持续下跌，达到了创纪录的新低。如图 3.1 所示，自 1967 年美元指数设立以来，美元指数不断刷新 41 年来的新低。

美元指数之所以下跌到空前的新低，在一定程度上，是由于伯南克下调了利率，以防止住房抵押贷款危机蔓延到房地产价格。

美元面临着潜在的货币危机。然而，全世界的央行都将为美元寻求一个支撑点，并设立一道美元币值界限（a goal-line stand），至少暂时要这么做。这样做的原因是，世界上的大部分央行一直在出售黄金，他们把宝都押在了美元以及以美元计价的资产上，如美元债券。美元的崩溃，不仅仅是这些国家最关心的事情，而且是全世界最关心的事情。

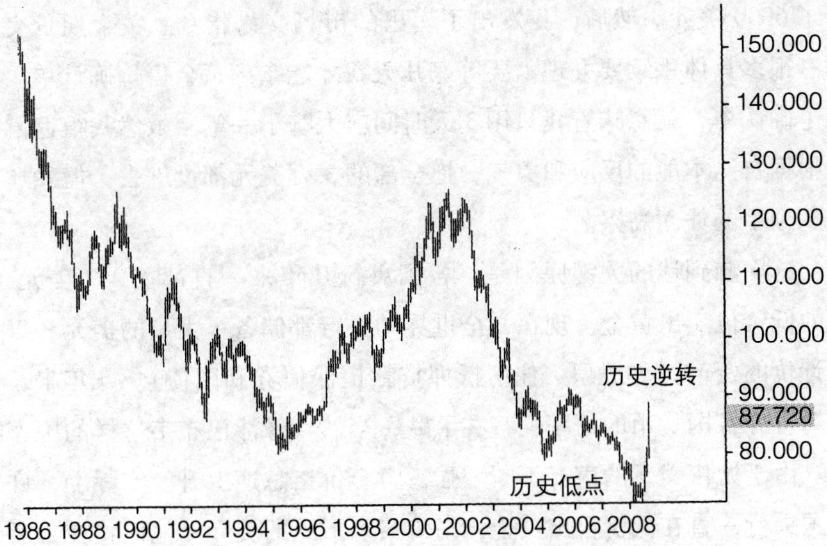

图 3.1　1986 – 2008 年美元指数

资料来源：交易所编制。

1999 年，在黄金价格处于 253 美元/盎司的价位时，全球卖出黄金的各国央行的日报都将此作为头条新闻。我从未投资过黄金期货市场，但是根据我的经验，黄金价格不可能再降低了，因为金矿一直在关闭，这意味着黄金供应量非常小了。更为重要的是，投资者和交易商都根本看不上黄金，没有任何人看好这种黄色的金属，于是，我就悄悄地进入了黄金期货市场，并把宝押在了黄金上。

从技术面来说，黄金价格也正在构筑短期双底曲线。我给一个商品经纪人打电话，开设了交易账户，存入 3 万美元，想全部投资于黄金期货合约。他建议我不要马上把所有资金一下子都投进去，应当分几个阶段买入。因为我是黄金期货的新手，他是这方面的专家，所以，我听从了他的意见，先在黄金期货中投了6000美元。我真希望我没有听他的话，因为，在我买进几天之后，就传出了各国央行开始控制出售黄金的消息，商品交易市场的黄金涨停了。因各国央行执行《华盛顿协定》（*Washington Accord*）黄金价格暴涨，突破了330美元/盎司，但我才投资了6000美元。然后，我发出了卖出的市场交易指令。黄金期货交易厅有很多具体手续要办理，要等好几天我才能拿到黄金售价确认单。拿到了确认单，就意味着我只用3天时间就大赚了一笔。虽然我很遗憾没有根据自己本能的反应和勇气，把全部的3万美元都投进去，但我还是为赚到手的钱而高兴。

这次赚到钱的关键原因是，各国央行几年来一直都在253美元/盎司的低价位卖出黄金。现在，全世界的央行都储备了大量的美元和以美元计价的资产（如股票、住房抵押贷款担保债券和国债）。几年来，美元对世界各国货币的汇率一直在下跌，当然，像津巴布韦这样的国家除外。由于抛售美元的声音不断增强，黄金价格急速上升。实际上，许多外国央行一直在低价售出黄金，高价买入下跌的美元。他们将在力所能及的范围内尽可能拯救和保护美元（顺便说一句，“他们”都是哪些国家呢?）。

1995年的美元暴跌

让我们回顾一下1995年的情况，当时，美元正处于另一种形式的危机之中。1995年初，美元正在形成二战后的低点。1995年5月31日，多国央行掀起了购买美元的热潮，一举拉升了波动不定的美元。这是德国、日本、英国、法国、澳大利亚、瑞士、瑞典、意大利、比利时和荷兰央行共同合作、协同动作的结果。在“他们”的干预下，筑起了一道美元币值界限。这次行动预先防止了美元的预期下滑。货币市场中的所有人都错误地赞成这么做，但这种大规模的干预行动只会产生短期的效果。事实上，这次干预对人们的心理造成了巨大的影响，因为对美元持续下跌下赌注的空头方大投机者，彻底输给了这些国家的央行。这些国家央行的所作所为还清楚地表明，对美元出现的任何大幅走弱，他们会再次出手干预。

那时，人们广泛引用美国财政部长罗伯特·鲁宾（Robert Rubin）的一句话："我们准备在任何必要的时候在外汇市场上进行合作。"这句话让人们感到美元已经触底了，投机者不能继续进行沽空交易了。这句话也使美元产生了上涨的压力，因为空头都在竞相补仓和进行平仓，同时，多头买家却充满自信地买入美元。

2008年，美元连续创历史低点。如果搞一次民意测验，货币投机者中十个有九个会告诉你：美元肯定会下跌。投机者在2008年的情绪与1995年非常相似，如果8国集团再次共同努力，又可以延迟美元的末日。但是，令人遗憾的是，如果美国的货币流通量继续在吹泡沫，势必彻底耗尽这些国家央行的购买力，G8将放弃联手干预外汇市场的做法。美元看跌者认为，这些国家的央行将放弃干预美元和以美元计价的资产（如股票和债券），尤其在美元干预措施不能奏效和美国坚持让美元贬值的情况下。

如果最贪婪看跌者预计的美元末日果真到来，那么，美国的繁荣就会大大缩水，就像把尼亚加拉瀑布换成了一只小水桶。黄金价格将上涨到超过2000美元/盎司，而且，由格林斯潘政策试验所产生的全部股票收益都会丧失殆尽。这就是大量增发货币的精神错乱者的试验结果。自从1996年格林斯潘开始进行大量增发货币的试验以来，美元看跌者就认为，一旦货币供应减少，资产价值就会出现反转，所有的股票盈利都将被吞噬掉。道琼斯工业股票平均价格指数将跌回到4500点，与2007年高点相比，接近下降了10000点，并很可能使房地产价值大跌一半，甚至达到三分之二。确确实实，可能发生的情形只能是这一种。在这种情形下，会出现大规模的失业和大范围的资产清算，可能发生强制性债务收缩周期，与无论何时、何地发生的最高点相比，资产价值将萎缩到1996年的水平。

“直升机”对未来的看法

从伯南克阐述美联储所采取的政策那一刻起，美元就开始下滑，黄金开始涨价，这一点儿都不值得大惊小怪。回想一下伯南克关于不顾及可能产生通货膨胀后果从天上撒美元的言论，我们就可以非常清楚地看到未来的情况。我们还可以把他在2002年11月那次臭名昭著的演讲中所讲的那句话，与其应对2007年和2008年信用危机的政策进行一番比较。

当股票价格正在下跌、市场担忧通货紧缩来临时，伯南克发布了“坐直升机撒钱”的言论。对通货紧缩的担忧，起因于日本经济所经历的情景：20世纪90年代，日本在股票和房地产泡沫破灭后，经历了通货紧缩。伯南克说，美国经济绝不会发生像“大萧条”或日本一样的通货紧缩问题，导致价格全面下跌。由于他非常清楚美联储掌控的印钞机所能发挥出的巨大威力，因此，他相当自信地这么说。那时，他是格林斯潘领导下的美联储的一名委员。他知道，只要按一下鼠标，美联储就能将无限制的信贷流入到资产市场，遏制发生通货紧缩事件。就像魔术师发出“咒语”一样，这些无中生有创造出来的新货币最终通过各种渠道源源不断地流进了经济体。

显然，伯南克犯下了与其前任同样的错误，这就是，过度宽松的信贷政策引燃了大规模的投机热情，造成了严重后果。格林斯潘和伯南克都没有意识到，一旦风险欲望占了上风，对承担风险的担忧就会茫然无存，投资者就会充满赌博心态。当赌场老板——美联储——随时免费发放新筹码（新发货币）时，这些赌徒就开始亏钱了，或者开始陷入困境了。

投资者和投机者既从银行贷款投资股票和房地产，同时，他们还用信用卡借钱购买住宅和股票。最近几年，信用卡债务风险已暴露出来。此外，与估值过高和价格膨胀的股票相比，边际债务增加到了创记录的高水平。

美联储创造了一个巨大的债务怪兽，对我们每个人来讲，这都是一种不幸。如果像美元看涨者认为的那样，美联储采取措施拯救经济以及股票和房地产的繁荣，那么，这只能使这个债务怪兽更加渴望获得更多的债务型收益（debt-induced gains）。美联储制造出的怪兽太大了，以致于将引发经济核爆炸，也将产生一位非常勇敢的美联储主席，去战胜这个怪兽。我不知道这种情况是否会发生，但是，我坚信，最后的结果一定是经济出现阵痛和遭受损失。美联储收缩货币供应是唯一正确的选择，即使这样也将造成经济地狱，将出现大量的痛苦，需要咬紧牙关。

空中楼阁(The House of Cards)终成"痛苦之屋"("House of Pain")

美国的房主背负了创记录的住房抵押贷款高债务，这毫无疑问地说明了房地产价格大幅上涨的原因。股票和房地产价格涨得太高了，债务已经成了投机者最好的朋友，因为随着价格的持续上升，债务负担就会变得越来越轻。这就是房地产账面百万富翁在巨大住房债务基础上创造财富的方式。最近，房地产价格开始直线下跌，住房的债务基础开始削弱。如果房地产价格持续暴跌，那么，在堆积如山债务基础上形成的房地产泡沫，就会变成巨大的空中楼阁。当这个空中楼阁开始坍塌时，股票、美元以及整个世界经济都会随其一起崩溃。这再次表明，一种资产价格的走低会促使另一种资产价格走低，如此循环往复，我们的经济终将陷入通货紧缩性的灾难性急剧下跌。

由于伯南克降低了利率，而且现在又向经济注入更多的货币，新增加的巨大美元供应量，很可能在未来引发严重的美元危机。事实上，伯南克在美联储主席任上第一次降低利率后，美元指数就跌到了创纪录的低点。伯南克总会明白，他不能只沿用格林斯潘无限制地创造美元的那一套，而最终看不到美元危机的降临或通货膨胀对经济的伤害。对伯南克来说，不幸的是，货币魔术子弹大部分已被长期担任美联储主席的格林斯潘用光了。如果美元跌得非常低，并由此演变成一场货币危机，那么，自1979年以来，美国投资者将第一次担心美元价值不断下跌。但是，人们预计，与保罗·沃克尔通过提高利率来拯救美元的政策不同，伯南克不会效仿沃克尔抵御通货膨胀的模式。这是因为我们可以从现在的美国经济中看到美国金融的脆弱性。

伯南克是一位杰出的知识分子，同时也是一位研究 1929 年股票市场暴跌的著名学者，从中可以看出他非常不同的角色。他十分清楚，资产价格下跌将对债务负担过重的经济产生什么影响，也清楚“大萧条”会给我们国家造成的那种艰难，出现了大量失业人员和无家可归者。伯南克认为，只要需要大规模流动性，他肯定会提供。问题是，对于已经过度供应的任何物品，我们不能冒可能导致该物品崩溃的风险去继续增加供应。伯南克的思想是，他非常清楚，如果提高利率和减少货币供应，对美国经济造成的打击，将如同广岛原子弹的破坏力一样。如果他进行反向操作，也许会碰上好运气，像其前任格林斯潘一样创造出新的资产泡沫和繁荣。这是一种危险的打赌，但是，他唯一能够做的一件事就是进行这种打赌，何况他可以让格林斯潘对此承担责任。

先是通货膨胀，紧接着是通货紧缩

在格林斯潘时期，美元供应大幅度增加，2007 年再一次出现同样的情况，2008 年则出现收缩。美联储通过在公开市场交易国债进行货币供应管理。美联储通过国债买卖，使银行准备金的规模与联邦基金利率（即银行间隔夜借款利率）的目标相协调。为减少银行准备金，美联储就卖出国债，保罗·沃克尔就是采取这种办法战胜了通货膨胀。当美联储卖出国债时，基础货币投放放慢。如果货币增长过慢，经济活动就会受到制约。如果货币增长太快，经济就会出现过热的现象，并导致产生危险的资产泡沫。

艾伦·格林斯潘一人所增发的货币超过了所有前任美联储主席新增货币的总和。看看在格林斯潘任期内货币供应指标 M3 的巨额增长情况，就可以知道这一点。把不断增发货币与美国贸易赤字结合起来，我们就会产生巨大的美元供应，美元不仅在美国泛滥，而且在全球泛滥。过度泛滥的美元会渗透到资产价格和商品价格中，最后会使所有商品价格都上涨。美元指数不断创出年度新低的事实表明，美元供应所担负的责任变得异常沉重。今天，我能向投资者提供的最好的例子，就是2000年纳斯达克指数。如果回头看看1999年的情况，就会发现在股票市场上有大量了解内幕的人在卖出股票，特别是在高技术和互联网领域。

大家可以回忆一下专门报道金融网络股的一位记者，她在1999年网络股泡沫期间在纽约股票交易所的交易大厅进行过报道。我高度赞赏她的报道。她兴高采烈地说，新的首次公开发行股票（IPOs）"只在一天之内上涨100%－200%。"顺着这种思路，她兴奋地高喊："伙计们，当公司发行新股票时，在投资者的哄抬下，几分钟内股价就上涨50%－100%，这里希望股价下跌的贪婪的需求正在兴奋之中。这里一直是这样，太惊心动魄了！"她的异常兴奋让我发懵。这种毫无理由的极度兴奋再次表现在新股的增发中，即，因为对股票需求实在太大，上市公司会向公众增发股票。

这里的关键问题是，如果股票供应一直持续增长，最终会大于股票需求。一旦需求达到最高点，过度供应就意味着股票价格必然出现暴跌，直到需求回复到正常水平。这也正是美元可能要发生的情况。一直源源不断增加的美元供应，促使《巴伦》（*Barron's*）报的艾伦·埃布尔森（Alan Abelson）多次把格林斯潘称为"吹泡泡大王"（"the king bubble blower"）。格林斯潘及其继任者伯南克，将为美元因过度供应而下跌负有罪责。

像伯南克那样在象牙塔里的学者，会回顾最近的历史，并最终被迫采取以前一直实施的办法。由于始终存在着反对的声音，为拯救美元、扑灭通货膨胀的燎原大火，他将被迫提高利率，降少货币供应。如果伯南克拒绝"采取这样的措施"，那么，在他被取代或退出美联储以后，这项任务会落在他的继任者身上。这时候，反通货膨胀的战斗将开始，通货紧缩和信贷紧缩的力量将占上风。就像"财富效应"推高了价格一样，贫穷效应则会压低价格。虽然可以无限制、源源不断地增加货币供应，但无论如何，长此以往，美元的波动只有一条路可走，那就是：最终的下跌。当然，市场很清楚这一点，美元已经连续下跌好几年了。

正如我们前面讨论过的那样，如果爆发一次伴有严重通货膨胀的新的大萧条，那么，只有极少的赚钱途径了。首先，你必须持有黄金，纯粹作为对冲通货膨胀的工具。当我们进入长期的滞胀周期时，黄金价格会自始至终进行修正，但是，最终会创出历史新高，同时，黄金类股票很可能成为未来的网络股。当利率提高时，美元会出现逆势的大幅反弹，但是，从长期来看，美元将趋于下跌。

美元正反两面的展望

美元具有储备货币的职能，这可以使美国避免出现像第三世界国家那样的货币崩溃，第三世界国家在货币崩溃之前也发生了类似的不平衡问题。美元优势在于：美元是最主要的国际储备货币，为了弥补经常项目收支差额，外国政府需要持有大量的美元。经济学家认为，美元是许多商品交易中的“计价标准”（numeraire）货币。这意味着，许多重要商品都是用美元定价的，最明显的是石油。伊朗试图改变这种情况，伊拉克在布什入侵之前，也这么做过。各国在购买石油时，要用美元付款，所以，美元是国际硬通货。也许，作为国际储备货币的最大优势是，美国可以用本国货币偿付债务。

1995 年，墨西哥比索发生了危机，当时为了拯救墨西哥，美国是制定一揽子援助措施的主导国。墨西哥比索发生危机的原因是，由于投资者出售以比索计价的资产，转而购买以美元计价资产，墨西哥用于偿付债务的美元储备告罄。显然，美国政府不存在这方面的担忧，因为美国可以本币偿付债务。然而，美元的急剧下跌，对其储备货币的地位造成了很多问题。谁还愿意持有持续贬值、汇价疲软的货币呢？在 2008 年秋季美元急剧下跌之前，欧元、加拿大元、瑞士法郎以及澳大利亚元对美元的汇率都快速上升。只要有股票将恢复上升动力的信心，那么美国股市对外国资本仍然具有强大的吸引力，因此，这将成为美元需求的一个来源。随着 2008 年美国股票和房地产市场走弱，世界上许多人开始失去这种信心了。

在世界发生混乱时，投资者习惯于把美元当作安全港。美国有一个稳定、民主的政府，对美元来说，这是一个重大的有利因素。美国拥有世界上最强大的军队，经济实力也非常雄厚，这些都是美元的有利因素。然而，时过境迁，今非昔比。美国国内和世界各地充满着对布什突然袭击和入侵伊拉克的反感情绪。不管怎样结束伊拉克战争，现在，美国的外交政策处于非常孤立的状态。由于金融危机不断加深，加上遍布银行体系存在的系统性问题，美国的金融体系遭到了严重的破坏。在收入下降、燃料和食物价格飞涨的双重打击下，消费者正在陷入困境。房地产市场走弱，泡沫逐渐破灭，似乎还看不到底部在哪里。美元不断创出历史新低，表明人们出现了将偏好从美元转向了其它货币（如欧元）和黄金的情绪。

让我们回顾一下上一次美元危机，并与当前的形势做一个比较，看一看美元是否会像 1995 年那样跌到底部。1995 年，股票市场悄悄地走出了熊市，股票价格非常便宜。国债收益率摸高 8%，由于有很高的税后收益率，债券很有吸引力。1995 年，房地产价格也很便宜。那时，因为美国出现了资产估值过低的现象，资金一下子涌入股票、债券和房地产市场。因为以美元计价的资产吸引力很大，美元才能够反弹，因此，开始了持续的繁荣。

现在面临的情况并非如此。2007 年，道琼斯指数和标准普尔 500 指数达到历史高点，2008 年即使美联储下调了利率，仍然一路下跌。现在，债券收益率低得出奇，看起来债券市场就像一个等待破灭的气泡，或者，最少来讲，债券没有任何吸引力。即使房地产市场泡沫已经破灭了，房地产业一直很疲软，但是房价还是很高。所有这些情况与疲软的美元综合在一起，就是一种高性能炸药，那怕是最微小的震动，都可能引发爆炸。如果人们对股票、债券或房地产长期展望的信心产生动摇，那么，美国经济就会爆炸，并在全世界范围内引起连锁反应。

艾伦·格林斯潘留给未来的遗产

当我从电视节目“60 分钟”中看到格林斯潘在推销他的新作《动荡的时代》（*The Age of Turbulence*）（企鹅图书出版公司，2007）时，我不得不惊讶得直摇头。从这个节目中可以看到，房地产和股票投资者在大街上遇到格林斯潘时，都纷纷上前向他表示谢意。这些人认为，正是格林斯潘的低利率以及宽松的货币政策，才创造了他们的财富。这些粉丝请格林斯潘在他们的美钞上签字留念。作为美联储主席的他，已亲手创造了几万亿的新美元，这足够他到处去签名了。据“60 分钟”节目说，华尔街给格林斯潘起了一个外号，叫“宽松的艾伦”（“Easy AL”），因为一旦股票市场下跌，格林斯潘总是采取降低利率和宽松的货币政策。当不可避免的美元危机终于袭来时，那些兴奋的投资者就该把格林斯潘签名的美元揉成团，扔到他的脸上了。当英国女王授予格林斯潘“艾伦爵士”（“Sir Alan”）称号时，整个世界都在关注。当美元崩溃时，也许全世界投资者能够看到的就不是英国女王授予他爵士的称号，而是授予他笨蛋的绰号！

当投资者终于明白，正是格林斯潘和伯南克新创造的天量货币导致了美元的崩溃时，就不会友善地对待他们俩了。如同亚伯拉罕·林肯为内战而大量发行货币引发的情况一样，人们会像躲避瘟疫一样抛弃美元。投资者总会理解到，“法”币（“fiat” money）只是没有任何东西支撑的货币，一直处于过量发行的状态，正在形成巨大的房地产和股票市场泡沫。正像南北战争时期人们对美元避之惟恐不及一样，当人们再次希望建立与黄金挂钩的货币体系时，这一天就要来临了。具有讽刺意味的是，那时人们把美元叫做“欠债的美元”（greenbacks back），因为美元供应量太大了，其与黄金的兑换率大幅贬值。那时，美元的声誉实在是太糟糕了，只有在大打折扣后，人们才愿意接受，这可能也是未来要发生的情况。最大量的垄断发行货币，日积月累，已经造就了世界上史无前例的最大的泡沫，而且就是信用泡沫。由于2008年这个信用泡沫开始收缩，21世纪的第一次经济衰退出现了。

艾伦·格林斯潘创作的《动荡的时代》是一部伟大的作品，也是我所读过的信息最丰富的商业书籍。这本书的书名，恰如其分地反映了格林斯潘在任美联储主席时的亲身经历，以及他在造成股票、房地产和经济混乱局面中的角色。他经历了1987年的股市暴跌、2000年的纳斯达克泡沫和狂泻，以及2005年房地产泡沫和次贷危机，所有这些都是在他任内发生的，还有对他各种各样的赞美之词。自从格林斯潘就任美联储主席以来，为美国创造了巨大的财富，他曾经留下了一笔宝贵的遗产。因为有了“宽松的艾伦”，住房和股票价格才达到了不可思议的高点。一枚硬币总有两面，在财富增加的同时，美国家庭的债务也急剧膨胀。保证金债务、抵押贷款债务以及信用卡债务，都达到了历史最高纪录。美联储信任房地产和股票投资者头脑的程度太高了，以至于对大多数投资者来说，创造财富等于在增加债务。只要资产价格陷入严重的险情，不管什么时候，美联储都会出手拯救投资者。投资者要做的就是，坐等股票和房地产复苏，并用这些资产作抵押继续增加债务。

银行、经纪商、储贷公司、抵押贷款公司以及住房建筑商都在进行各种形式的过度投机，承受了难以置信的风险。饶有意味的是，在2006年至2008年，这些板块的大多数股票全线下跌。花旗集团和美国银行的股价像鱼雷一样不断下沉。华盛顿互惠银行（Washington Mutual）是美国最大的储贷公司，每股价格从45美元的高位跌到了16美分。NVR股份有限公司是全美排名第一的住宅建筑商，该公司股价曾在每股851美元的高位形成了一个完整的双顶走势，然后跌到每股400美元。联邦国民住房抵押贷款协会（房利美［FNM］）是美国最大的住房抵押贷款购买商，2008年的股价从2007年的每股68.60美元高位开始暴跌。在政府宣告实施救援之前，其股票已经下跌了98%。人们将房利美看作是在没有流动性“实物”房地产市场中具有流动性的“期货”合约。换句话说，对房地产的未来发展趋势《要留心下跌!》

（“*LOOK OUT BELOW!*”）。

美林证券公司的股价从每股98美元跌到12美元。美林股价下跌的原因，也是直接与陷入2007年和2008年的次贷危机有关。虽然美林的CEO对股东做出了如此令人不齿的事情，但在被免职时，他却收到了一张2.16亿美元的离职薪水支票，作为对其工作的褒奖。

需要引起注意的是，股票和房地产市场的过度投机，让投资者背负了巨大的债务。这使美国经济变得非常脆弱，很容易受到外部冲击或预料不到事件的影响，引起市场的动荡。银行系统继续不计任何后果地支撑资产负债表，自2007年夏季以来，银行一直举步维艰，最终陷入了冲击全球市场的银行危机。如果房地产或股票价格彻底崩溃，上帝会拯救我们，因为美国将经历巨大的经济阵痛。面对过高的商品价格和疲弱的美元，这也许是采取如此之低利率政策的最主要而充分的理由之一。

“债券盗尸者”（“bond ghouls”）（这是路易斯·鲁凯泽对债券交易者的最新称谓）对债券是看涨的，因为他们认为，随着抵押贷款债务、保证金债务的收缩和清算，必将出现资产价格的修正。所有这一切，都将导致严重的经济衰弱，通常还会导致极低的利率。另外两次实施这种低利率政策，是在经济动荡时期。在上世纪“大萧条”以及网络股泡沫破灭时期，短期利率曾降到1%。如果美联储把利率调低到1%以下，那么，投资者和投机者的判断就是正确的，债券还是值得买的。

商品市场上的石油和黄金价格持续上涨，这强烈地向人们传递了未来即将爆发大规模通货膨胀的信息。我们已经在股票和房地产市场看到了资产价格的膨涨，并认为这是“良性通货膨胀”。之所以认为这是良性的，仅仅是因为投资者在股票和房地产价格上涨时感觉良好。对家庭和投机者来说，资产价格的膨涨还能使债务保持在可控制的高水平上。但是，如果黄金、石油和商品价格不断上涨，而美元不断下跌，这却是“糟糕的通货膨胀”（“bad inflation”），因为这种通胀会降低美国民众的福利水平。出现这种通胀时，经济生活中的商品和服务价格将全面上涨，以购买力来衡量，美元的价值将越来越低。或者当糟糕的通货膨胀发生时，美联储在2007年至2008年实施的降低利率政策就会被迫转向，转而提高利率。如果确实发生了这样的情况，那么，城里唯一的赚钱游戏就是空头方的打赌了。格林斯潘的遗产就是资产泡沫鼓风机和资产泡沫这个庞然大物了。

金融衍生品风险爆发是一个即将发生的突发事故

艾伦·格林斯潘将为今后带来灾难的另一个巨大怪兽长得太大了，这个巨兽叫作金融衍生品，我真担心，要制服这个家伙，恐怕现在已经太晚了。在已创造的投资工具中，金融衍生品可能是唯一一个最令人恐怖的猛兽。衍生品合约是合成的期权。作为美联储主席，格林斯潘竟然对金融衍生品大加称赞，鼓励其爆炸式地发展。美国财政部把金融衍生品定义为“以利率、汇率和商品/股票价格等为标的市场因素的一种金融合约，其价值是由标的因素衍生而来的。金融衍生品交易包括各种各样的金融合约：结构性债务和存款、互换、期货、期权、上限期权、下限期权、双限期权、远期及其各种组合式合约。”

金融衍生品主要针对股票、债券和外汇进行下赌注，风险极高。金融衍生品发展已经绝对失控了，并已影响到银行体系。虽然美国有986家银行进行金融衍生品风险工具的交易，但是，排名前五位的大银行的交易占交易总量的97%。与这些银行的全部资本结构相比，这些银行的风险敞口简直就是一个天文数字。根据美国财政部网站公布的数据，美国商业银行的金融衍生品风险敞口总量高达152万亿美元（这不是印刷错误——确实是152万亿美元），而且这个数字还在逐日增长。

信贷风险敞口是市场利率变动的一个函数。银行并不清楚，在不同的未来时点，金融衍生品合约价值到底是多少。如果要计算金融衍生品合约中的信贷风险敞口究竟有多大，首先要对这些合约进行鉴别，即如果交易对手违约，银行可能损失的价值有多少。

所有这一切都意味着，这些极其复杂的金融衍生品互换和安排，迫使这些银行完全依赖于彼此之间的偿付能力。如果情况持续恶化，像雷曼兄弟公司那样由金融衍生品而引发的破产倒闭事件，将成为银行的普遍现象。一家银行发生问题，会很快传播到所有的金融公司。这种系统性风险将导致全球金融体系崩溃。金融衍生品的不测事件是一种灾难，会把美国和世界上大多数国家都推到“21 世纪新的全球大萧条”之中。2007 年 11 月 7 日，美国全国广播公司财经频道（CNBC）主持人说：“全世界共有 750 万亿美元的信用衍生品”，这喻示着衍生品已遍及全球。根据 jsmindset 网站（www. jsmindset. com）的吉姆·辛克莱的说法，金融衍生品未平仓头寸的名义价值总额大约有 1440 万亿美元之多，对我来说，这个数字听起来真是太恐怖了——你觉得呢？

事实是，在异常事件爆发之前，根本没有人知道金融衍生品市场有多危险。异常事件很可能是债券价格的严重下跌。因为在金融衍生品的风险敞口中，有 80% 是与利率合约相联系的，所以，利率突然的调整很可能是点燃这个火药桶的导火索。如果真的调整利率，美国必然发生危机，经济将迅速崩溃。在已发明的各类金融工具中，金融衍生品是风险最高但人们最不了解的一种工具，所以，当发生系统性危机时，我们将只了解危险的程度，而不可能了解更多。如果经济持续繁荣，利率保持稳定，那么，金融衍生品突发事故的可能性就会减小。银行可以继续从金融衍生品交易中获利，而衍生品市场也会发展到更荒唐的程度。如果股票、债券或外汇市场突然发生意想不到的混乱，就会爆发系统性危机，金融衍生品也将受到人们的责难。

与此相反，格林斯潘却认为金融衍生品是一个好东西。他把衍生品看作是分散风险的一个有效途径，而且是一个重要的稳定器。他的看法只对了一半，因为只要债券、股票或外汇市场极其不稳定，金融衍生品市场就不可能稳定。看一看 2008 年发生的贝尔斯登（Bear Stearns）破产事件吧，这是大银行因过度使用杠杆率而可能引发崩溃的一次预演。在随后对贝尔斯登/JP 摩根银行的救援行动中，我们看清了美联储变得多么的奋不顾身。由于不断扩大质量更低的抵押担保，甚至买入更多的学生贷款支持债券（bonds backed by student loans），现在，美联储的资产负债表已经被毒化了。贝尔斯登的破产，只是一个序幕和对未来前景的警告。

每个人都应该密切关注利率的变化，以及持有金融衍生品风险头寸最大的前 5 大银行。最好办法是观察这几家银行股价的走势图。当我们跨入 2008 年，银行类股票，以及房地产建筑商储贷公司类股票都出现了暴跌。2008 年，从长期来看，这 5 大银行的股票都非常看跌。在 2008 年，花旗银行的股价已经从高点下降了 80%，JP 摩根大通银行的股价也不断下跌，而且不断触及新的历史低点。美国银行（BAC）、HBSC 银行（HBC）以及瓦乔维亚银行（Wachovia，WAB）的股票价格，看上去就像从山顶滚下来的巨石一样，跌势不可阻挡。出现这样的情况一点儿都不奇怪，这三家银行金融衍生品的风险敞口是最大的，因而，受到惩罚也是最严厉的。从长期走向来看，在未来相当长的时间内，这些银行股票只会下跌。换句话说，这次下跌，可能仅仅只是一次路途遥远、充满艰辛和亏钱游戏漫漫熊市的前半程。

请记住，金融衍生品危机事件会从一家银行扩散到另一家银行，而且不断地扩散下去，直到 986 家参与金融衍生品交易的银行都受到影响，在这个过程中只要有一家倒下了，那么，所有这些银行可能像多米诺一样全部倒下。这种机制是极其危险的，可能导致全球经济灾难。必须高度重视这种系统性风险，一定要考虑到“如果……，怎么办”这类问题。如果利率突然大幅调整，怎么办？如果持有股票隔夜就暴跌，并演变为 1929 年那样的大萧条，怎么办？如果从长期来说美元慢慢下跌，直到崩溃，并且发生危机，怎么办？

这些问题的答案将有利于引导监管当局制定新的规则，监管交易者进行金融衍生品合约的买卖行为。这是伯南克和美联储必须要做好的事情，只有如此，才能使世界免遭新世纪第一次大萧条的侵袭。在出现系统性危机的情况下，保证赚钱的唯一途径是沽空股票，并采取空头方策略。在下一章，我将向读者说明，不断下跌的美元正在怎样导致金融危机的爆发，金融危机会成为即将到来的全球股票、债券和房地产价格暴跌的催化剂。

第 4 章

黑金：石油股票在暴涨与暴跌中的获利机会

中东地区的石油问题是众所周知的“火药桶”，长期悬挂在世界市场上。跨入 21 世纪之后，闪烁的火花险些引发一场大爆炸。由于担心伊朗成为核国家，以及担心核武器有可能通过各种途径落入恐怖分子之手，这个火药桶上的导火索越来越短了。巴基斯坦政局动荡，使按日计算的导火索又短了一截，美国在伊拉克旷日持久的战争使导火索变得更短了。由于该地区存在诸多不稳定因素，唯一合乎逻辑的假设是，导火索即将被点燃，大爆炸将对全球股票市场和世界经济造成毁灭性的打击。居高不下的原油价格正对经济滞胀方程式中的通货膨胀产生极大的压力。

为了防止出现像 2000 年纳斯达克综合指数那样的暴跌——如房地产的崩盘，在新世纪，美国联邦储备委员会大肆印刷新的美钞，因此，美元贬值了，并且影响到美元与世界其他主要货币的汇率。在新千禧年的最初几年，美元汇率下跌，导致了一些严重的连锁反应。因为全球的石油价格是以美元计价的，石油输出国组织（OPEC）以提高石油价格来应对美元贬值。欧佩克通过严格控制石油供应来维持高油价。他们这样做的理由之一是，对于因美元贬值导致的购买力下降进行补偿。如果石油产出国决定不再接受美元，这就不仅仅是错误的经济决策，而且是非常危险的经济决策。伊拉克决定出口石油不再接受美元付款的时候，离美军入侵和将做出这个决定的领导人送上绞刑架的日子就不远了。

2007 年，伊朗步伊拉克的后尘，宣称他们“宁愿使用欧元或者日元作为支付货币”，并且不再需要正在贬值中的“没有价值的美元”。正因为如此，加上中国和印度石油需求不断增加，导致 2008 年石油价格飙升至每桶 145 美元。

石油价格上涨的主要原因与交易商的担心有关，他们担心美国或者以色列对伊朗进行打击。这个事件会严重影响全球市场，使世界经济进入黑暗时代。由于全球 40% 的石油供应要通过霍尔木兹海峡，对伊朗的任何入侵，都将使油价迅速上涨到每桶 200 美元。如果伊朗受到攻击，这个非常狭窄的海上通道就会被完全切断。只是因为 2008 年 12 月国际原子能机构将对伊朗核设施采取核查行动，在石油交易席位上的交易员们肯定以为石油价格将开始上涨，最高将达每桶 200 美元，实际上每桶 200 美元期货合约交易量直逼 2007 年 11 月的交易量，而且整个 2008 年都在上涨。根据亚太财经新闻频道（CNBC）对商品期货交易员的采访节目，核查行动与对伊朗进行突然袭击的担忧直接相关。

几天之后，2007 年 11 月，委内瑞拉总统乌戈·查韦斯与伊朗总统进行了会晤，当时媒体引用了查韦斯的讲话：“如果美国打击伊朗，石油价格将突破每桶 200 美元。”内贾德总统也说：“美元只不过是一文不值的废纸，美元帝国正在崩溃。”在这些石油生产国中，个别国家故意削减石油供应量，并利用高油价作为对抗美国的武器。美国是他们最大的石油主顾，其石油消耗量占世界石油总需求量的 25%。

对股票和房地产投资者来说，坏消息是，油价出现达到高峰值是以往经济衰退和熊市的核心问题，因为高油价提前给予了经济衰退即将来临的警告。1973 年、1979 年和 1990 年发生的经济衰退，主要是由能源价格冲击造成的。显然，根据 2007 年和 2008 年油价处于如此高的水平，很多股市看跌者都预期会出现经济衰退，这种直觉是有道理的。幸运的是，全球经济长期繁荣的惯性作用延缓了美国经济陷入衰退的时间，这次是由房地产市场下跌和油价持续上涨引起的。

恐怖分子和资助那些恐怖组织的流氓国家，知道我们的经济发展依赖外国资本和石油。没有外资和石油，美国的经济就会崩溃，随后将出现前面介绍过的经济滞胀。不幸的是，美联储印钞票解决不了石油危机问题，政府减免税收和救助措施也无法解决问题。

当你考虑这将对已经疲软的房地产市场造成影响的时候，即使发生温和的经济衰退，美国经济都无法承受。在失业率接近创纪录的低水平、利率极低和股价高涨的时期，房地产出现了不可思议的疲软。由石油价格引发的经济衰退，或者快速提高利率的环境究竟会对美国经济产生多么糟糕的影响？答案是，房地产市场将面临出现非常实际的可能性，即价格全面崩溃。这将导致美国出现一次新的大萧条。

事实上，经济衰退这个坏消息将使石油需求减少，这可能是唯一导致石油价格崩溃的一个好消息。由于 2008 年人们一直担忧经济衰退，石油类股价向下调整，对空头方来说，出现极好的短期交易机遇，就像 1998 年的情况一样。当时，亚洲货币危机导致了对石油需求的减弱，从而，导致石油类股票的崩盘。如果对经济衰退的畏惧根深蒂固，石油类股票可能成为卖空的机会究竟有多大呢？

让我们面对现实：为了满足能源需求，我们在很大程度上依赖沙特阿拉伯、俄罗斯、伊拉克、伊朗和委内瑞拉这些非友好国家，这让人觉得很不舒服。但谢天谢地，我们还有像加拿大和墨西哥这样的友好国家，分别是我们的第一和第二大石油供应国。沙特阿拉伯和委内瑞拉只是我们第三和第四大的石油供应国。无容置疑，石油价格上涨将对全球经济产生毁灭性的影响。上一次能源危机出现在 20 世纪的 70 年代，那时，通货膨胀就像脱缰的野马，利率达到不可思议的高水平，在有史以来最糟糕的长期熊市中，股票彻底崩盘。

1968 年股票市场达到峰值之后，一直下跌，直到 1982 年才最终探底成功。在整整 14 年的长期熊市中，有多少长期投资者能自始至终坚守在股市中？又有多少能在即将到来的长期熊市中坚持下来？担忧是一种极具影响力的情绪，会造成恐慌性的抛售。一旦失业和出现由油价引发的经济衰退，房地产和股票投资者为了偿还其所承担的债务，必然要进行大规模的资产变现。必须尽快开发出一种经济的替代能源来取代石油，这变得日益紧迫起来。目前对石油的需求远远超过石油的生产，欧佩克正在制定更高的石油价格，以抵补美元贬值。令人沮丧的是，大多数专家都认为，通过替代能源或者新发现的原油供应，可以使我们摆脱对外国石油的依赖，但在此之前，我们没有足够的时间来避开石油危机。

伊朗是一招险棋

用布什总统自己的话说，“我们决不允许世界上最恶劣的独裁者用世上最危险的武器来威胁我们。”这就是布什主义。这个论点清楚地表明，布什总统将伊朗视为“邪恶轴心国家”中的头号敌人。为了逼伊朗就范，布什必须首先打击伊拉克和阿富汗，以形成对伊朗的包围态势。2007 年和 2008 年，布什总统派出多艘战舰和航空母舰，在波斯湾进行军事演习。在反恐战争中，布什从一开始就将着眼点放在对伊朗的突然袭击上。石油投机商们确信，布什在 2008 年第二个总统任期结束之前，计划打击伊朗的几率正在上升。其风险远远大于入侵伊拉克，这是因为，如果布什直接向伊朗开战，很可能会引起另一场世界大战。新当选的总统同样也会考虑这个问题。

与伊拉克不同，伊朗拥有着大批高精度制导系统的武器和名符其实的大规模杀伤性武器。2007 年 9 月 17 日的《耶路撒冷邮报》（*the Jerusalem Post*）报道：“伊朗宣称已部署了 600 枚流星 3 型（SHAHAB－3）中程导弹，目标是伊拉克境内的美军。”如果布什或者奥巴马政府打算发起攻击，我们的士兵在越过伊拉克边界时，会轻而易举地成为被伊朗打击的目标。

前任国务卿柯林·鲍威尔说，他看到过伊朗加紧研制可携带核弹头的流星 3 型（SHAHAB－3）导弹的情报。2007 年美国向伊拉克增兵达到了高峰，这进一步说明布什总统仍想对伊朗发动突然袭击。2002 年 9

月，布什总统在纽约联合国总部所作的划时代演讲中，将伊朗列入三个“邪恶轴心国家”之一。当伊朗总统继续用手戳着布什总统的鼻子进行言辞挑衅时，他正在将布什和美国国会推向战争。这就是石油价格几乎涨到每桶150美元的主要原因。

2007年9月，布什总统宣称，德黑兰正将中东地区“置于核毁灭的阴影之下。”如果布什明智地决定，反对向伊朗发动突然袭击，未来的总统同样也要面对这样一个现实。这种对“蘑菇云”的恐惧很可能会促使美国或者以色列在伊朗原子弹研制出来之前向其开战。多数专家估计，伊朗还需3年至5年才能研制出原子弹，所以我们应预计，美国或者多半是以色列，会在原子弹研制出来之前打击伊朗。如果采取军事行动，几百万人将丧生，而且中东的油田将会完全被污染。毫无疑问，这将带来全球经济萧条，因为世界会进入这样一个经济黑暗时代：资产价格崩溃，同时，因油价快速上涨导致通货膨胀率不断上升。如果发生了这些出乎意料的事件，要是你已经采用一种空头方策略来应付这类系统性风险，你的心情就会极为愉悦。

空头方策略决定你的证券组合在应对当前以及未来经济滞胀中的地位，这是一场美联储正在进行并将继续奋战的战争。

身为伊朗领导人，艾哈迈迪·内贾德总统一直为其无视美国和联合国关于停止实施核开发计划的要求进行辩解。他强调，伊朗将继续完成“仅用于和平利用能源的核能开发。”伊朗是全球第四大石油产出国，石油和天然气的储量极为丰富。认为世界会同意甚至相信伊朗总统关于核技术“仅用于能源目的”的说法，将是极其荒谬的。

伊朗总统说，他不仅要摧毁以色列，而且大屠杀也不是说说而已，威胁要将以色列从地图上抹掉。他的讲话报道后，整个世界大为震惊。联合国的一个成员国领导人居然公开叫嚷要消灭另一个联合国成员国，这是史无前例的。所以，我们正在对付一种可能一触即发的局面。尽管如此，伊朗正在与全世界玩危险的核游戏，将很快以伊朗惨败而告终。以色列会设法采用对伊拉克隐蔽的核基地实施过的空中突袭方式，一举摧毁伊朗的核野心。当股票市场暴跌时，如果你没有空头方的股票，那你就是个只做多头的投资者。在股价下跌时，无论怎样你都将无法获利，也无法享受到空头方对冲保护的喜悦。布什总统可没有心情无所事事地消磨时光，也不会在随后针对伊朗的“震惊与敬畏”最新作战计划出台之前，允许艾哈迈迪·内贾德按动核按钮的手指头在自己胸前戳来戳去。我之所以这么说，是有证据的。韦斯利·克拉克将军（General Wesley Clark）写了一本书，书名为《领先时刻》（*A Time to Lead*），帕尔格雷夫·麦克米兰出版公司 2007 年出版。在纽约世贸中心双子座倒塌后没多久，关于伊拉克和伊朗问题，他是这么写的：

航空管制取消后，我飞往华盛顿与我的国防部朋友们商讨有关事宜，又顺便参加了参谋长联席会议。会上，一位高级将领传达了一些令人烦恼的消息：“我们即将进攻伊拉克。这件事已基本上决定了。”

在 231 页中，他这样写道：

我问：“为什么要进攻伊拉克呢？”他说：“我已经发现了一些迹象，布什政府和同以色列政界右派有关系的人士，正在设法将‘9·11’袭击事件的责任归咎于伊拉克总统萨达姆·侯赛因。根据我所掌握的全部情报——自从军之日起我就一直在从事情报工作——此次好像不是那么一回事。萨达姆长期担任总统职务，而且，对于伊斯兰教的基地组织来说，他是个不共戴天的仇敌。”我又问：“他们发现这其中的联系了吗？”他说：“没发现，不是什么联系不联系的事，只是他们不知道该如何办而已。如果你手头唯一的工具是榔头，那么，就将所有的问题当作钉子好了，而且，对我们来说，反恐没有什么好处，但我们可以做的事情是进攻政府。”

这无疑只是一部分解释，并非全部事实真相。6 个星期后，当我回到五角大楼时，因为当时美军正在打击阿富汗，围剿塔利班，我便问上次传达消息的那位将军，伊拉克之后，是否还有打击计划。“唉呀，比这个还要糟糕。”他回答说，并举起放在办公桌上的一份备忘录，这是出自国防部长办公室的战略纲要文件。我们要在今后5年干掉7个国家！……他念出了这些国家的名称，从伊拉克和叙利亚开始，到伊朗结束。这就是保罗·沃尔福威茨（Paul Wolfowitz）1991年剧本台词式的率直坦白，在搜寻大规模杀伤性武器和开展全球反恐战争时，为自己涂脂抹粉。

我之所以引用上述内容，主要因为存在一种出人意料的事件，将对全球市场产生极其重大的影响。问题不在于预测今后是否对伊朗进行军事打击，而是要强调这类永远存在的不可知风险。这就是为什么你需要采用一种空头方策略，作为对市场崩盘的保险，以应对这类令人震惊的灾难性事件。重大事件将导致原来就非常脆弱的世界经济进入人人都将接受的滞涨新时代（a New Era of Stagflation），即资产价格暴跌，通货膨胀像森林大火一样迅速蔓延。你的证券组合能得到适当地保护而免遭此类意外事件造成的损失吗？由于需要预防伊朗确实存在核武器的可能性，那就按此来制定你的资产组合吧。

世界各国领导人都知道伊朗总统的宗教观念是什么。艾哈迈迪·内贾德总统信仰第12世伊玛目，根据传说，这位伊玛目大约在一千年前就失踪了，他需要圣经中所描写的世界末日般的战争来引导自己的转世。这种以救世主自居的观念几乎需要进行或者至少是怂恿一场核冲突来促成12世伊玛目二世的再临。这只是为何世界许多国家担忧伊朗拥有核武器的众多理由之一，也是为何即将出现军事打击的诸多理由之一。

对伊朗实施突然袭击

21世纪开始的第二次伊拉克战争，以及美国或者以色列针对伊朗可能发动的军事打击，可以说是为了打击恐怖主义，也可以说是为了石油和清算陈年旧账。我们迫切需要石油——据报导，世界石油供应将越来越少，而且许多石油生产国都是我们的敌人。美国需要为在全球范围内发动战争而进行融资，使我们的敌人清晰地看到，美国未来的金融市场将随着对石油的严重依赖而下跌。布什总统曾是德克萨斯州的石油投机者，对我们完全依赖外国石油的情况一清二楚。他也意识到，石油供应紧张所带来的影响。这就是我们第二次入侵伊拉克的主要原因，也是美国最终会进攻伊朗，并在中东地区施加更大影响的原因。

不管你用多少种方法来仔细分析经济形势，油价上涨、房地产市场疲软、债务激增和赤字，都会使美国经济面临一些严重的问题。我们的联邦储备委员会和当选的国家领导人都意识到，为了防止巨额债务负担导致我们的经济出现大萧条时期的全面崩溃，股票和房地产的资产价值绝对不能下降。要避免这种灭顶之灾，美联储将继续印美元票子，美国政府将继续为全球战争花费开支。最终，这就增加美元将要经受一场严重危机的机率。

出现美元危机时，货币供应的龙头将会关紧，以降低通货膨胀。经济学家们都了解货币供应和货币价格（表述为利率就更好理解）之间存在着的基本关系。如果收紧或减少货币供应，那么利率就会升高。当保罗·沃尔克按照货币学派的理论大量减少货币供应时，这一点就最显而易见。货币学派坚持这种经济理论，即对稳定和平衡的经济来说，适当控制货币供应是至关重要的。这个理论与美联储现在的观点大相径庭，美联储看来试图将美元变成狂欢节中抛洒的五彩纸屑。当保罗·沃尔克通过减少货币供应来遏制通货膨胀时，利率开始直线上升。在新的世纪，除非发生绝对失控的通货膨胀，否则，美联储是不会采用这种计划的。美联储希望负债累累的美国公民自己设法找到解决办法，减轻债务负担。美联储认为，最好的解决办法是，在控制通货膨胀的前提下，通过美元贬值来减少将要偿还的债务。

只要美元贬值战略继续下去，欧佩克将继续保持高油价。由于美国的石油生产在1970年达到高峰，之后一直在下跌，几乎跌至最低水平，因此，我们对欧佩克的高油价已经完全失控了。许多石油生产国家认为，他们已经捏住了美国的短处，因为在他们看来，美国是一个石油短缺国家。如果真像投机者们认为的那样，石油价格确实涨到了每桶200

美元，那么，肯定会出现令人瞠目结舌的利率上涨和具有破坏性的通货膨胀。通货膨胀率一直在不断上升，现在是卖出国债的时候了。不仅是现在要卖出国债，而且，从技术分析上讲，一旦国债价格达到顶部，国债市场发生逆转时，还要准备好出现绝妙的沽空机会。

总统和国会议员们需要从公民那里得到清晰而响亮的讯息，即我们需要进行的战争是将能源问题放在最突出地位的战争，而且要加速开发我们尚未充分利用的常规资源，同时，还要大张旗鼓地推行替代能源计划。美国经济的未来和人民的福祉取决于这种战争的胜利。虽然美国经济的未来和福祉在很大程度上取决于我们的政府是否改变军国主义行径，但我们仍可采取一些措施，使自己免受通货膨胀的影响，关于这一点，我很快会进行重点说明。*为了履行财政责任，第一项措施是保护好我们的财政。*通过实施空头方策略，可以在通货膨胀的上涨过程中保护好你自己的购买力。

回顾1997年－1999年的石油股票

1997年末至1998年，由于亚洲金融危机爆发，石油的需求开始减弱，石油股票暴跌。“亚洲型流感”造成石油服务指数（Oil Service Index，OSX）在1998年下跌了43%。对我来说不幸的是，我尝到了石油服务指数急速下跌的苦头。1998年持有石油服务类股票的感觉，就像一块砖头砸在我的脑袋上，真是一次非常痛苦的经历。我管理的对冲基金在此之前的三年中取得了出色的业绩，但是，在1998年突然滑到了油田之中，损失惨重。整个过程是这么发生的：

我有一个好友，他也是个大获成功的对冲基金经理，非常看好石油类股票，而当时我对石油类股票知之甚少。这个也做对冲基金的哥们儿对我解释说，由于油价上涨，石油股票具有收益上升的巨大杠杆作用，在此之前，我甚至对石油类股票都不感兴趣。记住：在股价上涨和下跌时杠杆率都会起作用，我必须吃一堑、长一智。

我这位对冲基金朋友极其看好在石油板块中油轮运输公司的股票，因为这些股票显得非常便宜，市盈率只有个位数。他最喜欢的股票是TRICO海运公司（TMAR）和HVIDE海运公司（HMAR）。因为是远洋运输公司的股票，并且是当时非常热门的一类股票，因此，我把这类股票叫做“船夫”（Boat Guys）。华尔街的分析师们对这类股票的收益作出了荒谬的预计，并给出了HMAR和TMAR的目标价格，我感到非常幸运，当这类股票从30美元的高位下跌时，我在中间价位20多美元买进这些股票。我正在将这两家海运公司的股票进行“满舱”（抱歉在此使用双关语“补仓”）。在我反应过来之前，这两个“船夫”的股价已经直线下跌到10多美元了。我被这些股票害苦了，而且损失的速度很快。我的胃病犯了，疼得我的头都要冲到废纸篓（另一种译法：我的胃里一阵翻腾，差点没吐出来）。当你也有这种感觉或者出现失眠时，卖出！

当我最终以每股17至18美元左右的价格卖出TMAR和HMAR之后，由于担心亚洲流感引起石油需求减少，这两只股票的价格立即就跌到了一位数。对于HMAR来说，应在这家公司的简称之后加上一个Q，使之变成HMARQ。这家公司不久就被摘牌了，而且很快就破产了。因为我看过分析师关于油价一路下跌的分析报告，因此，我理解石油价格的杠杆效应是如何在这类公司股价上产生反作用的。油价高涨和需求旺盛的时候，“船夫”们就会签到大笔丰厚的合同，并且扩充自己的船队。油价高涨和需求下降时，合同的价格也随之走低，负债建造的油轮成为了过度供给的负担。油轮运输能力供大于求，加上合同价格低廉，所以油轮只能闲置在干船坞里。

当油价处于高位时，建造新船形成的债务是可以控制、管理的。油价一旦下跌，债务负担就会导致公司破产。油价一路上涨时债务是朋友，导致石油股票获得暴利。油价一路下跌时，“船夫”们就会深陷债务负担之中。当运气逆转时，债务就成为了头号敌人。1998年，我持有的每只石油股票都出现了这一类的暴跌。一定要小心，因为石油可能会引发对伊朗的战争，或者恐怖分子袭击沙特的输油管线，然后，由于担忧美国石油需求的减少，就像1998年的“亚洲流感”一样，石油类股票很快就会崩盘。

2007年，同所有的石油类股票一样，股市中“船夫”们的业绩特别好。业绩最好的“船夫”叫潮水公司（Tidewater，简称TDW）。当油价试图冲击每桶100美元时，这只股票曾探高每股80美元。股票市场预见到了会出现类似1998年的石油需求量下跌或者未来油轮运输供大于求的局面。在油价处于峰值时，对TDW这类“船夫”公司，很难进行年度之间的收益比较。由于油价下跌，油轮公司运输价格也下跌，因此，这类公司收益的比较结果就惨不忍睹。TDW看到截至2007年第三季度，折算为年率，收益只增长1%，这将是TDW和许多“船夫”类股票亏损的边缘。投资者对TDW公司考虑到了这一切因素，由于该公司第三季度的收益比较情况令人大失所望，其股价从2007年7月中旬的每股80美元，下跌到同年11月的40美元左右。股价达到80美元的消息是令人振奋的，但是，几个月后股价跌至40美元时，在接近峰值时买进股票的投资者就不那么振奋了。那些在股价处于顶部时买入股票的投资者，只能体会到股价下跌的痛苦。之后TDW的命运又发生了逆转，在油价再次大跌之前，油价暴涨到每桶140美元，TDW的股价从每股40美元迅速反弹到每股70多美元。你可以了解到采用沽空策略的原因，看看股票市场的多头方和空头方，可以完全认识到股票市场波动的新时代。

2008年还有另一个“船夫”，也使小投资者如痴如醉。当油价超过每桶140美元时，前线有限公司（Frontline Ltd，简称FRO）的股价暴涨。然后FRO的股价便处于巨大的头肩部，之后股价将走低。令人感兴趣的是，FRO的分红率很高，吸引着各种类型的投资者。随着股价的攀升，还支付十分丰厚的红利，小投资者认为，自己也可分一杯羹尝尝。事实是，当油价下跌时，红利支付额很可能减少。当油价暴跌时，可能就取消支付红利了。

当石油价格开始下跌时，像1998年那样，石油股票进行了大幅度的修正。正如基本面看起来很好，但对精明的交易者来说，最后结果是沽空石油股票的交易机会。石油股票趋向于出现奇妙的价格反转，这就是我所说的空头方机会。

顺便提一下，TMAR公司现在变成了TRMA公司。经过反向股票拆分和出现新一轮火爆的航运市场后，TRICO海运公司的股价再次回到了每股40美元，就像FRO那样，走势呈现巨大的头肩部。航运板块中的其他股票看起来与TDW和FRO一样，在股价走势图中都呈现上涨趋势。要记住“一丘之貉”这句谚语。这也完全适用于股市，我的格言是，*股票以类聚，同涨又同落*。我并不推荐支付丰厚红利的沽空股票。最重要的理由是，丰厚的红利会使投资者满怀希望，不情愿轻易就抛出。股东们会顽强地使这些能支付红利股票的价格上涨时间远远长于不支付红利股票的价格上涨时间。如果这些股票的价格走势图也像“船夫”股票那样完美，那么你就可以做空头。记住，为了风险控制，所有的交易均应确定止损价位。

加拿大油砂

在油田和尚未发现巨大石油储量的地区，有一些可以赚钱的令人兴奋的投资机会，这有助于制止油价的上涨势头。加拿大是为数不多的石油出口友好国家之一，地下埋藏着的巨大石油储量，规模仅次于沙特阿拉伯。加拿大是世界上发现油砂储量最具远景的地区之一。加拿大石油信托基金是一种令人感兴趣的方式，可以在石油企业和地区进行投资和获得股权风险头寸。在这些极具发展前景油田，新增石油产量的完全成本大体在每桶30美元－50美元之间。如果油价下跌到低于每桶50美元，那么油企就会停止钻探，股票就会下降，造成的影响远比单纯的油价下跌更为深远。加拿大石油信托基金是由石油和天然气公司出资组成的，这类基金很多在美国交易所上市交易，而且向股东支付高比例的现金分红。这些股东被称为基金单位持有者（或译为个体持有者）（unit holders），他们按月收取利润分配或者红利。

当加拿大政府宣布将改变对这类信托公司的征税方式时，这些加拿大公司的股票首先下跌。这种增加税收的提议会减少向基金单位持有者支付的红利。因为未来税收立法的不确定性，分红减少绝对会使这些股票崩盘。加拿大政府就这项税收提案展开了激烈的辩论，这个问题变成了政治足球。所有的不确定性创造了在 2007 年以极低价格买进这些股票的巨大机会，股票分红极为可观。

如同我提到的任何股票和板块一样，不管做多头还是做空头，在考虑进行任何投资之前，一只股票的基本面和价格走势图必须确实保持一致。当基本面和走势图一致，并且释放出了可以买入的信号时，那时，只有在那时，才能考虑买入股票。千万不要只为了高红利去买股票。如果你得到的红利回报是 7%，但是你买的这只股票下跌了 10%，那么你还是损失了分红的好处。当价格走势图转为下跌时，即使仍然显示出积极的基本面，你也必须卖出股票。

当任何板块或者商品的基本面可能转为下跌时，股票走势图的好处是预先报警。走势图的价格将是一种有远见的指标，将反映基本面的未来变化。如果未来 6 个月到 9 个月的基本面趋势图很漂亮，那么，这只股票就将保持牛市图形的走势。当基本面即将发生变化时，股票走势将转为向下，而且给出即将暴跌的预警。2008 年油价从每桶 145 美元开始逆转，并发生暴跌，便是最有力的证据。2003 年至 2008 年，加拿大的石油股票将大部分收益用于分红，这类股票再次成为令人感兴趣的备选股票。

油砂简称

2007年，根据短期技术面的分析，精选出最好的油砂股票之一是Prime West Energy（PWI）。当时PWI的收益率为13.7%，并且从基本面来看发展前景非常好。股价趋势图看上去非常漂亮，走出了向上的大头肩部图形。在加拿大政府对投机交易采取加税政策之前，这只股票的价格在每股30美元，加税后这只股票一路下跌，跌至每股18.37美元（形成了左肩部）。这只股票止跌反弹至每股22美元后，又受到更加糟糕消息的影响，使其股价最终跌到了17.01美元的最低价位（形成头部）。之后又止跌回升到20美元，然后又跌到18.45美元（形成右肩部）。从那时起，股价开始上涨，由于发布了计划买断并购的公告，跳空高开至28美元。如果你能把握住时机，时间选择得当，就会发现具有丰厚红利回报的股票，像上面提到的资本收益率由原先的13.7%提高到27%的股票，这就很受投资者青睐。这就是利用股票价格走势图进行技术分析的高明之处，有助于你以风险最低和回报最高的价格，对任何股票或者市场行情进行买空或卖空。后面我将讨论技术分析，以及我新发现的时机选择指标。

正如我在书中所写，Penn West Energy 公司（Penn West Energy，PWE）、Baytex 能源公司（Baytex Energy，BTE），最后还有加拿大自然资源公司（Canadian Natural Resources，CNQ）是这个板块中看起来最受交易者青睐的股票。事实上，这是石油造成的价格泡沫，同油价摸高到每桶145美元时大多数石油股票的表现一样。因为这些股票已经全部下跌了，投资者们必须在加拿大油砂股票中寻找一些诱人的买入时机。记住，要买入或者卖空之前，价格走势图和基本面应当确实一致，然后要密切关注预先设定的止损卖出价位。

石油价格正奔向每桶200美元，价格飞涨的原因主要是，人们认为中国对石油永无止境的需求，也担忧美国对伊朗发动突然袭击。当看起来布什总统不打算在2008年打击伊朗时，油价就很快下降了50美元。当世界认识到中国对石油的需求是一个受到污染的泡沫，石油股票就剧烈下跌。一旦中国网络股像2000年纳斯达克股指那样，泡沫完全破灭，那么油价就会再降50美元，所以，石油类股票投资的多头方一定要小心谨慎。对不断上涨的油价持悲观看法的投资者，则无关紧要。

最终要以高价治高价

当任何一种东西的价格上升到了极高的水平，为了满足所有的需要，足够的或充分的供应通常不会滞后很多。在2000年纳斯达克市场中，股票价格升至某一点时，每位首席执行官和科技股知情人就会卖出手中的股份，以满足市场对网络类股票（dot-com stocks）贪得无厌的需要，并且充分利用了高价位。一旦大量增加股票的供应满足了荒谬的投机需求，价格就会停止上涨。然后，当需求减少时，股票就会下跌，并且供应远远大于需求。这两种致命的因素同时发生，必然导致价格暴跌。通过造成供应量的增长，极高的商品价格具有一种自我调节方式，即引起供应的增加。这就是为什么价格下降时做空石油股票和价格上涨时做多石油股票具有同样多的机会。

如果你在石油股票火爆时错失良机，不必烦恼。迎头赶上做空头，同样令人兴奋和获得回报，并且同样可以延续多年。如果因为打击伊朗，或者恐怖分子袭击输油管道，导致原油价格急剧上涨，那么，最终也会找到大量的石油供应来满足需求。当石油供应迅速增加时，如果全球的经济增长有所减缓，那么，完全可以预计油价将暴跌。为了使事情简单化，只要关注OIH基金（在纽约股票交易所上市交易的基金）和

DIG（在纽约股票交易所上市交易的基金）的价格走势图，便可了解石油板块未来是看涨还是看跌的趋势。通过这些走势图，可以预测石油在未来 6 至 9 个月的前景，如打击伊朗造成的油价上涨，或者是经济衰退导致的油价下跌。

每桶石油 145 美元的基本面，不像坚定的油价看涨者已宣布的那样油价肯定要上涨。按照英国石油公司（BP）的说法，2006 年和 2007 年，全球的石油需求量增长平稳，而且当油价达到每桶 145 美元时，需求会进一步减少。就因为这个原因，埃克森美孚石油公司（XOM）和其它一些石油公司下调对石油消费的长期预测。这就是如何以价治价。价格涨的太高，在极高价格的作用下，需求会减缓，供应会快速扩大。需求的下降、供应快速扩大就会导致价格暴跌。对任何资产或者商品来说，这个理论都是成立的。注意那些 2008 年先涨然后暴跌的标普 500 指数、全球股票市场、黄金、中国以及白银市场，就能找到我所说的证据。

美国住房市场最近出现的一个问题是，市场上住房的供应量正在逐月增加（2008 年达到了创记录的水平，现在还在增加）。出现这种情况的部分原因是价格太高，以至于为了利用可笑的房地产高价格而增加住房供应。由于在加拿大油砂之类新的地区扩大钻探活动和全面开发新的替代能源，类似情况在石油市场中也会出现。

以价格治价格的另一种途径是通过投机来实现的。由于价格大幅度上涨，投资者就变成了疯狂的投机者，期盼能找到一种发家致富的捷径。我们在房地产市场中可以见到这种情况，出现了“快枪手”（“flipper”）。不久，这些快枪手和那些想赶超快枪手的人便在熊熊燃烧的投机火焰中灰飞烟灭。在 1999 年的纳斯达克市场上，在火焰中被烧毁是国际互联网和网络公司的当日交易者。2008 年，石油投机者也步其后尘。

就在高油价导致需求减少和石油市场暴跌之前，油价投机发烧友几近疯狂。参见图 4.1。

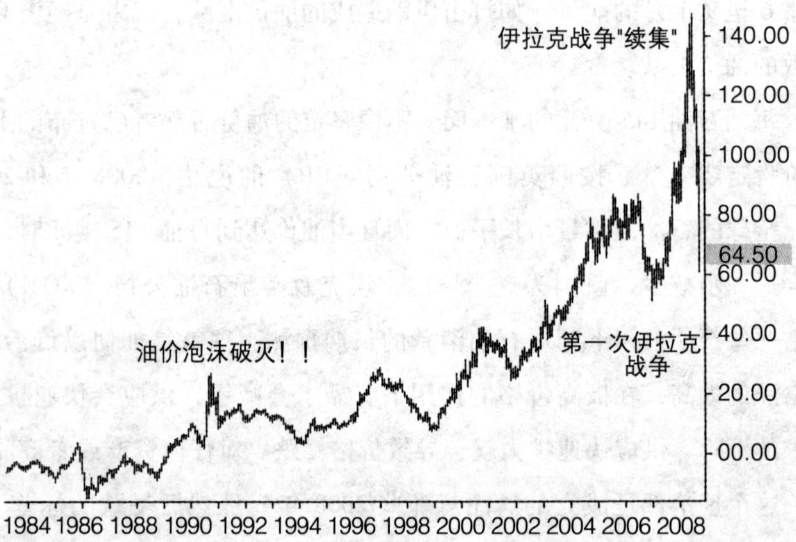

图 4.1 1984 年—2008 年的原油价格

资料来源：商站（TradeStation）

在期货市场上，只需要少量美元的保证金，就可以对油价进行高杠杆率的投机。据亚太财经新闻频道的报道，投机者正在买入 2008 年 12 月到期的每桶 200 美元的石油期货。金融投机者原油期货合约的未平仓头寸也迅速增长。当油价下跌时，期权杠杆率在反方向上也会起放大的作用。由于投机动力成为负数，投机的热钱都转冷了。在 2008 年年中，对冲基金调整了投资策略，对石油类股票发起猛烈攻击，使这类股票的价格急剧下降。

在任何市场的顶部，这是常见的非常刺激的情景，以至于当空头方准备通过使价格发生巨大的下跌来造成暴跌时，小投资者也会加入空头方。这就是人性。恐惧和贪婪的情绪导致投资者在市场底部卖出，在市场顶部买入。这种现实将永远不会改变。好消息是，价格走势图将进入顶部图形，这将预先通知你，对于石油类股票，何时该“做空”，何时该“做多”。当中国泡沫破灭时，石油类股票就暴跌了。

由于布什总统任期已满，而且人们对美国突袭伊朗的担忧减弱，油价可能加速下跌。2007 年和 2008 年，全球储备石油的供应量创造了历史最高记录。如果在需求下降的同时供应继续增加，油价就会彻底崩溃。以前我见过这种情景，那是 1998 年发生的事情，并且至今仍然记得我在石油类股票试水时所受到的金融打击。那种经历所造成的痛苦回忆，至今萦绕在我的心头。

总之，你可以看到，每一种投资都有相反的一面。你采用的投资策略应当是，既做多头又做空头，就像谚语说的那样：“掷硬币进行对赌，无论出现正面与反面，你都会赢！”硬币落地正面向上时是看涨者赢；硬币落地反面向上时看跌者赢。坚持沽空策略可以为你的市场空头方与多头方提供保护，并使你获利。相对于只做多头的投资者来说，坚持沽空策略可以为任何市场的多头方和空头方争取赚钱的机会。在即将到来的反滞胀中，你需要股票市场空头方的风险敞口。

第 5 章

为什么选黄金？纸币泛滥与通货膨胀

为了防止受通货膨胀或通货紧缩的影响，并还能获利，最聪明的办法是投资于黄金和黄金类股票。无论我们是面临通货紧缩的恶性循环，还是面临全球恶性通货膨胀泡沫，都不会影响我们采用这种投资策略。如果我们遇到通胀与通缩同时发生最恶劣的经济局面，但愿不会如此！在最坏的情况下，黄金也将保持其价值，并且在其它所有各种资产价格暴跌时，它最有可能增值。

本·伯南克在被任命为新的美联储主席那天说，他将继承格林斯潘的衣钵，注重于“经济的强劲增长”。对黄金交易商来说，这就意味着伯南克承诺，他将主要通过迅速扩大货币供应量和紧急降低利率，来保持市场极大的流动性。这还意味着，当经济刚出现危险的苗头，“本·直升机”会出手挽救，就像艾伦·格林斯潘担任联储主席时所做的那样。这在本·伯南克担任联储主席后遇到第一次危机时得到了印证。为了防止发生“次贷危机”，他在 2007 年的两次会议上“紧急”将联邦基金利率降到了 4.5%，下调了 0.75 个百分点。在 10 个月后暂停之前，美联储随后进一步大幅下调了利率。了解这一点极为重要，因为这简直是在保证，随着本·伯南克继续大量播下未来通货膨胀的种子，自 2001 年黄金摆脱长期低迷后，黄金市场将继续牛市的走势。

繁荣与暴跌的教训

美联储显然认为，不必再为了消除由经济繁荣造成的货币过度投放，而使经济进入衰退。正像格林斯潘时代美联储所做的那样，当今的美联储认为，通过在每个一旦出现经济疲软的迹象，就向经济系统中注入越来越多的流动性，这样可以改变自然的商业周期。当然，大多数主张自由市场的经济学家都知道，妨碍经济的自然矫正过程，只能导致资产价格上涨，经济发展出现不可持续的危机点。

要想看到资产价格膨胀的证据，你只要看看中国的繁荣和中国股票市场的虚假繁荣！中国充斥着几十亿美元。这种大规模的流动性过剩是造成中国股票市场和中国经济恶性膨胀的根源。来势凶猛的通货膨胀在 2008 年已经达到了两位数，形成了严重影响中国经济的威胁。实际上，热钱对冲基金将继续逃离市场，中国的股票将进一步暴涨，市场发疯般地上涨，因此，由于泡沫继续破裂，中国正在接受自由市场资本主义的沉痛教训。中国将学习美国的做法，这是在成为占绝对优势经济超级大国之前通过经历证券市场重大崩溃和经济衰退而获得的。

美国在其历史上已经反复吸取了这种繁荣/暴跌的教训。看一看 20 世纪 70 年代的通货膨胀，就可以了解印发过多钞票的影响，然后不得不减少货币供应量。伯南克知道经济衰退未必是坏事，因为它们有助于净化经济体系中过剩的货币。然后，一旦得到了纠正，经济就可以在坚固的基础上起飞，形成下一个健康的繁荣。伯南克和美联储知道，如果违背经济的自然规律，就会冒长期严重和痛苦的经济萧条风险，而不是痛苦很轻的周期性经济衰退。用货币政策进行干预，显然，像格林斯潘和伯南克这样的现代联邦储备委员会主席将他们自己看成了世界经济的救星。

黄金价格上涨

美联储的行为像卡特尔，砍掉了市场这只“看不见的手”。看不见的手是现代经济学之父亚当·斯密创造的一种比喻说法。这个术语用来描述通过竞争支配自由市场资本主义制度的自然力量。如果人们相信美联储可以改变商业周期，那么他们将相信经济衰退已经成为过去，疯狂地在股票、房地产或其它资产市场上进行投机。美联储新的看得见的手被看作是只给予而从不夺取的一只手。让宾治大酒杯总是盛满酒的做法，已经造成了道德风险、危险的投机，以及不良的经济后遗症。你只要看看可能陷入灾难性暴跌的中国繁荣，就可以看到这种风险的预演。联邦储备委员会宽松的货币政策也可能造成经济的恶性膨胀。

从长远的观点来看，在美联储实施通货膨胀政策情况下，黄金只有一条路可走，那就是价格上涨。用格林斯潘在国会的话来说：“黄金价格是预测通货膨胀的一种重要工具。”他还继续说：“黄金价格是通货膨胀的一个重要指标。”我确信，由于美联储下调利率，应对住房市场价格下跌和信贷危机的努力没有成功，黄金价格的持续走强令美联储感到不舒服。尽管黄金价格上涨是通货膨胀的预警信号，但美联储降低利率的措施，为全世界的黄金投机者和投资者开了绿灯，也为美国股票和房地产市场投机者开了绿灯，使他们尽可能多地借债，在美联储引导的通货膨胀流动性和“新经济”中疯狂地进行投机。

在很多方面来看，黄金都是最终商品。从历史数据来看，黄金价格的表现是不规律的，1871 年到 1971 年，黄金价格是比较稳定的，随后是 10 年的上涨，然后出现了长期的熊市，直到 2001 年才结束。在早先的 100 年中，大多数时间黄金价格都是固定不变的。直到 1968 年，黄金价格才在全球市场进行自由浮动，金价开始上下波动。从 1971 年到 1981 年，黄金价格出现了最大的牛市，金价从 1 盎司 42 美元猛涨到市场最高价 1 盎司 875 美元。在 20 世纪 70 年代通货膨胀的十年间，由于政府放松了对黄金价格的控制，金价上涨了 20 倍。自从那时以来，虽然黄金经历了小牛市和小熊市，但总的趋势是长期熊市下跌。1999年开始结束这种跌势，直到2002年，金价才重新开始新的上升趋势。

在新世纪，黄金随时准备再现20世纪70年代的行情。金价又会以既有小牛市又有小熊市的方式波动，但长期来看将是上升趋势——涨得更高。如果我们经历真正的恶性通货膨胀，那么，黄金的收益率将达到类似于1971年至1981年的水平。我确实认为黄金会轻松地涨到每盎司1500美元，而且可能超过2000美元，特别是如果世界各国的中央银行仍像新世纪初那样，继续积极地扩大货币供应。不过，当黄金在上涨到2000美元或更高水平的过程中，会发生剧烈的价格修正。这种长期的看涨趋势会持续很长时间，就像道琼斯工业股票平均价格指数（DJIA）从1982年到2008年的长期牛市一样。由于世界各地的中央银行充当了“通货膨胀的发动机”，对于金价来说，强劲的顺势上涨因素简直是太多了。在某些时候，你需要搭上赚钱的牛市列车。由于世界各国中央银行正在不断印刷新的票子，通货膨胀的发动机继续加快转速，这列“黄金牛市列车”将像20世纪90年代的“科技股列车”那样向前飞奔。

市场上下一个互联网大投机狂潮完全可能发生在黄金类股票上，这将标志着黄金牛市上涨亢奋症的结束。同时，很可能在世界上发生美元危机或某种货币的混乱。许多最贪婪的看跌者预言美国将出现拉丁美洲式的通货膨胀，希望美国不会发生这样的问题。如果美联储不放慢增发货币的速度，美国政府不控制其债务和赤字，美国就可能经历无法控制的通货膨胀。这涉及到供求经济学101咨文（the Economics 101 message of supply and demand）。

从宏观经济基本面政策来讲，“本·直升机”将从政府的直升飞机上成捆地投下美钞，以避免他目前担心发生在1929年那样由通货紧缩引起的崩溃。如果美元继续下跌，那么伯南克的印钞机将只能放大全球美元太泛滥的问题。看跌者预言，由于美国贸易和财政双赤字越来越大，对美元的需求将迅速发生质变，美国经济将以膨胀的方式增长。这个论点的一个缺陷是，所有这些四处游荡的流动性必须要有一个去处。

正像美联储主席在2007年11月向国会作证时正确陈述的那样："美国市场是金融深度最深和最具流动性的市场，并且提供了最广泛的投资机会。"他说美元是"全世界的定价标准"，如果这个说法也是正确的话，那么，由于流动性从中国泡沫经济中抽逃出来，在美国找到了新的归宿，可以期待着出现世界历史上最热的经济和美国股票市场的繁荣。在这种情景下，天知道金价会上涨到什么地步？

看来确实如此，无论经济这枚硬币落在哪一面，黄金投资者和投机者都会赢。如果相对于看跌者来说，经济硬币落下来时"正面"朝上，那么，由于担心受到损失他们会将资金投入到黄金的避风港。如果相对于看涨者来说，经济硬币落下时"背面"朝上，世界经济将出现超级繁荣，那么，通货膨胀的野火将点燃所有国家的最大繁荣，尤其是金价和黄金类股票价格的大幅上涨。

美元

在21世纪的开始几年，美元一直在下跌，并且似乎正受到潜在的美国通货崩溃的威胁。2008年，美元指数达到了创记录的新低；美元对新的竞争货币——欧元的汇率也达到了创记录的新低。这意味着美国很可能要发生美元危机。如果像在新世纪的前几年那样，美元继续保持一种持续下跌的趋势，那么，先知先觉的看跌者将按自己的意愿行事了。全球的外国中央银行和国际投资者将从美国资产中抽逃资金，转向外国资产，而且还会投向黄金和黄金类股票。看跌者只做对了一半，因为资金将涌向黄金，以此作为避风港。

为了避免大祸临头，外国中央银行在2008年确定了一个美元汇率的界线，达到这个界线时他们必须支持美元，因为我们疲软的美元将损害出口依赖型国家。可是，由于美元坚挺和止跌反弹，在通过美元贬值使贸易赤字得到重大改善之前，最可能出现熊市的反弹行情。美元看涨者指出，实际上，这种情况在2008年已经发生过了，那时通过美元贬值大大促进了美国的出口。可是，美元贬值同时大大增加了美国用美元支付的进口成本。

先知先觉的美元看跌者确信，货币危机即将到来。他们十分确定地认为，由于存在双赤字（贸易和财政赤字），美国正在向着货币危机的方向发展。2008 年国债超过了 10 万亿美元，毫无疑问，国债不可能在近期进行大幅压缩。的确，美国国债按复利计息的负面因素存在完全失去控制的危险。美国的大部分债务由外国中央银行持有，所以，我们再也不能仅仅因为“我们是自己欠自己”而认为债务不是一个问题。

很多政府人士认为，几万亿美元的债务和赤字只不过是纸上的数字。我国债务总额数字中有数不清的零，无疑是令人恐惧的数字。希望奥巴马政府对达到天文数字的庞大债务和赤字有不同的想法，并采取一些重大措施为解决这个问题做些事情。

保护与获利

美联储滥印纸币加上外国持有者对美元信心下降是一个致命的组合。如果我们国家陷入这种有毒的组合，最终恶性的通货膨胀将导致严重的经济困难。如果这种情况发生在中国或美国，只有两个途径来进行保护和获利。一个途径是，当经济陷入滞胀时，股票和市场都下跌，卖空股票和获利。第二个途径是本章的主题——黄金。影响金价的特殊催化剂太多，需要写一本书才能全面论述。下面只是例举了若干因素：

- 美国或以色列对潜在的核国家伊朗发动一次出其不意的军事打击。石油和通货膨胀将上升，股票将下跌，而黄金将飞涨。
- 以发生一次恐怖分子的袭击，如手提箱式的核弹或生物攻击，将使股票下跌，作为投资避风港的黄金类股票将飞涨。在伯克希尔哈思韦公司（Berkshire Hathaway）2002 年股东大会上，沃伦·巴菲特（Warren Buffett）说，对美国本土的核攻击是一个“实际上必然发生的事情。”

- 由于美元的猛跌，一直储备美元、卖出黄金的世界各国中央银行将反其道而行，卖出美元、买进黄金，这将使黄金价格猛涨。
- 股票、债券和房地产市场下跌，几乎没有什么吸引人的投资选项，投资者为了保护他们的财富，从这些市场中抽逃资金，转而投向最古老的保值物黄金时，这将进一步抬高黄金价格。
- 如果流动性列车驶离中国，下一站停回到美国，美国股票市场和经济开始繁荣，那么，纯粹为了避免通货膨胀的不利影响，黄金需求将增加。
- 如果由于人为操纵汇率，中国和印度的经济继续快速增长，这两个国家对黄金的需求将会剧增。中印两国已经是世界上最大的黄金消费国。如果中国股票市场泡沫彻底破裂，全球恐慌的投资者将涌向黄金。由于中国经济和股票市场泡沫的破裂，中国的投资者将储备黄金来保护他们自己。
- 只要世界各国中央银行继续增印本国的钞票（历来就是这样），由此将不可避免地发生全球通货膨胀，黄金价格上涨趋势会持续很长时间。在中央银行明白了他们愚蠢行为造成的结果之后，如果出现了通货紧缩，由于出现了全球性的股票和房地产价格收缩，黄金将成为投资者的一个避风港。大规模通货膨胀最终将迫使世界各国的中央银行关闭流动性龙头，有效地切断氧气瓶，这是房地产投机的生命线。我的意思是，中央银行家肺里的所有空气都呼到了股票和房地产市场，造成了巨大的资产泡沫。

任何寻求进行通货膨胀套期保值的投资者，都应该同时考虑实物黄金和黄金类股票。如果你是一个比较保守的投资者，正准备购买黄金类股票，你最好将分配用于黄金板块的大部分资金集中投资在老牌黄金生产商身上。如果将投资组合总额的20%分配用于购买黄金类股票，我会将其中的60%投资于规模最大和产量最高的生产商股票。巴瑞克黄金公司（Barrick Gold Corporation）（ABX）、纽蒙特矿业公司（Newmont

Mining，NEM）和黄金公司（Goldcorp，GG）等都是最大的黄金生产商。艾格尼口伊戈尔矿业公司（Agnico Eagle Mines，AEM）和安格鲁黄金阿善堤公司（Anglo Gold Ashanti，AU）也是老牌黄金生产商，并且所有这些公司的股票都在纽约证券交易所上市交易。我只在金价大幅回落时才考虑购买这些公司的股票，因为这是购买黄金类股票的最好时机。一定要小心，因为黄金类股票价格十分不稳定，即使在长期牛市的背景下，也会出现剧烈的回落和暴跌。

我估计，老牌的黄金生产商将兼并新的生产商，然后老牌公司自己进行兼并重组。由于这个原因，在你读到这本书的时候，我提及的许多公司品牌可能已不再存在了。顺便说一下，这种预料之中的持续兼并重组是黄金类股票长期上扬的另一个催化剂。

对那些能够经受股价大起大落的人来说，可以关注中档和新的黄金生产商的股票。抗风险能力更强的投资者应当考虑，将另外40%的资金投资于一篮子新的黄金矿公司股票。加入这些公司的股票后，可以使黄金类股票投资组合活跃起来，而且，这些股票将是未来长期黄金牛市中最赚钱的股票。下面是一些中档的黄金生产商：皇家黄金股份有限公司（Royal Gold，Inc.，RGLD）、金罗斯黄金有限公司（Kinross Gold Corporation，KGC）、金矿区股份有限公司（Gold Fields Ltd.，GFL）、金星资源股份有限公司（Golden Star Resources Ltd.，GSS）、雅玛纳黄金股份有限公司（Yamana Gold Inc.，AUY）和诺斯盖特矿产品有限公司（Northgate Minerals Corporation，NXG）。对于白银类股票（穷人的黄金），可挑选白银惠顿有限公司（Silver Wheaton Corporation，SLW）、白银标准资源股份有限公司（Silver Standard Resources Inc.，SSRI）、泛美白银有限公司（PanyAmerican Silver Corporation，PAAS）、赫克拉矿业公司（Hecla Mining Company，HL）、探矿者股份有限公司（Minefinders Corporation Ltd.，MFN）、玛格白银有限公司（Mag Silver Corporation，MVG）和恩德阿沃白银有限公司（Endeavour Silver Corporation，EXK）。对于更加积极的投资者和投机者来说，在加拿大和其他一些国家，黄金板块中有一些极其令人兴奋但风险很大的小盘股。

在小盘股上投资的许多成功经验源自于幸运地掌握市场时机、严守纪律的买进和大量的运气。自 2007 年年中以来，出现了一个有趣的现象。在此之前，黄金价格和黄金类股价密切相关。黄金价格上升，黄金类股价也上升；黄金价格下跌，黄金类股价也下跌。但是，我们现在遭遇了金价与股价走势不完全一致的情况，这可能表明出一个罕见的、可能有利可图的高风险机会。自 2007 年年中以来，黄金价格急剧上升，然后从其高峰回落，但在相同的时期，黄金类股价上涨滞后，随后又步入暴跌通道，许多新公司股价的跌幅高达 75% 到 90%。尽管造成这种状况有一些良好的理由，但底线是，黄金类股票存在可能上涨的大量空间，特别在黄金价格开始下一轮上涨，又可以获得信用的时候，更是如此。

2008 年，大多数新的金矿公司股价出现暴跌。我的一个好朋友是专攻黄金的成功投资者，我称其为“研究鲍勃”，他告诉我，这类股票的价格跌到了“失去理性的极点”，“价格令人惊愕”。他认为“意义重大、估值过低、已探明资源”的一些新矿公司有柯克兰湖黄金股份有限公司（Kirkland Lake Gold Inc.，KGI. TO）、尼夫森资源（Nevsun Resources，NSU）、矿层资源股份有限公司（Orezone Resources Inc.，OZN），以及两家铜矿公司，即巴佳矿业有限公司（Baja Mining Corporation，BAJ. V）和贝尔铜业有限公司（Bell Copper Corporation，BCU. V）。其他具有“勘探远景极好，但只卖 10 美分甚至 1 美分”的公司有阿尔马登矿产品股份有限公司（Almaden Minerals Ltd.，AAU）、本顿资源有限公司（Benton Resources Corporation，BTC. V）、卡丹资源有限公司（Cadan Resources Corporation，CDN. V）、鹰原资源股份有限公司（Eagle Plains Resources Ltd. EPL. V）、杰科姆资源股份有限公司（Geocom Resources Inc.，GOCM）、金箭资源有限公司（Golden Arrow Resources Corporation，GRG. V）和河石资源股份有限公司（Riverstone Resources Inc. RVS. V）。要记住，这类公司的股票投机性非常强，更有可能使投资突然化为乌有，而不是成为大赢家，所以，假定你确实有抗风险的能力，你必须拥有这类股票的篮子。为了获得好的投资主意和关于这类新矿公司的最新资料，你可以考虑阅读道格·凯西（Doug Casey）的《国际投机者业务通讯》（*International Speculator newsletter*）。

当这类小公司面临下跌风险时，为什么还要在它们身上费心呢？让我们仔细回顾一下奥雷利安资源公司（Aurelian Resources，ARU. TO）的故事。这家公司成立于 2001 年，在厄瓜多尔南部一大片有希望的土地上进行勘探，称为神鹰项目。2003 年秋天，该公司公开上市，尽管有一些鼓舞人心的勘探结果，但是，到 2005 年秋季，股价已跌至 40 美分。到 2006 年春季，一切都发生了变化，当时奥雷利安公司宣布，在弗鲁塔德尔农（Fruta del None）勘探出了一个激动人心的钻孔。从那时以来，这家公司至少开采出了 1400 万盎司的黄金，股价上涨到 40 美元（股票拆分之前），惊人地上涨了 100 倍。

不过，如果不冒难以置信的风险，不可能得到如此潜力的回报。2008 年 4 月，厄瓜多尔政府宣布在新的矿业法公布之前，暂停所有的勘探。结果，一夜之间奥雷利安公司的股价下跌了一半。

事实是，只要黄金类股票下一个阶段的牛市还没有启动，这类股票的价格应当一起上升或下跌，因此，应当使这类股票的组合多样化，以便使不稳定的波动趋于平稳。小盘股股价的上升幅度会大大高于大盘股，但是，在股市自然的大跌和黄金牛市将经历一路下跌的修正过程中，小盘股的跌幅大得多。此外，这些公司只是建议而已，并不是当前推荐的买入股票。在考虑购买任何股票之前，股价走势图必须与基本面一致，黄金类股价非常不稳定，这就意味着风险极高。

黄金与黄金类股票是一种负相关的资产种类，在下一次全球股票同步发生的长期熊市中，这类资产不但使你的证券投资组合多样化，而且还保护购买力。就像股票有一个长期牛市一样，黄金价格也会出现一个长期的牛市。黄金价格的长期上涨才刚刚开始，所以金价仍处在好时机的中早期。像股票的长期牛市一样，黄金牛市也将进入极佳的好时机。

当最终的长期底部建立之后，未来全球股票市场和当前美国房地产熊市将如何发展，要想对此有所了解，我们只需观察黄金市场就行了。当我1988年开始做经纪业务时，有人向我介绍了两位专做黄金的经纪人。他们都是美国股票彻底的看跌者和黄金看涨者。你可以想象，当美国股票基本上直线上升，只出现少量的短期调整时，由于黄金价格一个劲儿地下跌，这些黄金迷损失惨重。在1999年至2001年，黄金最终形成了长期的底部，这时，只要考虑投资选择，大多数人都称黄金几乎是一个无用的过去遗物。电视节目主持人会说，“黄金不付红利”，并且“中央银行无休止地出售黄金，将使金价总是下降。”

所有各类资产在底部时都不受欢迎

我能够记得金价在每盎司253美元时的黄金交易情况，而且，美国全国广播公司财经频道（CNBC）的看涨者频道，在1999年科技股涨到顶部时称赞科技股投机者，同时嘲笑黄金价格下跌到谷底时的投资者。在金价处于谷底时，甚至连黄金看涨者都不敢说黄金是看涨的。原因是这种看法本身就意味着他们已经错了，而谁想认可这种看法？由于黄金和黄金类股票已经使投资者这么长时间赔钱，因此，许多黄金投资者已经放弃了。金价处于谷底时，几乎没有人说黄金的好话，就连筋疲力尽的看涨者也是如此。这恰恰是股票和房地产投资者在股票和房地产资产处于下一个长期低谷时将出现的情景。

本节的标题是消极的，投资者将对市场表现冷淡。当股票处于下一个重大底部时，投资者将十分沮丧，并憎恨股票和房地产。更重要的是，股票价格将是低廉的，但是几乎没有人愿意或能够买入股票。黄金将像现在的大盘股股票那样——经过长期攀升之后达到顶峰。投资者将排起长队购买黄金，就像报道所说，2007年，在股市暴跌60%之前，中国的投资者在股价处于顶部时购买中国公司的股票那样。

这里介绍一个例子，由于讨论中的暴跌资产不受欢迎，因此在底部时几乎也没有看涨者。2003年9月30日，我与华尔街的一位杰出的黄金分析家交谈。他的工作是做黄金多头，客户都通过他的公司购买黄金类股票，这将增加经纪公司的手续费收入。对于黄金和黄金类股票的做多，他制定了许多激励措施，所以黄金公司都与他的公司发生金融业务，给予绩效奖励。尽管如此，由于黄金的看跌氛围太浓，当时甚至连他都不能对这个黄色金属说任何乐观的话。

我经常与这个黄金分析家谈论黄金。当黄金牛市刚刚开始时，我给他打了一个探讨性质的电话，他告诉我，经过了“900周的盘整，所以，金价达到每盎司389美元是极难令人高兴的风险回报。”他继续说道，“如果黄金跌到350美元以下，那么投机者将抛出300吨的黄金，从金矿公司购买500吨黄金的打算会取消，金价将再次暴跌。”他接着说，“罗恩，如果通货膨胀率确实上升，那么黄金价格将被置于死地。”对我来说这是一个新的看法。他推测，为了偿还债务，美国可能会出售黄金，这只是在诺克斯堡（Fort Knox，美国政府黄金库）中“收集一些碎沫”，但将使黄金价格暴跌。他用下面一句话对他的非常看跌的观点作了概括：“我们并不像需要玉米那样需要黄金。”

由一家“华尔街投资银行领导集团公司”聪明的和受人尊敬的黄金分析家所表达的这种消极情绪，确实是当黄金不受待见、价格处于底部时大多数人的感受。核心的问题是当价格处于底部时，投资者十分厌恶使他们赔钱的资产。在这种情况下，经过几十年的熊市下跌之后，这类资产就是黄金。报上的一篇文章写道，“黄金失去了它的光彩”，并说“由于中央银行在出售黄金，已将黄金价格压到了自1979年以来从未有过的低水平。”“中央银行只是出售了黄金储备的5%，在世界市场上就是110亿盎司的黄金。”这篇文章继续写道，“欧洲中央银行已经宣布，该行将只储备极少量的黄金。瑞士中央银行计划至少出售其黄金储备的一半。澳大利亚中央银行出售了其黄金储备的三分之二。各中央银行都在用支付利息的美国政府债券取代黄金。”依照华尔街和媒体的说法，黄金价格必定要下降。这种看法值得注意，因为无论哪种资产，价格处于底部时的心态总是同样的——阴郁和沮丧。当价格处于底部时，投资者看到的只是下降。

从传统上讲，黄金交易与美元价值之间存在反向关系，所以，我们需要再看一看这种储备货币。美元是法纸。由于美国政府说美元是货币，所以美元就成为货币了，并且，从历史的角度看，即使美元没有内在价值，只有政府支持这些纸片的承诺，全世界的投资者还是都信任我们美元的稳定性。当1971年尼克松总统决定放弃美元金本位制时，实际上他否定了美国政府关于美元兑换黄金的承诺。这就等于给美联储开了一张印发钞票的通行证，想印多少就印多少，实际上提供了一本无限额的支票簿。

在尼克松做出决定之前，从理论上讲，每个美元都有一定比例的国家黄金储备作支撑。这就限制了美联储印发美钞的数量，也保持了美元体系的信誉和有效控制。当格林斯潘尝到不受限制增发货币禁果的滋味时，他放任自由地迅速扩大了货币供应，并且，最终犯下了经济罪过。由于过多的流动性，导致20世纪90年代后期股票价格暴涨，新世纪之初房地产价格疯狂上涨。只要这些市场坚挺，投资者在资产价值不断上涨过程中赚到了越来越多的美金，既然如此，怎么还会有人在意美元泛滥呢？如果房地产市场彻底崩溃了，美国和全球的每一个人将肯定在意这个问题。

在格林斯潘的监视下，新发行美元造成货币的过度供应，这些货币找到了流入股票和房地产的渠道。现在，新世纪已经出现了长期熊市的幽灵，美国的房主和股东们面临着资产价值不断萎缩，但债务却堆积如山的问题。如果股票和房地产市场不是下跌，而是发生财富大逆转，那么，人们将普遍认为，美元币值的下跌将是一个重大的全球问题。到那时，国内外的投资者都会对美元失掉信心，全部涌向一种更加货真价实的货币——黄金上来。中央银行不可能像印发钞票那样无中生有地造出黄金，所以，黄金将继续保持其自身价值，就像黄金在过去5000年发挥的作用一样。

另一个深藏不露、黑暗的“秘密”是，美国和西欧的中央银行几十年来一直在明里暗里“管制”（“managing”）黄金（和白银）价格，特别在过去的 12 年期间。为了证实这个问题，克里斯·鲍威尔（Chris Powell）在 2008 年 4 月的一次演讲中列出了一份政府官员言论、著名公司主要研究报告和其他证据的完整目录，可以登陆 www. gata. org/node/6242 网站进行查阅。简而言之，黄金是一只金钱的“在煤矿中的金丝雀”。通过抑制黄金价格，中央银行已经造成了货币稳定和低通货膨胀的假象。通过互换和/或出租对黄金价格进行了“管制”，而且以后向现货市场出售黄金，以弥补每年 1000 到 1500 吨（并且不断增长）的供应缺口。其间，美国和西欧的中央银行继续计算这部分仍在他们金库中用于互换和出租的黄金。

问题是美国和西欧中央银行有限的黄金供应越用越少，为了保存剩下的黄金，只能在越来越高的价位上对黄金价格进行“管制”。实际上，当采矿产量不断下降，全球需求不断上升时，这些中央银行很快都将失去控制。同样，20 世纪 60 年代后期，“伦敦黄金池制度”（London Gold Pool）对黄金价格的“管制”也失败了，导致了 20 世纪 70 年代的黄金牛市，所以，我们现在采取更为极端的“管制”措施，将孕育新的黄金牛市。价格“管制”计划可能发挥一时的作用，但总是要失败的。供求关系这个最基本的经济规律总是要起作用的。

如果美联储继续坚持其“短期受益、长期痛苦”的政策，我们将继续行进在通货膨胀的道路上，黄金价格将继续暴涨，并且产生新的资产泡沫。如果无法遏制流动性过剩问题，那么，资产价格和通货膨胀的火苗就会燃烧起来。联储将被迫采取 20 世纪 70 年代后期实行过的极其紧缩的货币供应政策。这将使利率急剧上升，于是，由于存在与上次大萧条类似的原因，将发生 21 世纪新的大萧条。怎样发生新的大萧条呢？如果没有收益的资产不健康的繁荣崩溃了，那么，资产就需要进行变现，以减轻债务负担。

问题是：新的大萧条将在什么时候发生？2007 年年底，道琼斯指数走出了巨大的头肩顶部的图形。2008 年初，道琼斯指数达到 14195 点后开始掉头向下。市场泡沫破灭只会导致产生更多的新债务和不受控制的过度投机活动。如果投机者相信，商业周期不存在了，并且，由于存在无限制的流动性，下跌将是有限的，那么，为了进行投机还会继续产生新的债务。这反过来又会产生新的资产泡沫。结果，市场泡沫最终会破灭，随后发生影响巨大的市场崩溃。

就在中国 300 股票指数在 2008 年下跌之前，我们看到中国的这种投机狂热在 2007 年消退了。在 20 世纪 80 年代，我们看到日本发生过这种投机狂热，随后日本经济出现了长时间的停滞。1999 年，我们目睹了纳斯达克发生过这种投机狂热，但是，由于新出现的房地产市场泡沫弥补了投资者的资本净值，美国经济没有受到伤害。我们看到，2004 年从美国房地产市场蔓延开来的高度投机狂热，导致 2008 年爆发了次级抵押贷款危机。2007 年，在经济严重疲软和价格暴跌之前，当道琼斯指数达到创记录的高水平，走出了头肩顶部的图形时，我们又见到了这种投机狂热的情况。

在变化莫测时期，作为投资者保值的一个避风港，黄金受到了追捧。由于美国在新世纪已经经历了两次重大的资产泡沫破裂，黄金价格已经点燃了上升的火焰。当经济出现通货膨胀快速上升情况时，所有的投资者必须通过持有黄金来保护自己免受美联储增发钞票驱灾法术的伤害。要将黄金紧紧地抓在手里，作为抵御美国和国外政府通货膨胀政策，保护自己购买力的一个价值贮藏库。

在本书中，我常常论及每种市场上不是主流的意见。对每种资产都有看涨和看跌的观点，投资者都应当给予认真的考虑和细致的分析。还需要对周期性短期波动与长期波动之间的区别有一个十分清楚的了解。从周期性的观点来看，我确实需要提醒每一个人提防黄金和美元价格的波动性。例如，在 2008 年的前 3 个月中，黄金价格强势上涨，接二连三地创历史新高。与此同时，积蓄了新的热钱能量的投资者多年来第一次开始突然涌向黄金。有些人甚至开始购买黄金和黄金类股票。果然，在 2008 年 3 月底，金价经历了一次较大的回调，仅在 9 个交易日中下跌了令人震惊的 124 美元（下跌 12%）。全球贵金属强势炒作者猛然惊醒，梦想突然破灭，在触发止损交易指令后进行止损操作，他们在市场顶部遭受重大损失。

到了仲夏时节，黄金炒家舔完伤口，重整旗鼓，并且，由于欧元对美元的汇率几乎达到了 1.60 美元，黄金价格准备再次冲击 1000 美元。我的朋友“研究鲍勃”已经研究黄金市场 20 年了，下面是他对接下来发生事情的描述：

> “在论坛召开之前发生了一件有趣的事情”——准确地说发生在 7 月 15 日。汉克·保尔森（Hank Paulson）与欧洲领导人的秘密会议导致了协调一致的外汇干预，对此，人们可能要进行投机。美元突然开始直线上升。道指从惨不忍睹的低位反弹。同时，各种商品的价格都受到了冲击。石油和天然气受到沉重打击，连续下跌。中央银行调集了黄金，并且每天在伦敦现货市场大量卖出（一种新的干预模式）。不久，纽约商品交易所的纸黄金投机者也开始卖出黄金。根据“银行参与期货市场”的官方资料，到 8 月 5 日，“3 家美国银行”追加了 78611 张黄金空头合约（空头增加 7 至 8 百万盎司，增加了 10 倍，或相当于世界黄金年产量的 10%），同时，“两家美国银行”追加了 27606 张白银空头合约（空头增加 1.38 亿盎司，增加了 445%，或相当于世界白银年产量的 20%）。在短短的几周内，金价下跌了 150 美元，白银价格下跌了 7 美元（38%），这怎么不令人吃惊呢？
>
> 约翰·恩布里（John Embry）是斯普罗特资产管理公司（Sprott Asset Management）经验丰富的黄金基金管理人，他将最近的这种情况描述为“纸合约买卖者进行了狂暴的干预”。他们使事情向他们希望的方向发展，随后，正如我们都知道的那样，“处于运动中的物体趋于在运动中保持平衡。”面临巨大损失和偿还债务的压力，多头、杠杆化的商品投资基金被迫变现多头头寸，结果造

成了进一步的下跌压力，最严重时使奥斯普雷管理公司（Ospraie Management）公开发行的大量商品投资基金损失殆尽，这将商品价格又砸下去一个台阶。

到2008年9月中旬，与从3月份的高位相比，黄金价格下跌了27%，白银暴跌了50%。牢记历史将受益匪浅，同样的事情曾经发生过，这导致吉米·卡特1976年的再次当选，在到1980年黄金价格上升800%之前，当时金价下跌了惊人的43%。在此期间，投资者一直争先恐后地抛售黄金类股票，最终造成了股价大残杀，约翰·恩布里说“这是自2000年开始这轮周期以来最严重的压价战”。

从这次崩溃中吸取的教训是简单明了的，但对贵金属投资者来说，却特别重要。低价买入，高价卖出。决不，永远不动用过多的保证金。并且，始终采用空头方策略来保护你的核心多头头寸。

现在主要的黄金市场在什么地方？噢，巨大的黄金和白银市场在印度、亚洲和中东，人为地压低价格导致了前所未有的吃进黄金的狂潮。即使在美国和加拿大，实物金银（金银币和金银条）的供应几乎已经见不到了。与此同时，在这种低价格的情况下，老矿不断关闭，新矿却得不到投资。很快，供求规律将使现货市场比期货市场更火爆，因此，反弹压力将释放出来。这是与1976年的情况有点儿相似？

这里的教训并不复杂。在黄金和黄金类股票各自长期上升的趋势线中，当价格出现回落时才买入。当高度投机出现价格峰值的时候，保持一个核心头寸，但是根据具体情况减少你的风险敞口，并在下一个底部形成时再买进。因为新一轮长期牛市在开始上涨前要“暂停一下，以重新积蓄力量”，因此，这是保持黄金风险敞口的最好方法。

在上述相同时期，“每个人和他们的母亲”还通过场内开放式交易基金（exchange-traded funds ，ETFs）和货币市场沽空美元，使金价跌至历史新低。例如，当美元达到创记录的新低时，我收到一位投资者

（无论用什么标准衡量，我也不会将他列为老练投资者）的电子邮件：“嗨，罗恩，我对沽空美元很感兴趣。中国可能马上就开始卖出美元。对电子交易公司（E＊TRADE）股票进行卖空有什么好的工具吗？”

可能出现的情况是，美元即将出现周期性的大幅上升的修正，这也意味着黄金价格将有一个回落的修正。这是因为作为所有法币的替代性通货，黄金与美元存在反向相关的关系。当美元现在出现强劲的临时性止跌反弹时，那么，黄金价格将下跌，至少开始下跌。所以当8国集团为了稳定贬值的美元进行干预时，黄金类股票就大跌，此时，长期投资者认为这是一个很好的进入点。

给我发电子邮件的那个人应当考虑过沽空电子交易公司股票（ET-FC），而不是指望几年来在电子交易系统卖空美元导致下跌。由于电子交易系统公司宣告其在次贷危机中遭受了巨大的损失，该公司的股票已经从26美元下跌到了2.84美元。在3个月内，股票下跌了89%，这比在过去几年间美元已经下跌40%后卖空美元更令人感到兴奋和更加安全。

中国人用两个字符来表示危机的概念。第一个字是“危”字本身，意思是危险。第二个字的含意是机遇。将这两个字放在一起，就是“危机”。我的空头方策略要旨全在于此，即危险和机遇并存。

我最近从另一个朋友那里收到一份电子邮件，其概括了我在本章论述的要点。这个朋友是我认识的最聪明、最成功和稳健的投资者之一。电子邮件的内容如下：

> 罗恩，可能所有的货币都将变得一钱不值，因为现在确实没有任何实在的东西来支持任何一种纸币。美联储和拉里·库德洛（Larry Kudlow）可能谈论说，通货膨胀影响极小，甚至可以忽略不计通货膨胀，但是我并不这样认为。1959年，我只花1美元就能住进德国的一家宾馆，并且只花1.25美元，可以在柏林的一家叫做Kufurstendam的时髦饭馆吃上一顿烤里脊肉的正餐，还有侍者提供服务，他不仅身着礼服，而且是带燕尾的正式晚礼服。我和妻子

到奥地利进行了一周的滑雪旅行，只花了21美元，其中包括住房和两顿可口的饭菜。我们到斯德哥尔摩旅行了一次，花了不到100美元。现在，进行同样的这些旅游活动需要花费一大笔钱。甚至南非灌木丛中舒适旅馆的一个房间几乎要花费500美元！美元几乎快不行了。我进行了长期的观察。我记得，1962年，在我刚开始从事人寿保险业务的时候，当时美国汽油价格大约是每加仑20美分，并且雇用一个人要想每天节省1美元都很困难。现在，人们如何进行投资才能如何保护自己的购买力？答案是投资于股票、市政债券、货币市场基金或房地产吗？我认为不是，政府通过税收对所有投资品种进行不利于我们的操纵，民主党人将使这种情况变得更糟。美联储和财政部持续不断地印制更多的法币。如果美元崩溃了，是否世界也将随之崩溃？因为债务是用美元计价的，因此美元贬值正在使我们的巨额债务变得毫无价值。无论是共和党人还是民主党人，没有任何一个政治家值得信任，也没有任何人能够挥舞魔杖，扭转正在恶化的局势。人们上哪儿去保护自己？或许我们应当买罐头食品，但是即使罐装汤，现在每罐也可能要花费2.5美元。

我的朋友不是“熊市死硬派”。他不是高谈阔论、自封天才、要小聪明的看跌者，所以，你应当认真地考虑他的意见。2001年，他开始在市场底部大量吃进黄金和白银，并且在2008年商品市场暴跌时不断增加他的头寸。他知道，购买黄金将继续是应对全球中央银行通货膨胀政策的最佳对冲措施。他提出，在下跌时在哪里寻求保护，我在回答这个问题时提醒他，当在美国和全球股票市场进入一个新的长期下降阶段时，卖空股票是获利的一个最好途径。看来，在2008年股市达到创记录新高时卖空股票，是一个相当于2001年在市场底部买入黄金一样的机遇。

第6章

股票、债券和房地产除了价格下跌以外就别无出路吗？

每一位审慎的投资者必须认识到，可能始终存在损害他或她的证券组合的危险。成为一名成熟投资者的关键是，要了解如何在未知危险中如何保护自己和获得利润。我坚信，除非我预计的催化剂使经济雪球滚到半山腰，否则不会出现股票、债券和房地产都下跌的情况。我认为，从最低程度来讲，在非常长的时期，我们将继续经历这三种主要资产多次令人惊恐地急剧向下波动的时期，这是不可避免的。正如我前面提及的，问题是何时卖空，何时低买高卖，这是具有挑战性的。

如果联邦储备委员会新发行的货币都由外国投资者再投资到房地产和股票上，这些投资者继续感到美国的资产具有吸引力，怎么办？结果是在债务基础上，我们的经济将开始另一个虚假繁荣。这是完全可能的，因为太多的美元追逐太少的股票、债券和房地产（导致资产通货膨胀），这将引起我们已经历过的全球繁荣。我们还从网络公司泡沫中得到了教训，你再也不会说要涨多高就涨多高了。如果美国经济避免灾难性的萎缩，而且全球中央银行新创造的美元只是流向股票，以获得资产价格膨胀的保护，只有30种股票构成的道琼斯工业股票平均价格指数（DJIA）肯定进一步上涨。这就是在你的熊市假设转变为牛市超级繁荣的情况下，为什么止损和灵活策略是十分重要的原因。

由于美元疲软，全球投资者可能认为，美国像一个已签约待售的巨人。外国投资者利用他们的强势货币购买美国的股票和房地产，这些资产就像在大甩卖一样，因为这些国家具有货币兑换的优势。但是，我的看法是，即使全球资产出现通货膨胀下的繁荣，本身也再次说明，这只能导致以后出现更大的虚假繁荣。为什么？因为当今全球投资者认为，美国联邦储备委员会是全球投机者的救世主，只要房地产和股票价格下降，美联储将出面挽救和担保房地产和股票的投机者。**除非重大危机消除了这种制度，否则，美联储创建的这种具有道德风险的政策和为世界各国中央银行制定的蓝图，将不会改变。换句话说，在房地产和股票投机者改变以负债方式进行冒险投资之前，我们需要华尔街赌场先火起来，然后倒闭。**

我在哪儿发现这些粗体字句子的呢？显然，美国正在经历自上个世纪 30 年代大萧条以来最重大的金融信用危机。“次级抵押贷款危机”导致了经济衰退。由于房地产市场已经放缓，美国创建的各种奇异的住房抵押贷款大幅萎缩，得到了痛苦的报应，如政府紧急救助房地美公司（FNMA）就是一个例证。我们可能整天在争论，美联储将要或应当解救现在的日子。根据美联储最新的政策，解救并非是必要的做法，正如我在前面所述，因为我们已经知道在未来的危机中将发生什么情况：美联储将挺身而出进行救助。对此，“直升飞机·本”（“Helicopter Ben”）在几年前就告诉我们了。

在 2007 年 8 月星期五，伯南克第一次下调贴现率，2008 年全年又继续下调利率，都向全世界宣告了这一点。他下调利率，就是为了解救对冲基金投机者和持有抵押贷款支持贷款的投资银行，实际上，这些机构正在产生流动性危机。伯南克挽救了使用杠杆率的对冲基金和不计后果的抵押贷款公司，使这些机构继续以产生奇异抵押贷款的方式在金融高空钢索上行走。他使斯特恩斯熊（Bear Stearns）摆脱了困境，因为 2008 年爆发了杠杆率引起的危机。美联储再次为市场投机方提供了安全网，巩固了投机者和投资者思想上的“道德风险”。随后，美联储又积极下调了联邦基金利率，以支撑正在下跌的股票。不知何故，联邦储备委员会决定消除任何规模危机引起的商业周期。美联储认为，经济衰退是不行的，美国和全球市场肯定将继续不断地走高。在此，我对全球住房和股票价格过高有一个问题：使住房和股票价格更合理，降低非生产性债务水平有什么不对呢？为什么就不行呢？由于我们成倍地放大了资产泡沫，以致美联储无法承受通货紧缩，这才是糟糕的事情。不能用货币政策的短期好处来换取长期痛苦。

就像其前任格林斯潘一样，伯南克正在抽取货币，防止出现必要的经济净化。在这一点上，我无法想象，由于美联储撤下了一张又大又牢的安全网，谁会担忧在金融高空钢索上行走的未来。增加流动性的所有措施，最终将导致通货膨胀的野火扩散。“嗨，我们去借每一分钱吧，银行和信用卡公司将向我们贷款，我们可以撒开了进行投机”，天真的投机者就是这么想的。由于这种道德风险理念和流动性自由泛滥之河同时爆发，总有一天会导致股票和经济超级膨胀。看看 2008 年中国经济膨胀和股市暴跌的情况，就可以知道我所谈论的是有先例的。

积极和充分地增加债务导致房地产泡沫

让我举一个真实的例子，说明由于联邦储备委员会不计后果地实施宽松货币政策，导致人们产生危险的心理。2007 年年中，我参加了一个房地产研讨会，看看正在沸腾的房地产泡沫是否使人们失去了热情。在 3 天的会议中，我了解到许多情况，既有人们对房地产看涨的想法，又有特定的策略。这次研讨会是在俄勒冈州波特兰市举行的，从会议上证实了我的怀疑。主持会议的先生说，他对“房地产从来没有这么看涨过”，这可能是“最后一次买入的大时机”，因为次贷危机已经创造了房地产的“大买卖”。

房地产投机者看到了巨大的可能性，可以从大量正在丧失住房抵押赎回权的人们那里窃取住房。在这次房地产研讨会上，我们被告知，可以在法院拍卖家庭住房之前申张权利，而且给予住房业主低价卖出住房的机会，否则，一旦法院进行拍卖，业主可能将一无所得，这样，可以使我们很快替代原来的住房业主。这只是我在这个房地产研讨会上学到的一种大策略，而且是我进行投机时从未打算采用的一种策略。他这么说，听进来像在为穷人提供人道主义服务。如果你想成为慷慨的人道主义者，就告诉他们你是否买下住房获得暴利，你将分给他10%至20%的利润。现在，对于正在丧失住房抵押赎回权和损失所有东西的人来说，这些人真的成为人道主义者了。

下面是我在该研讨会上发现的不可思议的内容。一位重要发言者说，这三天房地产研讨会的目的是，“使每一位参会者都尽可能人为地深陷债务之中”。他们有一套完整的办法，可以从信用卡中获得5万至10万美元，然后用这笔钱在房地产市场上进行投机。首先，迅速增加全国未售出住房的存量，使其达到16年来的新高。其次，需求下降，银行对放贷标准进行评估。这使房地产看牛者非常兴奋。我总是认为，增加供给和减少需求是使价格下降的一付药方。也许，我们有一种新型的“伏都教巫术经济学”（“voodoo economics”），从长期来看，其没有什么意义，但从短期来看，可以使每个人都感到在膨胀。

因此，你必然相信——将出现景气，因此，积极和充分地增加债务，即使在房地产市场进行激烈的调整时期。如果美联储确实用降低利率和紧急融资措施救助了市场，你能想象有多少更有信心的投资者和投机者在下次调整中将买入吗？人们没有恐惧感，就是美联储造成的道德风险的例证。无论什么时候这个不切实际的计划彻底完蛋，你应当采取沽空策略。如前所述，当股票和房地产市场的危机浪潮退却时，对于买出卖出的投资者而言，只有很少的赚钱方法。一种方法是在价格剧烈修正和震荡时期买入黄金和黄金类股票，对你的证券投资组合进行套期保值，减少受不可避免的通货膨胀和“价值下跌”或“不值钱”美元的影响。另一个方法是卖空估值过高的股票。这是应对滞胀新时代的正确组合策略。

最重要的交易方：卖空方

在任何市场获得利润的最佳方法是沽空或卖空。卖空是一个非常简单的概念。尽管如此，你将听人讲起无聊的事，如“沽空股票你将面临无限的风险，因为股价上涨空间是无限的”。从理论上讲，或从教科书来讲，这个说法是成立的，但现实生活中是不成立的。下面是我对这种说法的标准答案。投资或交易有一项准则，无论你做多还是做空，只要预先设定止损交易指令，数量将永远限定你的损失。如果你在交易中买入或卖出一只股票，永远不要使损失超过10%至12%。

当你买入一只股票时，总是先买入、后卖出，希望价格上涨，以获得利润。简单地讲，沽空就是做相反方向的交易。进行沽空股票时，先卖出、后买回——希望价格下跌——以获得利润。我们如何才能卖出我们尚未拥有的东西呢？简单地讲，我们先向股票经纪商借入股票，他们在某个地方的库存股票上面都堆满了灰尘。这是非常标准和公认的惯例。当股票、石油、中国，或其他任何资产或市场即将暴跌时，沽空是唯一正确的赚钱方法。了解了这个简单的概念，将使你在下跌市场中获得保护和盈利。

正当道指和标普500指数竞相攀升，CNBC突出报道股市创历史新高的激动人心时刻，赞扬我们威严的美联储时，住房开发公司的股票都在暴跌。当房地产市场刚刚显示出减速的信号时，住房开发公司的股价已经上涨到令人恐怖的峰值，因此，人们纷纷抛售这些公司的股票。当然，随着住房产业的减速，住房开发公司的收益预测也必然下降。尽管持有这类公司股票的大多数投资者将仍然持有，他们认为，这类股票多么便宜，但只有按日计算他们持有的股票才越来越便宜。

2004年12月，美国银行调高了Toll Brothers公司（TOL）、Ryland集团（RYL）、Lennar公司（LEN）、Hovnanian企业公司（HOV）和Centex公司（CTX）的估值和目标价格，认为这些公司具有“按7.6

x2005E. P. S. 的诱人收益”，而且“基本面将继续走强”。在房地产市场达到最高峰时他们继续看涨，“由于住房价格持续走高，2005 年房地产利润很可能增加”。“在顶部调高你的评级”和“在底部调低评级”，这类思想在华尔街的大部分分析师中是非常流行的。正当 TOL 的股价开始跌至 16 美元时，美国银行的分析师将其目标价格调高至 65 美元；在 HOV 股价开始掉头向下跌至 5 美元之前，其目标价格被调高至 52 美元；在 RYL 股价开始暴跌至 20 美元之前，目标价格被调高至 59 美元；在 CTX 股价开始跌至 15 美元之前，目标价格被调高至 61 美元。哥们儿，干得真不错。当这些股票下跌 90% 和基本面绝对恶化时，华尔街上专盯这些股票的大多数分析师，最终将评级调低到卖出。这时，你将知道这些股票正处在或接近于交易的底部，而且将止跌回升。分析师具有高买（调高评级和目标价格）和低卖（调低评级，以便卖出）的思想，你可以作为你的优势来运用。

2007 年，尽管道指一度摸高 14000 点，但股票经纪公司、银行和房地产股票都失宠了。疲软组的股票在牛市和熊市中都会下跌，银行、股票经纪商和住房开发公司股票暴跌就是证据。我不主张沽空股票的唯一时间是，在股票已经暴跌之后，开始出现上涨势头的时候。如果你感到惴惴不安，而且就想保存已有的成果，不愿沽空，那么，手持现金是更好的套期保值。显然，沽空的最佳时机是熊市下跌的时候。在 2007 年的例子中，我们的证据表明，即使在道指和标普 500 指数达到长期以来创记录的新高时，有些股价也可能跳水。这与思考和讨论沽空问题的大多数投资者和市场预言家的观点是相左的。沽空是投资界的“罗德尼险地”（Rodney Dangerfield）。现在该是沽空的时候了，以考虑实施利润保护策略。你不仅可以用空头头寸来对冲你的下跌头寸，而且，还有在下跌市道中赚钱的机会。

黑十字

实际上，卖空股票有一种公正可靠的方式，你必须做的所有事情是登陆互联网，找一个能向你提供股票走势图的网站，其中包括两条移动平均线，即50日移动平均线（day moving average，简称DMA）和200日移动平均线。有一种图形称为“黑十字”，即当50日移动平均线与200日移动平均线交叉时出现的十字图形，这发出了某只股票将要进行深度调整，或者甚至要崩盘的信号。当某只股票或市场指数出现这种图形时，这意味着必须出现下跌走势，股价将掉头向下。对于股票、债券、商品或任何市场来说，这个图形说明的价格走势都是成立的。如果你打算买入看跌期权，或交易所交易基金，对主要市场平均指数的下跌进行下注，在下注之前，你应当等待出现这种黑十字图形，同时，采用止损交易指令获得保护。如果你卖空的股票上涨了，就会使你遭受损失，甚至使你保证金账户中的资金因卖空而全部损失。这就是为什么你决不能使损失不断扩大，或失去控制，并导致你破产。相信我——我已经从艰难之路中学到了教训。对于所有股票投资，无论是多头还是空头，必须确保交易损失最小化。

关于如何使用SDS或QID在市场上通过卖空风险敞口来获利，我还有一点看法。你不能用退休金账户卖空股票，因此，交易所交易基金可以成为一个工具，如在纽约股票交易所交易的SDS，你可以在个人退休金账户中利用卖空标普500指数的风险敞口来获利。因此，当标普500指数下跌时，SDS将上升，但是，再次说明，为了进行对冲和投机，掌握市场时机是非常难的，而且是有风险的。

当我们讨论市场和股票的多方时，我们将分析金十字图形（Golden Cross）。这恰恰与黑十字图形的意义相反。如果发现正在形成黑十字的股票，要对公司及其行业做一些基本的分析。卖空正在下跌中的工业组别中的股票，你将得到在暴涨或暴跌市场、牛市或熊市中稳赚钱的卖空完美组合。

你的优势在空方

无论你是一个职业投资者，还是个人投资者，从在华尔街获利的优势来看，市场最佳交易方是空方。这是因为华尔街有太多变了味的分析报告，除了自己推荐的公司以外，大多数分析师都几乎不能分析其他公司。大多数分析师非常清楚，从什么地方赚钱，这是投资银行的事。因此，分析师必须让那些给老板带来最大收益的客户高兴，而且，这些客户都是投资银行的客户，都是分析师分析的股票。

如果某个分析师正在分析一家公司，但他对该公司已失去信心，他将不得不另辟蹊径，即使他感到应当评级为卖出的股票，仍然保持为买入的评级。分析师已经学到了消极的东西，即他们最好对所分析的股票保持积极的看法，否则，将面临这些公司的激烈反应，或者已经学到了他们老板的投资银行业务工具。

一旦分析师转而看跌某家公司，并且对其股票提出任何负面的评论，他们也将不可能进入管理层。分析师所在的股票经纪公司将失去投资银行业务收费收入的任何可能性，这些收费来自于为分析师的老板带来最大收益的客户。分析师如果对其分析的股票表示负面的意见，实际上就损害了为他签署工资支票的老板。分析师的老板决定分析师年终奖金的大小，而且主要是根据公司全年投资银行业务收费的金额。从管理的观点来看，这是不言而喻的。股票经纪公司 90% 的推荐意见都是买入，而不是卖出，其主要原因就在于此。

因为你并不知道分析师究竟相信什么，因此，除非你直接使用华尔街分析师的研究报告，否则，分析师几乎是没有用的。他们被间接地买通了，变成了乐观者，总是取悦投资银行的客户。最好的办法就是炮制生机勃勃的分析报告，一个劲地说“买入”，或者现在更恶劣的说法是“强烈买入”。其背后的原因是，华尔街手续费的暴涨对机构和个人投资者是有利的，但对经纪公司是不利的。当机构按每股股票低于 1 美分来计算交易佣金时，除非经纪商向你提供赚大钱的主意和获得首次公开发行股票的业务，否则，很难要求基金经理向经纪商支付成倍的手续费。自从网络公司泡沫破灭以来，分析师强烈推荐买入的股票全部跌到谷底，华尔街已经变得非常不受信任，这种情况更是如此。

2000 年，尽管许多网络公司估值过高得离谱，但分析师仍然给予了买入的评级，不久，这些公司的股票就长眠于破产互联网股票的墓地。当科技股实际上崩盘，投资银行没有更多的收费机会时，恰好在股价的谷底，许多分析师将这些股票的评级下调至持有或卖出。在华尔街，“持有”意味着“卖出”，“买入”则意味着只不过是取悦投资银行的客户。对于经纪公司赚钱的业务来说，由于投资银行收费现在已成为少数剩下的高利润业务之一，因此，无论如何，经纪公司必须保护剩下的最后一个高利润业务。

对于所有机构投资者来说，如共同基金或对冲基金经理，好消息是他们可以直接造访希望讨论所分析股票想法的任何分析师。这些分析师不希望他们最珍视的客户阅读变了味的分析报告，这些报告所分析的股票都是分析师自己确实不喜爱的股票，并让基金经理去买。他们在基金经理面前鼓吹自己分析的股票是有风险的。对于分析师来说，随后的激烈反应是非常残酷的，因为对冲基金经理将引起其痛苦的分析师和经纪公司放在“受罚席”上。这基本上意味着，由于对股票进行糟糕的分析经纪公司将损失佣金，分析师将列入黑名单，至少是暂时列入。

从个人角度讲，我无法看到怎么会有人愿意获得双输的结局。劣质的分析报告会导致客户受损失，名声坏了会导致分析师受损失，客户减少会使股票经纪公司受损失，而且，涉及到的上市公司最终也出现令人失望的损失，因此，看来没有任何人获益。

华尔街基金经理的优势在于，因为大多数机构了解这种情况，所以他们都直接给分析师打电话，在机构阅读研究报告之前，了解分析师是否确实喜爱报告分析的股票。作为一名对冲基金经理，我还记得阅读新出炉的分析某只股票的报告情况，在我阅读研究报告后，我想用我们的基金购买这只股票。我给分析师打电话，那时，该分析师是为 Hambrecht & Quist 公司（H&Q）工作，我提问了几个问题，他回答："罗恩，把研究报告扔到垃圾箱去吧。该公司是投资银行的一家重要客户。还需要我再说什么吗"。在机构与分析师之间存在着充分的理解。

实际上，这意味着没有与华尔街分析师联系的个人投资者，受到了变了味的研究报告的欺骗，买入股票，眼睁睁地看着股价下跌，而且永远不知道究竟是怎么回事。作为一名聪明的投资者，只有做一些独立的作业，你才能得到优势，因为华尔街的大部分研究是有害的，而且肯定会引起连锁反应。最终，在华尔街如此积极的分析报告作用下，将导致股票按高于其真实价值进行交易，由于股价极高和高估，这些股票在某个价位暴跌的概率上升了。华尔街有那么多过度行骗的投资银行购买研究报告，这就制造了大量大卖空的备选股票。

问题是：你怎样才能知道这些股票是你应当卖空的变了味的股票？实际上，华尔街的大多数研究报告往往是在没有引起市场注意的时候公布的。你什么时候见过这种情况：当股价为 50 美元时，华尔街分析师做出了"强烈买入"的评级，然后由于受收益率下降的研究报告的影响，股价下跌到 20 美元。分析师究竟是怎样做的？在股票已经下跌之后，他才将评级调低为"持有"，在极少数情况下，评为"卖出"。由于华尔街分析师终于将股票推向峰值和置于谷底，这种高买、低卖的图形为每个人创造了巨大的机会。当消息面好的时候，他们必然是最乐观的；当消息面不好的时候，他们必然是最悲观的。

以后，当消息面转好时，在分析师改变他们的想法和负面评级之前，通常都在等待。一般来说，他们一直等待到消息面非常好，在股价将近达到峰值，或者至少在股价已经提前上涨了之后，几乎是迫使他们将"卖出"或"持有"的评级调整为"买入"。华尔街的高买、低卖正是你实施高卖、低买沽空策略的机会。你还会知道，分析师何时下调对股票的评级，投资者何时正在卖出，现在处在股价下跌幅度更低的底部而且最终将跌到谷底的股票。这就是你盼望将逐步展开行情的基础。这是沽空策略的低买、高卖内容。一般来说，当分析师将股票的评级降为“持有”时，你最好是买入股票；当分析师将股票的评级调高为“买入”或“强烈买入”时，你最好是逐步卖出股票。

我在华尔街的一些最好的朋友是分析师，他们都干得非常出色，因此，我并不想抹黑所有的分析师。好的分析师千金难求，你可以寻问任何一位理财经理，以证实这个说法是否成立。实际上，预测股票价格的走势是一项最困难的工作。在股价波动中进行交易和赚钱，是一项难度更大的工作，因此，发现一位总是赚钱的理财经理，胜于发现黄金。

发现空头股票最佳机会的另一个办法是，对自己感兴趣备选股票，你自己做基本面和技术分析。大多数对冲基金经理都自己做这方面的内部研究工作。实际上，对冲基金经理雇用华尔街最好的分析师为其工作。这种现象也导致了华尔街的研究质量越来越差，因为最好的分析师都加入了对冲基金领域。作为个人投资者，很容易从独立的研究和公司网站上获得信息，其中充斥着你从来不想了解的信息。作为一位投资者，你可以向竞争对手打电话，或登陆他们的网站，或者有时候很容易通过自己的实地调查来获得优势。下面是说明我观点的一个现实例子。

具有常识的研究

1992年，Snapple饮料公司（Snapple Beverage）完成首次公开发行股票后，股价飙升。关注这只股票的大多数分析师认为，Snapple将成为像可口可乐或百事可乐那样的大牌饮料，因此，给予该股票“买入”的评级。我发现有内幕消息的人都在卖出股票，看来这只股票估值过高了。其股价走势图看上去也像处在顶部，可能要下跌了。我决定做一些实地调查，我去了若干家购物中心和便利店，了解冰茶的销售情况。我注意到，竞争非常激烈，一周接着一周，越来越多的新品牌茶挤上了原来放置Snapple的货柜。我自己尝试了这些相互竞争的茶饮，感到如果说没有Snapple那么好，至少也一样好喝。

这是Snapple公司在1992年非常成功的首次公开发行股票之后2、

3 年发生的事情，看来，巨大的成功很快就引起了竞争。当我就这项调查工作向许多看牛的分析师打电话时，他们哈哈大笑，显得无忧无虑，因为他们对这个品牌非常自信。再次提醒，对于分析师来说，更好的做法是故意向另一个方向看或无视风险，以通过第二次增发股票获得投资银行收费，或者通过交易部的某种内部人股票交易增加收益。

然后，我给一些饮料经销商打电话，提出问题。我发现，由于竞争激烈，批发商出现了库存过多的情况。这意味着 Snapple 很可能将面临存货问题。我对在新时代产业的这家单一产品公司进行了简单的库存调查，其结果是非常宝贵的。这给予我信心，使我深信，当情况发生明显恶化的时候，我必须采取与华尔街看涨观点相反的操作手法。我沽空了这只股票，其进入了我称为 4 阶段下跌股票走势图（Stage 4 Decline chart pattern）。在沽空的这段时期，由于库存过多的问题，导致这只股票的价格从每股将近 30 美元一下子跌到 10 美元左右。

这只股票暴跌之后，Quaker 燕麦片公司（Quaker Oats）于 1994 年以每股 14 美元的价格出面收购了 Snapple 饮料公司。十分有意思的是，你在关注 Snapple 公司之后，做空 Quaker 燕麦片公司的股票，因为库存过多的问题不会很快解决。由于竞争激烈和冰茶类产品的库存问题，使并购最终成为 Quaker 燕麦片公司的一个大窟窿。实际上，在 1997 年 3 月 28 日，Quaker 燕麦片公司同意按 3 亿美元将饮料和冰茶业务卖给了 Triarc 公司。这比 Quaker 燕麦片公司在 1994 年支付的收购金额亏了 13 亿美元。我将此称为投降或放弃。Quaker 公司在大街上的投降与投资者在华尔街的投降没有什么区别。一般来说，小投资者在底部卖出，随着他们的投降而“放弃”。

从最热门的首次公开发行股票到公司破产

在 1993 年后期，波士顿鸡公司（Boston Chicken）首次公开发行股票时，第一天上市交易的股价上涨了 143%。当波士顿鸡公司公开上市时，市盈率一度高达 344 倍，交易值达到账面价值的 45.2 倍。即使是明显不合理的定价，分析师仍然喜爱这个故事。我阅读的关于这只股票的研究报告是非常看涨的，而且许多人相信波士顿鸡公司将成为继肯塔基炸鸡之后又一个成功的故事。任何人需要做的唯一的真实研究是尝尝该公司的一些外卖食品。我尝过了，但发誓再也不去了。波士顿鸡公司于 1998 年 11 月破产了，没有回头客恰恰是主要原因。

竞争压力和回头客下降使该公司无法偿还债务。总经销商无力支付债务本息。1996 年，波士顿鸡公司的股价一路狂跌，从每股 40 美元跌到 0.31 美元，终于在 1998 年破产了，如第 11 章所述。这是许多常见空头精选案例之一，也是华尔街的垃圾股。

做一点准备工作可以走得很远

为什么你从股票经纪商那里看到的研究报告会变味呢？其中可以发现卖空的机会，除了投资银行之间的竞争以外，还有许多原因。1994 年，一位朋友向我打电话询问一只股票，他认为应该采取大卖空策略。他说他听说，咨询公司建议将这只股票作为卖空备选股票，但该咨询公司的主要产品是“没有价值的”。具有没有价值产品的一家公司，显然具有非常令人兴奋的卖空想法，不过这是一种不容易发现的想法。这只股票叫太平洋动画公司（Pacific Animated Inc），股票简称 PAID，交易价格为每股 10 美元左右。

当我听说这个情况时，我很兴奋，因为这种卖空想法就是我称之为“泰坦尼克股票”（“titanic stocks”）的沽空。当市场上流传有关这只股票的坏消息时，股价一沉到底，再也没有上涨过。我给分析这只股票的经纪公司打电话，与我交谈的分析师几乎没有什么值钱的信息可以分享。于是，我直接给 PAID 的首席财务官（CFO）打电话。像 PAID 这样的小公司，即使是最小的投资者通常也会与高层管理人员联系，因此，首席财务官一般都负责投资者公关工作。你可以向首席财务官作个简单的自我介绍，说你是一个积极的私人投资者，你正在研究这只股票，正好有一些问题需要解答。

当我与首席财务官通话时，我谈到我手头有买入的推荐意见，他客气地请我将研究报告送还给他，这种要求我以前从未听说过。当我问到为什么时，他说："这份报告是某家不太懂行的小经纪公司写的，对于持有所有股票的大多数客户来说，这是一份虚假分析报告，"他告诉我，他不希望任何人阅读这份报告，因为"所提建议是错误的，"而且分析师引用的那个热门产品，现在连研发都没有完成。他继续说："我们甚至不清楚，完成产品研发后是否有市场。"他又说："报告中的收益率预测是荒唐的，也是不切实际的"，本公司"在研发产品的几年中，一分钱也没赚到。"我止不住大笑，并且想知道，这家公司为什么当初要上市呢。我告诉首席财务官，我会把这份报告扔进垃圾箱，而且向他和所有内部人建议，在该公司倒闭之前将该公司的所有股票全部抛光。

这是一个极端的案例，根据新萨班斯－奥克斯利法案（new Sarbanes-Oxley laws），公司内部人的讲话必须极其谨慎，因为必须执行所谓的公允披露准则。问题是你看到的许多报告都是垃圾，而且华尔街的大多数报告也是如此。

许多投资者可以采取更加主动的方式进行投资。当今世界，你可以在打折经纪公司低成本地交易你持有的股票，特别是很方便地进入互联网获取信息。你看到的某些研究报告可能包含有价值的信息，但是，不能一味地相信推荐意见。只坚信事实。

大多数投资者仍然使用顾问或经纪人。在大型经纪公司工作的股票经纪人，既从股票买卖中赚取佣金，也从集合管理资产中赚取费用。他们对自己所做的研究并不承担责任，因此，你不能完全依赖他们的建议。信任他们的推荐意见，就是将自己完全托付于一个你不了解的陌生人，何况你可能还不了解公司的情况。大多数经纪人从其公司得到的研究报告都可能是变了味的或有偏向的，因此，应当相信那些代表客户完成大量独立研究工作的经纪人或顾问。对于提供及时、高质量研究的股票精选意见的专业人士，你付的每个美元都物有所值。

自从 19 世纪 90 年代股市繁荣以来，投资的首选方式是共同基金。由于大多数共同基金的业绩低于标普 500 指数，因此，你不能寄希望于选择 20% 的股票来对抗整个股市。另一种选择是使用对冲基金，这种基金现在非常流行。对冲基金比共同基金灵活得多，而且一般非常隐秘。对冲基金不能登广告，因此，你主要是通过增资演讲后得到公开资料，了解对冲基金。即使你的净财富达到了同华尔街富翁一起投资的水平，可能你也参加不了对冲基金。你应当做出明智的决定，以对你自己的证券投资组合负责，而且，与股票理财顾问进行合作，既做多又做空。

记住，你的证券投资组合有两个交易方——多头方和空头方。多空双方都需要对股票进行认真的分析，采用止损策略以保护自己。当股市掉头向下进入长期的熊市下跌期时，你必须使你的证券投资组合成为空头方。为什么我是对冲基金的坚定支持者？因为对冲基金在多头和空头两个方向进行交易和投资。由于空头投资者为未来作好了准备，并在市场下跌或暴跌时将成为买入者，因此，对股票和市场进行沽空，将使股市跌到底部。

将兴趣放在空头方的另一个原因是，作为空头方，无论在牛市或熊市，你都可以赚钱，但是，只做多头方，只能在牛市赚钱。在牛市时，你仍然可以卖空股票，因为许多股票处在个股的熊市行情。然而，牛市时期比熊市时期更长，而且，牛市趋于延续更长的时间。此外，熊市还会出现美妙的下跌反弹行情，因此你必须随时准备从空头方转变为多头方。最后，当市场再现 19 世纪 30 年代的通货紧缩或 70 年代的通货膨胀情景时，空头方将是获利的最佳途径，因为不久可以确定的一件事是，是否不制定积极的财政政策和货币政策。为了保护自己，必须进行对冲，从本质上讲，这意味着，无论是牛市还是熊市，必须具有空头方的理念，或者将你的钱托付给多空都做的职业经理。

作为一名研究分析师，我限制自己

我所在单位 2 人小组的合作伙伴叫埃米尔·勒莫根（Emile Lemoigne），我们开始为机构客户撰写研究报告，称为《证券分析》（*Viewpoint Securities*，*VPS*）。我做过研究报告，写文章吹捧过目标价格、止损、故事和市场催化剂，也提出风险。然后，我们在报告上标明日期，并分送给我们对冲基金客户和展望的数据库。然后，埃米尔给对冲基金打电话，介绍我们讲的故事，招徕顾客。2003 年 8 月的《俄勒冈商业》杂志刊登了我们的文章，并附有埃米尔和我坐在交易席位上的照片。有些时候，埃米尔和我的分析与市场走势完全相反，这好像我们进行高台跳水，却一个猛子扎进了摇滚乐朋客的“敲人席位”（“mosh pit”）。

我精选的股票帮助我们招徕新的机构客户。我正式提出过 100 多只股票（包括多头和空头），对于我精选的所有股票，我在每份报告中预设了止损和目标价格。2003 年 8 月 23 日《俄勒冈商业》上的一篇文章说：“证券分析看上了微半导体公司（Microsemi Corp.，MSCG），在 2 月份，当这只股票的价格为 7.99 美元时，就开始关注了。6 月中旬一直在 14.89 美元上盘整，到 7 月 11 日股价已接近 16.92 美元。”有趣的是，我们纯粹是偶然发现微半导体公司这只股票的。

我们正在分析一家当地的公司，而微半导体公司是该公司最大的客户。当我们第一次造访该公司时，管理层告诉我们，微半导体公司的生意非常“红火”。我又去研究微半导体公司，发现这是一只根本没有被人发现的股票，因此，开始关注这只股票。《俄勒冈商业》的文章继续说：“证券分析选择这只便宜股票，推荐买入之后没多久，接着又推荐了 CIBC 世界市场（CIBC World Markets）公司、亚当斯公司、哈克尼斯与希尔公司。”当我们讲到这段话时开怀大笑，因为该杂志的编辑处理的这段文字，就好像他们看到我们先推荐了以后就开始推荐。实际上，亚当斯、哈克尼斯经纪公司并不知道我们来自于亚当，也不知道我们推荐股票的其他许多情况。

我们还推荐了许多卖空的股票，甚至在股市处于底部时，所精选的一些股票确实表现相当出色。同样是这本杂志，也报道过我们精选的最糟糕的卖空股票，即哈雷·戴维森摩托公司（Harley-Davidson，HOG）。我们全部卖出了这只股票以止损，发生了预先设定的小额损失，但是，仅仅不长的3年时间，我的研究题材发生了根本的转变。我从卖空哈雷·戴维森摩托公司股票中得到了有价值的教训。如果出现这种情况，卖空一只股票，投资者全身纹上了公司的名称，这些投资者使用你正在卖空股票的上市公司的产品，实际上很少会出现这样的情况。投资者买入和持有纹身股票一直到死，就像他们身上的纹身。

我们有过这样一次的股票精选活动，埃米尔与一家公司的管理团队出国路演，向机构投资者介绍该公司的股票。他与来自俄罗斯的一家对冲基金经理一起研究一只微盘股（micro-cap stock）。在开始的5分钟内，基金经理用带有浓重俄罗斯口音的英语对埃米尔说，"我们需要像头脑子弹（风暴）那样的微小资本公司。"有一天，当埃米尔用浓重的俄罗斯口音的英语向我讲这个"头脑子弹（风暴）"的故事时，我乐得直流泪。埃米尔说，与那样分析师的会谈很快就结束了，因为在2003年华尔街没人想要小额资本公司。因为蹩脚的证券投资组合经理在2000年吃过这类公司太大的亏了，一直到2002年，因此，许多人称这类公司的股票为"小盘垃圾"股票（"small crap" stocks）。当然，出现了一个买入这类股票的极好机会，因为大多数小盘股都跌到了谷底。在2008年，小盘股和超级小盘股的价格跌得一塌糊涂，跌到了2002年、1994年、1990年的价位，甚至是1987年的价位。有耐心和有远见的投资者开始关注小盘和超级小盘股板块，准备持有定价过低的股票。

2002年，埃米尔和非常看涨黄金和白银类股票。我们推荐了泛美白银公司（Pan American Silver，PAAS）和白银标准资源公司（Silver Standard Resources，SSRI），当时这2只股票的价格只是一位数。在这两只股票最终暴跌之前，曾经一度摸高40美元。埃米尔和我无法找到一位经理去买入黄金和白银类的股票。理财经理都认为，我们看好黄金类股票简直是疯了。但是，黄金类股价的走势图非常漂亮，而且我们的题材也很简单。我们写到，美联储正在“大量增加货币供应”，“未来通货膨胀担忧”将推高这类股票的价格。我们还写到，“所有人都憎恨”这类股票，导致这类股票不得不跌入谷底。最后，最重要的是，我们发现了具有明显特征的走势图，即所有指标看来都朝着美妙的未来变化，进入第 2 阶段上升（Stage 2 Advance）。2008 年，这类股票全部进入第 4 阶段下跌（Stage 4 Declines）。

2007 年，由于投资者和对冲基金经理最终大量持有黄金类股票，使其股价暴涨到新的高度。疯狂的投机者也扑向黄金板块。对于热钱投机者、对冲基金经理和黄金发烧友来说，不幸的是，2008 年初，黄金和白银类股票价格泡沫破灭了。由于黄金类股票价格崩溃，黄金发烧友受到了沉重的打击。好消息是，黄金类股票价格将进行大幅度的修正和暴跌，恰恰是为了今后形成长期的牛市。

我们参与了另一只超级小盘股票，叫麦特隆科技公司（Metron Technology，MTCH），其股价从每股 10 美元跌到 0.50 美元。我们不敢相信，这只股票价格崩溃的原因是，MTCH 公司首席财务官在机构投资者电话会议中出言不逊，此后不久就罢免了该首席财务官。我有一个朋友是美林证券的分析，关注这只股票。我给他打电话，了解他的想法，他说：“罗恩，这只股票的价格现在是每股 57 美分，看上去要破产了，但恰恰又不可能破产。”于是，埃米尔和我重新开始关注这只股票，并为我们的 4 个客户买入了这只股票。我之所以说重新开始关注，是因为在这只股票暴跌之前，我们原来推荐过，而且幸运的是，在达到我们的目标价格之后全部出货了。我们目睹了这只股票从 10 美元暴跌至 0.50 美元，也就是说，暴跌时我们只是旁观者，我们没有一分钱投在这只股票上。

我让一位做投资咨询的朋友关注 MTCH。他取走了我给予的所有信息，进行了非常认真阅读——第二天，他找到我说：“罗恩，我不愿意与眼光短浅的人们一起碰这只股票，你要买这只垃圾股？简直疯了”他是一位注册金融分析师（Certified Financial Analyst，CFA），所以，我要同他讨论一下。我说：“这些家伙都非常精于卖空，因为他们掌握了很好的技术，名气很大，而且，这是一只极其便宜的股票”。他没有买这只股票。3 天以后，应用材料公司（Applied Materials）以每股 5.50 美元的价格（上涨 100%）收购了 MTCH 的股份，因此股价大涨。消息公布后，我们清空了全部头寸。我想，这是一个人的垃圾成为另一个人的财富的典型例子。

2003 年，埃米尔和我正在推荐一只石油类股票，我们当时考虑，布什总统的主要目标并不是伊拉克，而是伊朗。我们的题材是，而且正在依然这么认为，布什一直将手指抠在板机上，而且直到他离任的那天，他非常希望抠响板机。我们认为，布什是否抠响板机并不重要——不管怎样，石油股的价格都会因为人们担忧这件事而上涨。这是一个很好的看涨预期，2008 年初，石油股的价格就止跌反弹了。石油类股票表现得出奇的好，但在 2007 年之前却表现得不好，那年我们对于伊朗担忧的题材开始出现在新闻报道之中。我认为，自从伊拉克战争以来，布什的眼睛就一直盯着伊朗，但是，他从未参与过在伊拉克确实发生过的国内大屠杀。

纳斯达克指数崩溃后，由于美国彻底修改了监管制度，监管规定修改了，因此，我正式停止了同时进行卖空补进股票的操作手法。虽然我们继续操作得不错，而且埃米尔和我的一些忽悠还是很神奇的，但我们也犯过一些错误。有些忽悠是令人尴尬的，或者只是太早了，但是，对于我们每个正式推荐的股票，我们都有止损保护策略。

如果我现今还是一名展望未来赢家的分析师，我会推荐在纳斯达克看来跌至谷底时持有多头。我会继续推荐对估值过高的中国股票进行卖空。此外，由于世界各国的中央银行将继续超额印发钞票，所以，必须高度警惕黄金类股票出现剧烈震荡的机会。正如我们在 2008 年第三季度所见，由于黄金类股票具有周期性暴跌的特性，我将永远不会推荐追涨黄金类股票。

2008 年，石油类股票价格见顶了，而且，很可能重新出现过去的涨跌周期，今后几年，这类股票将继续出现一些极好的卖空机会。现在作为一名分析师，我会更加具有全球视野，从全球范围寻求关注的股票，而且关注不相关的各种资产。谨记，股票走势图与基本面必须一致，在启动任何多头或空头头寸之前，必须预先设定止损价格。

如果看上去投资业绩好得令人难以置信，就可能有问题

对冲基金是不受监管的资产池，只有具有高额资产净值的投资者可以参与。如果出现严重的通货膨胀，将大幅减少货币供应，债券价格暴跌，然后陷入较长的滞胀时期，而对冲基金则是唯一能够经受这种冲击的基金，因此，我是对冲基金的大崇拜者。但是，对冲基金非常激进，因此，当你准备获取特别高的收益率时，泡沫破灭就不可避免地发生了。对冲基金也存在极少发生的欺诈问题。

1997 年 5 月，我的一个客户告诉我，他准备“将大笔资金交给”俄勒冈州波特兰市的一位对冲基金经理管理，该基金经理获得过令人难以置信的收益率。我的客户给我发了一个传真，说明基金经理的业绩数据，我看了以后感到十分吃惊。这位商品基金经理在 1995 年获得了 422% 的收益率，1996 年收益率为 171%，1997 年全年月平均收益率为 15%。我告诉我的客户，我十分怀疑这些数据的真实性，提醒他需要小心。他告诉我，他相信这个小伙子，因为他和小伙子的父亲一起上的大学。在他的坚持下，在他将钱委托出去之前，我代表他去见这位对冲基金经理。当时我想，这位对冲基金经理不是下一个杰西·利弗莫尔(Jesse Livermore)，就是诈骗犯。同时，我还想，如果他确实很棒，也许我也会将钱交给他打理。

我给基金经理打了个电话，说明来意。我告诉他，我将去波特兰

市，问他，我能否与他会面 30 至 45 分钟。没想到他居然答应了。我和我的分析师罗德里戈（Rodrigo）驱车从俄勒冈州本德前往俄勒冈州的比弗顿，他的办公室在那里。他让秘书在门外迎接我们。我想，真奇怪，他办公室的门上怎么没有窗口，无法看到里面他的指挥中心。我们进入他隐蔽的、椭圆形大办公室，看到到处都是电脑和电视监视器。非常直观，给人留下了十分深刻的印象。我问他，你是如何获得如此神奇的收益率的。就他如何获得那些高收益率问题，当我们提出一些更加具体问题的时候，他开始表现得十分不安。他立即介绍了他采用的极其高风险的投资策略，这些策略我是有所了解的，以及介绍给我但我没有购买的股票。20 分钟以后，我们双方都感到不太舒服，而且罗德里戈和我也都感到不舒服。

在回家的路上，我告诉我的客户，我没有将任何资金委托给那位对冲基金理财经理，因为他使用的高风险策略无法令人信任。这位经理闪亮的和稳定的业绩看上去太好了，以至于令人无法相信。我的客户还是决定将自己三分之一的投资本金交给了这位经理，因为每个月 15% 的收益率“太好了”，以至于无法完全拒绝。两个星期不到，6 月 3 日，俄勒冈州各家报纸的头条新闻是“法院下令关闭比弗顿公司”、“商品期货交易委员会立案调查一只对冲基金，其投资基金资产损失超过 75%”。看来，就那么一点儿准备工作救了我的客户，使其在几乎没做尽责调查的前提下，没有遭受更加严重的损失。这个故事的教训是：必须做好准备工作，否则，如果看上去投资业绩好得令人无法置信，就可能出现问题。

你对“已经上涨 8200%”的股票有什么看法？哪些人的预期“从未更加看好过”？思科系统公司（Cisco Systems’，CSCO）首席执行官约翰·钱伯斯（John Chambers）的大头像，上了 2000 年 5 月 15 日出版的《财富》杂志的封面。那期杂志涉及提出有关思科的问题就有 13 页的专栏文章。“如果你置身于一个荒岛，而且可能只持有一只股票，你将怎么办？可能将出现什么情况？”答案是：“思科上涨了 8200%，就是那只股票。”专栏文章继续说：“无论你如何减持这只股票，你还会持有思科股票。”专栏文章使你以为，持续不断业绩一直在赚钱。显然，这就是业绩太好，以至于令人难以置信的典型。

那时，思科是全球最值钱的公司，市值高达5550亿美元。思科的市盈率为193倍，达到了最高水平。到2001年7月，在上了《财富》封面仅1年之后，思科股票暴跌了84%。1999年的纳斯达克和互联网泡沫也是业绩太好，以至于令人难以置信的典型。

2007年，中国也出现了类似于2000年纳斯达克市场那样的泡沫，中石油的市值几乎相当于思科在2000年高峰值时的两倍。中国股票在人类历史上制造了最大的泡沫之一。对于可以卖空的股票价格来说，中石油有2个泡沫，即中国和石油，因此，最终导致这只股票在2008年暴跌一半。我们亲眼目睹了中国人首次公开发行股票的猛增，因为“13亿中国人都在网上申购，决定了世界的增长。”当时的情景看上去比互联网泡沫破灭之前人们谈论的科技革命还要好，但网络股泡沫破灭使这些股票下跌了90%－100%。

世界舆论仍然认为，除了增长以外，中国最终没有别的出路。我认为，除了下跌以外，中国的股票另无出路，因为投机者在2008年北京奥运会之前急于买入中国股票，在2008年初，这些股票的泡沫终于吹破了。类似于2000年至2003年纳斯达克市场暴跌的开始，中国股票以暴跌迎接2008年的奥运会。如果中国也有大头像，《财富》杂志很可能作为头条新闻，将其登在2008年初封面上。

从有名声到耻辱的《60分钟》专题节目

我的一个朋友是股票经纪人，他给我介绍了一位基金经理，我叫他伯顿（Burton）。伯顿和我成为了熟人，我们一周讨论几次，分享彼此的想法。那时，他根据我对科技股的一些推荐意见，正在赚钱。与我在一起，他感到十分高兴，将我介绍与他妻子认识。伯顿提出，一旦“他发生意外”，他想让我成为他的遗嘱执行人。于是，我成为了他“数百万美元财产”的遗嘱执行人，也写入他的遗嘱。我对伯顿了解得越多，“我感到越不安。”

他开始送给我各种占星术预测方法，预测月亮和星星的运动如何与市场暴跌相一致。他给我说明今后某日股市如何崩盘的多种蜡烛架形状的股价走势图。然后，他出去通过华尔街的几个经纪人买了几万美元的 IBM 公司看跌期权，期望这只股票随着股市一起暴跌。那时我是看涨者，我告诉他，我认为这不是一个好的主意。在他买入这些看跌期权不久，IBM 公司公布了创纪录的超预期收益报告。于是，股价飙升，他的期权立即一文不值。

后来，我发现，伯顿威胁要起诉我的经纪人，因为是他帮助伯顿买了一些 IBM 股票的看跌期权。伯顿声称，他买入看跌期权是“主动提供的”，实际上，他希望买入的是看涨期权，不是看跌期权。我出示了他通过传真发给我的所有走势图和他的说明，证明实际情况并非如他所说的。我给伯顿回了一个传真，说从今以后永远不要与我来往了。

我的经纪人朋友说，几周后他收到了一份通知，伯顿已死于恐怖的小汽车事故，但保险公司对这个死亡事件有疑问。几个月后，伯顿出现在《60 分钟》的专题节目中。节目报道，伯顿正在经营有组织的犯罪集团的资金，当他出现损失时，他制造了假死的情况。他从墓地里挖出了一具尸体，放进自己的小车中，然后将小车推下巨大的悬崖。但是，伯顿漏出马脚的问题是，那具尸体的牙齿与他的牙齿不相符。他原来希望保险公司骗取赔款，弥补他用占星术市场预测造成的亏损，归还有组织的犯罪集团。后来阴谋暴露，伯顿被逮捕了。

对我朋友来说，好消息是，他不必再去应诉了。这个故事的教训是，必须了解你所交谈的人，不要相信根据月亮和星星做出的市场预测。他的占星术市场预测像一颗来自外层空间的小行星猛烈撞击着他的投资组合。

另一个“交易员维克”

还有另一个关于说得太好却令人无法置信的故事，这涉及到著名的交易员维克托·尼德尔霍弗（Victor Niederhoffer）。1997 年，我买了维克托写的一本书，书名是《一名投机者的培训》（约翰·威利出版社，1996 年出版）。这本书的书名是非常适当的，因为这本书出版后不久，维克托自己准备终身从事市场培训工作。那时，我的证券组合助理经理在我的办公桌上看到了这本书，他问我有什么想法。我告诉他，我很欣赏这本书，但是，根据我的阅读，维克托是一个“等待出现泡沫破灭”的人。

维克托自称是“美国最好的商品交易员”，他管理着 1.3 亿美元的对冲基金。1997 年 10 月发生亚洲金融危机时，他在泰国的过度投机使他受到了重大损失。此后，维克托发现了一个重大时机，对美国股市反弹进行短期看涨的赌博。维克托当时的预感是对的，但是，他的赌注下得太疯狂了。他太自信了，以致于他动用了对冲基金的绝大部分剩余资金，全部用于卖空看跌期权，去赌股市的反弹。但是，维克托投资看跌期权的时机太早了，按照他自己的说法，“对冲基金的全部股权头寸已经损失贻尽。”

维克托对美国股市反弹的判断是正确的，如果股市反弹更快些，他就赚钱了。如果你的判断是正确的，但你入市时机却是错误的，当你使用看跌期权和差价等杠杆工具时，那么，你就在冒失败的风险。

显然，维克托的反应很敏捷，但是，由于维克托管理的对冲基金全盘皆输了，不幸的投资者损失了 1.3 亿美元。许多对冲基金以获取市场超额收益率为目标，为了实现这些目标，基金经理不得不冒更大的风险，而且常常过度使用杠杆率。

还是有一些非常棒的对冲基金经理的，因此，我不希望我举得这些例子，使你因害怕对冲基金而避之。例如，存在真实的“交易员维克”。维克托·斯佩兰迪奥（Victor Sperandeo）是《交易员维克——华尔街高手的方法》（*Trader Vic-Methods of a Wall Street Master*）一书的作者（约翰·威利出版社，1993 年）。他还写了一本书，书名是《交易员维克之二——职业投机的原则》（*Trader Vic II-Principles of Professional*

Speculation)。真实的交易员维克是空前伟大的理财经理之一，他写的书是非常优秀的。他的头号准则是“保存本金。”他的投资理念可以归纳为严格遵守风险管理纪律，并且在进行任何交易之前，要有耐心“使几率主要对你自己有利。”

华尔街的另一个传奇人物是朱利安·罗伯逊（Julian Robertson），当他在老虎基金任职时，他也许是当时世界上最棒的对冲基金经理。我的理财管理风格与罗伯逊的理念非常相似，他是传统的多头/空头经理人。他在股市上持有多空双方的股票，就像我在全书中鼓吹的投资策略一样。还有一些最佳的对冲基金在进行投资，这些基金有一个特征鲜明的名称，叫市场中性基金（market-neutral funds）。这些基金主要依靠自己的选股能力，而不是纯粹依赖于入市时机。

如果你不喜欢对冲基金，你可以投资共同基金，也可以进行卖空。在 2002 年股市跌入谷底之前，共同基金还没开始进行卖空交易，那是糟糕的卖空时机。进行沽空的共同基金的业绩数据看上去与只做多头的共同基金的业绩差不多，2000 年初在股市峰值时，只做多头的共同基金开始交易了。这是另一个信号，说明股市正在构筑底部，因为突然许多共同基金开始做空，以利用 2002 年的整个熊市。重要的事情是，在你的证券组合中，你必须有一些空头风险敞口或对冲保护措施，即空头方策略。如果股市突然出现暴跌行情，而你只是持有多头，你必然冒完全损失的风险。你应当持有股票或基金，这样，我们在进入新的长期熊市状态下，也能保持盈利。实际上，即使你不是直接进行投资，你也必须成为你自己的对冲基金经理。这意味着，要像盯住下跌风险的对冲基金经理那样进行思考，并在股市中寻找沽空的机会。

我认为，最伟大的理财经理是对冲基金经理，而且，最伟大的对冲基金经理一开始就应对灾难性的下跌风险，对他们投资的最高目标采取保护本金的措施。如果道指、标普 500 指数和房地产市场再次出现 2000 年纳斯达克市场崩盘的情景，那么，你必须对每笔投资采取保护本金的措施。

在本章结束前，我还有一个故事。在20世纪90年代初有一家小经纪公司。暂且称之为STO证券公司（STO Securities，简称STO）。据称这是一家由有组织的犯罪集团所控制的公司。该公司承担了首次公开发行股票的业务，要求认购者在一级市场买入更多的股票，但是，不允许投资者卖出首次公开发行时认购的股票。STO公司将首次公开发行股票保留在自己手里，这样，他们可以控制这些股票的供应和需求。美国证券交易监管委员会（SEC）想关闭这家公司，试图迫使STO公司进行某些方面的改进。一项改进是，该公司必须与其他经纪公司联合承销首次公开发行的股票，至少将30%的股票让其他公司承销。这家公司要小聪明，分离出一些经纪人，组建第二家经纪公司，承担30%中的大部分股票承销工作。为了表示他们正在按照证监会的要求做，还让其他经纪公司承销几千股股票。STO公司让丹佛的一家经纪公司（a Denver brokerage firm）承销一些股票，这家公司承销过大量首次公开发行股票的业务。STO经纪公司的一位老经纪人已50岁了，他使公司确信他是一个很好的合伙人。在一笔首次公开发行股票业务中，他分配到了5000股股票，要求他持有这些股票，而且在一级市场上再买入10000股股票。这将有利于人为地推高这只首次公开发行股票的股价。

一笔首次公开发行股票业务完成后，上市的第一天，股价上涨了三倍。2、3个月之后，STO公司在纽约市为一家新的首次公开发行股票公司主持召开尽责调查会议，同时，还为第一笔首次公开发行股票的业务举行结束聚会。他们邀请了在第一笔业务中分配到5000股股票在丹佛的经纪人参加。丹佛的这位经纪人以为又可以拿到下一个热门的业务了，高高兴兴地上了飞机，前往纽约市参加会议。喧闹的聚会进行过程中，STO公司的头起身开始作一些介绍。他介绍到丹佛来的经纪人时，该经纪人起立，走上了宽大的主席台。当经纪人站在那里时，STO公司的头突然改变的了主题，他说："这就是那个家伙，在我们最近的首次公开发行股票业务中分配给他一些股票。"所有的人都鼓掌欢呼，并大声赞许。然后，STO公司的头生气地说："他告诉过我们他将持有这些股票，但是，他对我们撒谎了，他把这些股票卖出了！”然后，他问那帮小流氓经纪人：“对这种撒谎的“s＊＊t经纪人’我们应当怎么办？”（这个情景在电影《教父》中出现过）。参加聚会的人们都很愤怒，高喊：“揍他，打死他！”STO公司的头同意了，几个歹徒开始使劲踢他，经纪人在主席台上东倒西歪。同时，人们继续高喊：“打死他。”

显然，这个可怜的经纪人是这两家姊妹公司中唯一的股票卖出者，因此，他们确实知道他卖出了分配给他的5000股股票。这种非法活动持续了几年，直到证监会关闭了STO公司，并将该公司的许多人送入监狱后才停止。那个经纪人伤得并不严重，但他的致富之梦并不令人愉快。华尔街发生的疯狂的恶作剧从来没有停止过，对此，我并不感到吃惊。

第7章

空头方：熊市中唯一的赚钱方

正像传奇的投资家伯纳德·巴鲁奇（Bernard Baruch）曾经说过的那样："只有那些看涨者把股票价格推高到估值过高和不健康的水平，看跌者才能够赚钱。"对此，我要补充的是：当定价过高的股票回落到真实水平时，才有唯一的赚钱方式：只要股价直线上升就全部卖空；只要股价下跌就全部买回。在各类市场上，不管是牛市还是熊市，总有股票在大幅下跌。只做多头的投资者不沽空股票，他们失算了。如果在你的证券组合中没有空头方的安排，那么，你就得完全依靠市场的上涨来赚钱。你还把自己处在市场向下修正和崩盘的风险和由此带来的痛苦之中。沽空可以减少风险，并大大地增加你获利的可能性。

媒体上许多文章对空头方交易者和投资者进行抨击。人们把空头方看成是阴暗的一方，把做空头的所有人都看成是某个邪恶帝国的成员。但事实完全相反，一旦股价暴跌时，沽空有助于为市场筑底。空头是为市场向下调整或股价暴跌作准备的，而且是市场下跌时的热心买入者，因此，空头方交易者为市场提供了额外的流动性。这种额外的流动性实际上降低了市场下行的风险，大大提高了市场效率。卖空一只股票，看着它跌到底，然后再买回来，从中赚到了一笔钱，怎么说，这也是令人无比激动的活儿。最理想的情形是，正在下跌的股票是直线下跌，所以，其下跌速度势必快于其上升速度。如果在你的证券组合策略中增加沽空的做法，你就会成为一位更加平衡、更加老练的投资者，而且，在大多数人不敢出手的情况下，你却可以赚钱。沽空并不比做多头难到哪里去，可是，大多数投资者却把它看成是一种赔钱的策略。由于许多对冲基金经理经历了近年来股票市场的长期繁荣，因此，如今，他们一直坚持只做多头的策略，实际上他们应该卖空股票。沽空一只股票的操作过程是很简单的——认定了哪只股票的价格将要下降，你只需按下沽空指令键或买入指令键。难的是如何使沽空也赚钱，但这并不比多头方赚钱更难。要说难，卖空和做多都能赚钱，这就难了。

摆在所有投资者面前的一个问题是，当牛市劲头正在消退，你又只持有多头股票，此时，你就完全暴露在市场下行的风险中。机构投资者称这种情形为“裸泳”。沽空不仅可以降低你所持股票价格的下行风险，而且也可以降低你证券组合的波动率。其中秘诀就是安全而严格地实施沽空之策，本书将介绍沽空的路线图。沽空的最大好处是，可以对冲你所持股票价格的下跌风险，使你在未来的熊市环境下，不至于输得精光。看看在1929年至1932年、1973年至1974年、1987年、1990年、2000年至2003年和2008年过去发生的损失贻尽的故事，那些都是实证。

在你的证券组合中创立沽空策略，就会使你高枕无忧。如果明天各媒体的头条消息说：“星期五华尔街遭遇疯狂抛售”、“交易者担忧下星期一的早上会发生什么”，你则不会为这些消息而担惊受怕。亚太财经新闻频道（CNBC）对市场的报道不会让你心生烦恼。你肯定不会是焦虑导向型交易者队伍中的一分子，那些人正忙着疯狂抛售。即便你是一位买入持有型共同基金的投资者，或者是一位积极进取的当日交易者，或者是一位对冲基金经理，当你持有多头的时候，你也必须密切关注市场的空头方。谨记，在熊市中，多头方是倒霉方。

意外的不利事件完全可能使股价下降50%到70%。看看纳斯达克市场吧，人们迷恋2000年的新纪元牛市，可后来股价从三位数跌到了一位数，这应该让你相信，沽空是可行的，也是有利可图的。2000年，当太阳微系统公司（Sun Microsystems，JAVA）的股价窜到每股100美元以上时，我全部沽空了。如今，我感到十分惊奇，8年之后，其价格依然停留在一位数上。我最欢喜的 JDS Uniphase 公司（JDS Uniphase，JDSU）的股价也从每股 150 美元一路跌到一位数。由于 JDSU 和许多其他科技公司的股价跌得太低，为了使价格回到每股 10 美元之上，这些公司的管理团队决定进行并股处理，因此，这些股票的价格很容易就回到了两位数。

股市新泡沫："中国网络股 com"（"China. com"）和"石油网络股"（"Oil. com"）

你认为我们在 2000 年看到的纳斯达克暴跌是人生唯一的经历吗？你认为这样的沽空机会将永不再现了吗？这种看法的一部分观点是成立的。是的，我们在网络类股票（dot-com stocks）曾经见过的那种投机狂热，以后我们可能再也看不到了。但是，看看 2008 年中国股票和石油股票价格暴涨的壮观景象，以及由此出现的沽空机会。这两类股票价格携手波动。我之所以这么看是有理由的，原油价格从每桶 145 美元下跌到 50 美元，部分原因是中国的石油需求下降了。只要中国的市场和经济发生大幅震荡，油价和石油类股价将会继续跟着震荡。

"中国网络股"表现出来的投机狂热，与我们在 2000 年看到的纳斯达克指数达到顶峰时情况相类似。中国的股票交易账户呈现爆炸式增长，达到了最大的规模。股票交易账户的日开户数达到创记录的新高是 2007 年 5 月 28 日，当天新开账户 45.5 万个，股票账户总数超过了 1 亿。中国的当日交易文化（China's day-trading culture）承袭了 1999 年纳斯达克的脚本，亦步亦趋。幸运的是，在美国交易所交易的大量中国股票，既做多头，又做空头。纽约股票交易所（the New York Stock Exchange，NYSE）上市的中国基金（The China Fund，CHN），从 1998 年的每份 3.50 美元上升到 2008 年初的每份 52 美元（基金分拆和现金分红因素未进行调整），但在 2008 年后期拦腰一刀，下跌了一半。在纳斯达克市场上，有一家中国网络企业，叫百度公司（BIDU），其股价从每股45美元上涨到420美元。之后，股价跌回到每股200美元，随后，又反弹到原有的最高点，但在2008年又一次下跌了125%。如果你能随时跟上这些上下波动的变化，就可以充分利用中国市场的多方和空方机会赚钱。这样，你可以充分利用股价的波动机会，既做多，也做空，而不是像只做多头的投资者那样，先是股价上涨，然后又一路跌回去了。

花旗集团全球市场亚洲区中国主席在2005年沃顿中国商业论坛上指出："就不良贷款的巨大水平而言，从技术上讲，中国四大国有银行已经到了破产的地步"。在讲这番话之后的短短两年，那些"破产银行"中的最大一家银行完成了历史上最大规模的首次公开发行股票（筹资220亿美元），其市值超过了花旗银行。

2008年，从技术面上看，中国出现了沽空机会。现在，中国（股票）泡沫正在破裂，看上去在重演2000年至2003年纳斯达克的情形。由于股市行情图与不牢固的基本面一致了，因此，我建议你作好准备，利用大熊市止跌反弹机会进行沽空中国股票。一旦华尔街在首次公开发行股票市场上不再为"中国网络"股票融资，热钱撤离回国，空头方的投资者恰好会有一个更大的赚钱机会。2007年和2008年中国首次公开发行股票市场非常火爆，就像在重放你以前看过的电影那样，即1999年网络股票暴涨。在"中国网络股"这部电影中，投资者正在以大大高估的价格吃进中国公司股票的少数头寸。这部我称之为"中国网络股"电影的结局，在完全跌到谷底之前，将与其姊妹泡沫，即2000年纳斯达克网络股票的行情一模一样。

又据亚太财经新闻频道评论员的说法，在中国，强烈要求提升工人工资的事件就有8.7万起，这将使中国丧失人工成本低的价格优势。通过移动电话和互联网，工人们很容易与外界联系，提高工资和福利的要求正在增强。由于中国出现了价格的全面上涨，中国出口通缩的故事迅速转变为出口通胀的故事。随着廉价劳动力的比较优势逐步减弱，中国经济的发展正在受到伤害，而且有可能会产生严重的不利影响。

美国已经建立起了一些具有最新技术发展水平（state-of-the-art）的

工厂，通过降低成本和提高劳动生产率，以缩小中美之间的成本、价格差距，这种差距是由中国定价惯例而形成的。但是，美国大公司的首席执行官们还在把产能和就业岗位转移到中国去，这就减少了美国人的就业机会。这是目光短浅和自私自利的做法（只图奖金、期权等）。他们还公告用储蓄进行股票回购，以提升他们个人所持股份的价值。美国工人会反抗吗？谁会责备这些首席执行官呢？想象一下，当首席执行官牺牲了你们的利益赚取了几千万美元，然后被炒鱿鱼了，这会是什么情形。一旦中国泡沫破裂，这种短期获益策略将导致长期的痛苦。如果出现人民币汇率自由浮动，币值重估将使中国完全失去人为贬值所产生的经济优势。

2007 年 5 月 23 日，甚至连艾伦 · 格林斯潘都看清楚了中国泡沫，他指出："在某个时候中国将出现显著的紧缩"。作为美联储主席，格林斯潘曾经讲过，他没有发现由他本人造成的美国纳斯达克和房地产泡沫，但是，他却能够在泡沫破裂之前神奇地看清楚中国的泡沫。格林斯潘创造了如此之多的流动性以及随之而来如此之多的泡沫，人们为什么还是把他看成是有史以来最伟大的美联储主席呢？我就是弄不懂这一点。由于中国采取措施制止投机交易，投资者将继续离场，中国的股价将进一步下跌，乃至暴跌，还可能导致经济萧条。同时，全球的股票市场将直线上涨，但是，从长期来看，随着制造业就业岗位回到美国，美国经济最终可能受益。

中国的环境污染问题越来越严重，将对全球产生影响。许多运动员担心在 2008 年北京奥运会上呼吸到受污染的空气，一些人在奥运会开幕之前就退赛了。中国的"独生子女"政策也正在产生未来的人口问题。许多人依然认为，这个膨胀、过度夸大和污染严重的国家是一个新的经济超级大国，但其泡沫已经开始破裂。

风头已过的重量级拳击手

中国有点像全盛时期的迈克 · 泰森（Mike Tyson）。中国经济有如此巨大的动力和富有激情，似乎无往而不胜。就像泰森遭到巴斯特·道格拉斯（Buster Douglas）的痛击一样，随着中国的股市遭到重创，现在，每个人都可以看到其真实的弱点在哪里，而且，"中国网络股"的前景将发生彻底的变化。中国有可能盛况不再，一如被击倒以后的泰森。

但是，道琼斯工业平均指数（Dow Jones Industrial Average，DJ1A）和标准普尔500指数就像那些过了全盛时期的老年职业拳击手。人们尊重他们，但是，他们的双腿是虚弱无力和踉踉跄跄的。只要再来一记像2008年他们遇到过的漂亮的一拳，这两个指数便会像一堆没有码齐的砖一样垮塌下来。标准普尔500指数和道·琼斯指数在2007年快速地上升到了空前的最高点，意味着长期牛市行情的终结。减税和降息的强刺激效应已经消失了，2008年，外强中干的行情开始变得疲软，如今，对那些新高的记录已经全部忘得精光。如此之多的股票价值处在如此高位上，表现出了沽空的机会，但要注意到所有的沽空机会是不可能的，总会有一些股票被哄抬到一个失去理智的高价位，然后迅速暴跌到地板价。注意看看，石油类股票在失去理智和投机性的上涨之后，泡沫就破裂了，随后，又出现了熊市中的止跌反弹行情。

纳斯达克市场与洛奇·巴尔博亚（Rocky Balboa）相差无几。在电影《洛奇》中，西尔韦斯特·史泰隆（Sylvester Stallone）扮演了一位拳击手，他能够打出令人难以置信的拳法，但还是会被击倒后离开拳坛。《洛奇》就是纳斯达克生命周期的初始阶段，道·琼斯和标准普尔500指数冠军总是使其黯然失色。《洛奇》第2集是20世纪90年代中后期的纳斯达克市场。正是在那里，它从道·琼斯指数冠军（阿波罗·克里得，Apollo Creed）头上摘得了王冠。2000年达到峰值后，纳斯达克在拳坛上倒了下来，就如在《洛奇》第3集中，洛奇对阵俱乐部操纵者兰（Lang）的第一个回合。如同2000年至2003年纳斯达克市场所表现的那样，洛奇艰难地倒下了，但他在下一场拳击赛中大获全胜。在其不长的历史中，纳斯达克遭受了最严重的打击，血淋淋地站了起来以后，纳斯达克市场又止跌反弹了。自2000年和2001年遭受了严重打击以来，纳斯达克还是下跌了将近80%。从技术上看，纳斯达克看上去可能暗中筑好了双底，而且，至少看来已作好准备战胜道·琼斯和标准普尔500指数那样的老拳击手。

在纳斯达克市场，你将找到医药、计算机、生物技术、互联网、电信行业中增长最快的公司，以及在未来高速发展的新产业集团和新公司。纳斯达克市场也是一个充满了最佳沽空理念的地方。许多发展令人振奋的新公司面临着新的竞争，步履蹒跚。就像一位伐木工高喊“顺山倒喽（提姆-比尔尔”（TIM-BERRRR），这些公司的股票价格就像一棵被砍倒的巨杉那样直挺挺地倒了下来。

一些交易所交易基金（ETFs）逆向地流到纳斯达克之类的市场，在市场下跌的时候，可以赚到钱，而且为你的证券组合进行对冲操作。重要的一点是，在你的股票市场投资或交易思路中增加空头方策略，必定在市场下行时对你进行保护。

如果你的证券组合采用了穿空头方策略，即使我们再次遇到2000年纳斯达克市场行情，或者，如果以色列对伊朗实施打击，导致股市大跌，那么，你证券组合中的空头方策略将为你提供保护和盈利的机会，这正是大部分只做多头的投资者的证券组合所缺乏的。无论是好年景还是坏日子，无论是牛市还是熊市，无论是经济繁荣还是经济衰退，因为你在市场上既做空又做多，因此，无论怎样你都能赚钱。

简短回顾一下过去，会提醒我们问个为什么

我们回忆一下曾经有过的痛楚，2000年纳斯达克崩盘时所有市场的股票都大跳水，随后，出现了“9·11”恐怖袭击后的恐慌，引起股票更大幅度的跳水。如果持有空头方股票，你的痛苦至少比只做多头的投资者要减轻一些。采用空头方策略的另一个好处是，当股价处于底部时，你会有额外的现金来增加你证券组合中的多头头寸。但更重要的

是，你不太可能在股价的底部因恐慌而卖出股票。

风险控制是本书强调的投资和交易的一项重要规则，止损策略将防止你所持股票的价格下跌不超过 10% 到 12%，跌幅永远不可能超过 50% 到 80%。如果用接近理想的支撑价位买入股票或卖空股票，或者，在最佳价位上进行交易，10% 到 12% 的跌幅就可能与 3% 的跌幅一样。这就是说，要在股价的底部区域，或者在已持有股票的价位上，买入股票。作为空头方，要在股价的顶部阻力区域，或者在股票冲高的价位上，卖出股票。利用这种方法，你会更接近于你应该止损的那个价位。如果你的买入价格下降到低于底部支撑价位，那么，你就离场。如果你的沽空价格高于顶部阻力价位，你也要离场。当你买入或卖空股票时，确定的止损价格越是接近支撑价位，那么，即使你判断错了，你遭受损失的百分比就越低。让我们讨论一下，为什么我们需要根据以前的市场环境对空头方的风险进行敞口。

1994 年，由于利率迅速提高，股票和债券价格急剧下跌，造成了极大的恐慌。但持有空头方股票的人很少受到影响，那一年，95% 以上的投资者有所斩获。美林证券公司在 1994 年晚些时候发表的一项研究报告表明，那一年，在纳斯达克市场上，50% 的股票价格下挫了 40% 乃至更多。这就是说，如果你将 1994 年纳斯达克市场一半的股票沽空，就可以赚到大钱。毫无疑问，这会减少在你的证券组合中因多头股票价格下降而带来的痛苦。

1990 年至 1991 年的情况怎么样呢？当时伊拉克侵入了科威特，由于担心世界上规模第四的军队将要征服中东地区，这将引发石油价格的飙升，投资者抛出了股票。只做多头的投资者、共同基金持有人和其他不做空的投资者在抛售狂潮中遭受了严重的打击。那一年，由于股票下跌得太快、太猛烈，以至于每天都发出补充保证金的催缴通知，保证金严重透支的投资者本金全部赔光。投资者经历的痛苦完全是不必要的，因为空头方策略会将损失减少到最低程度，还会带来不错的收益。

就在那段时期，一位名叫斯文（SVEN）的客户来到我的办公室，他的账户余额满满当当。他想通过继续增加保证金来使他的收益增加一倍。那时我的保证金账户几近于零，我告诉他，杠杆作用会在涨或跌两方面起作用。他签署了保证金协议书，并给我下达了将他的所有股票头寸“成倍增加”的交易指令。几天以后，伊拉克侵入了科威特。他的证券组合崩溃了。他有一只股票，叫拉提斯半导体公司（Lattice Semiconductor，LSCC），成倍增加时的股价为每股 18 美元。由于市场抛售使股价下跌太快，这只股票跌到了每股 5 美元，这使他都简直无法相信。他被迫在每股 5 美元的价位上卖出这只股票，以满足因自己所持股票全线下跌而需要追加保证金的要求。LSCC 每股净现金为 4 美元，而且该公司是所在行业中的领先者。尽管知道这只股票非常的便宜，这位客户依然被迫卖出，以满足追加保证金催缴的要求。当大部分投资者都这样被迫卖出股票时，你就有了我所说的“典当房屋买入股票的机会”。

当股票行情翻转的时候，人们机械地抛售股票。由于卖空能够很快获利，你可以认识到像这样及时沽空策略的好处。通过沽空疲软和下跌的股票，你还可以降低你不并想卖出的多头股票的风险。这可以实现风险调整后的极好的收益率，即在降低风险的前提下取得高于市场平均水平的收益率。大部分对冲基金主要通过既做多又做空来取得风险调整后的收益率。

让我们回到 1987 年，再次体验那次股市的突然下滑，引发投资者恐慌和损失的情景。那时，我是美林证券公司负责保证金业务的员工。那年快结束时，许多保证金投资者不得不往自己的保证金账户中注入资金，只不过是为了填平保证金账户的亏损，他们的损失积累得太快了。那些只做多头股票或共同基金的投资者发现，也就是在短短的几天之内，他们的证券组合价值就下跌了 40% 到 60%。1987 年 10 月据交易所交易大厅提供的消息，这是自 1929 年以来股票市场出现的最严重的暴跌，使投资者们陷入恐慌之中，大家准备迎接前所未有的新的大萧条。

上述过去的例子说明股市空头方风险的好处。当你知道你（或你的投资顾问）为了防止股价下跌而进行了安全和适当的对冲，那么，你能感到晚上你睡得更香吗？为了预防万一发生火灾，你必须为自己的住房上保险，与此相同，空头方股票策略为你的证券组合上了“崩盘险”（CRASH INSURANCE），所以，当市场出现剧烈调整或崩盘时，空头方是最重要的交易方。

1973年至1974年的熊市期间，普通股的实际损失要大于表面的损失。在这个时期中，通胀越来越严重，所以，真正的损失要大于58%的名义损失。正是由于通胀，投资者在20世纪70年代遭受通胀因素调整后的实际损失是71%，这不比大萧条时期投资者的损失少到哪里去。因为出现了通胀，你需要把你的风险头寸转移到黄金上去，因为黄金是应对通胀最后的套期保值工具。股票市场在2008年进入了新一轮的长期熊市，所以，你必须采用空头方策略。当由于价格上升而导致美元贬值时，那些闲置的现金储备将出现价值损失。这种情形可能再次发生吗？股票市场肯定会担心这种可能性，即在2008年逆转过程之前，所有各种商品的价格都会上涨到历史新高，而美元汇率会跌至历史新低。

1929年，由于产品价格开始快速下跌，全国各地的公司都被迫削减工资。人们因失业而失去了工资收入，抵押贷款所买的汽车被收回的情况很普遍，还出现了丧失住房抵押品赎回权的的浪潮，这些导致经济陷入崩溃。因为股市崩盘，投资者损失惨重，经济大幅下滑。那些输得精光又无颜面对家人的男人们还自杀成风，以此了断由投资损失带来的绝望与羞辱。2008年，美联储出于类似的担忧，因此，千方百计地试图保持金融体系的流动性。

现在，让我们从1929年快进到2007年。2007年11月5日，英国广播公司一位经济记者报道：“在美国出现次级抵押贷款危机之后，紧接着很可能出现丧失住房抵押品赎回权和买房者被逐出家门的浪潮。”我说不清楚房地产市场何时将最终探底，或者开始复苏，但是，无论如何，房地产下跌这一点是确切无疑的。在1929年，人们在价格下跌到出现10%差价的时候才吃进股票。如今，价格跌得很少，或者根本没有下跌，人们却普遍地买房子进行投机。由于在房地产投资中过度使用杠杆率，类似1929年的危机完全可能再次发生。为了避免危机重演，美联储正在采取激烈的措施，应对发生危机的可能性。为了应对资产价格的进一步上涨，需要继续增加债务，照这样下去，即便美联储努力阻止发生这种灾难性事件，早晚有一天还是可能会爆发危机。如果发生了这类危机，在灾难降临之前你已经对证券组合可能发生的损失进行了控制，你难道不为此而感到高兴吗？你当然应该感到高兴，这正是本书及我的空头方策略的精髓。

为啥烦恼？所有的先跌后升都是吃进股票机会

在2008年市场暴跌之前，市场上少见应有的恐惧气氛。投资者对长期繁荣的股市已经习以为常了，其间也有些小的上冲和下跌。大部分投资者确信，只要持有足够长的时间，买入先跌后涨的股票，不惊慌失措，从长期来讲，就会获得优良的业绩。2008年这一年的股市情况已经告诉你，为什么如今在证券组合中采用空头方策略比以前任何时候都更为重要，在你的头脑里也要树立这种理念。

现在已经很清楚了，不管你怎么做分析，在股票市场上，始于1982年的长期牛市差不多已经终结了。如果房地产价格从萎靡不振转向彻底崩溃，那么，住房抵押贷款的债务规模就会大到足以引发一场21世纪新的大萧条。

正如前面所述，在股市长期繁荣的最近几年中，道琼斯工业股票平均价格指数和标准普尔500指数出现过几次周期性的低价卖空和小熊市。这些都是在长期牛市背景下的一种周期性熊市波动。这意味着，我们可能正处在或正接近新一轮长期波动，期间，股价会有一个连绵不绝的长期下跌行情。对只持有多头的投资者来说，这会是一个极为糟糕的消息。

好的消息是，如果借鉴历史，恰好与1982年以来我们经历过的长期上行的市场波动相类似，在可能会持续 10 年到 20 年的新一轮熊市期间，也会有小牛市和小熊市。因为就像那些买入并持有的投资者在过去 25 年曾经驰骋于长期牛市一样，采用沽空策略的你，将更加稳稳当当地驾驭熊市时期，所以，我说这是一个好消息。如果你认识到股票市场不仅仅只有上涨机会，那么，那种买入并持有不用动脑子的做法会让你感到愚蠢无比。

为了证明这个问题，让我们看看 1929 年股市达到峰值时的情形。在 1929 年之后的 20 年中，股价仍然下跌了 58%，期间人们肯定感到可能要一辈子悲惨下去了。直到 1954 年，道琼斯指数才回到以前的那些高点。此后，我们经历了股票市场新一轮的长期上涨，在 1968 年达到最高点，到 20 世纪 80 年代初，最终又跌到谷底。因为你经历过 20 世纪 70 年代石油和美元危机所带来的熊市痛苦，因此，你可能会再次出现以前有过的一辈子悲惨下去的感觉。

在罗纳德·里根（Ronald Reagan）担任总统的时期，大幅度减税，大规模投资军备，投入资金来刺激股票市场，因此，美国经济进入了新一轮上升通道，像富兰克林·德拉诺·罗斯福（简称 FDR）一样，罗纳德·里根就任总统恰逢其时，因为经济状况和股市都已经接近了长期走势的自然谷底，这是由经济崩溃造成的。因此，股票市场出现了底部，经济崩溃挤干了以前繁荣造成的所有过多的水份，股市新一轮健康上行的趋势启动了。

由于格林斯潘大量增加货币供应，这引起了股票和房地产的资产价格膨胀，所以，那轮牛市的持续时间比我们过去所遇见过的要长。这个事实应该使你看得非常清楚：与你投资生涯的任何时候相比，为什么你现在采用空头方策略可能显得更加重要。一旦你更加慎密地分析了形势，你应当感到惊讶，“啊哟”，股票和房地产价格怎么会达到如此不可思议的高水平。乐极生悲，因此，将要出现的长期下跌周期可能会惨不忍睹。

基于这种认识，你应该永远别再用同一种套路来琢磨股票、美元和房地产市场。如果你布置一种成功的空头方策略，在即将来临的漫漫熊市中，你就会安然无虞，而且可以赚钱。在1982年到2008年这么长的一段时间里，市场上阳光普照，之后就踏上漫漫熊市之路，因此，你想确立一个睿智的策略，期待股市的再次崛起。只要有所准备，就不必担心经济发展过程中可能出现的阴霾，因为一旦黑夜过去，阳光将再次普照大地。事物总是如此循环往复地向前发展。

你的空头的另一个交易方

为了更好地理解作为空头方的你为什么会有那么多的赚钱机会，让我们分析一下在市场上看涨交易方的心理状态，他们是你空头方的交易对手。也就是买入你卖出的股票的那个人，他的看法恰恰与你相反。他们相信股票将要上涨，因此，他们会靠持有你沽出的股票来赚钱。

我将给你列举市场看涨交易方的一个例子。1995年股市大涨之后，我依然看涨，照样大量吃进股票。股市真棒，对一部分投资者来说，那年正处在绝对的熊市环境中。在1994年和1995年初，联邦储备委员会提高了利率，以缓解通胀压力。1995年1月我管理的对冲基金开始投资时，我以为利率上升已走到隧道尽头。1995年，出现了如此多的低价股，看跌情绪如此浓厚，以至于你几乎不可能错误地持有多头。一旦投资者非常恐慌，股票非常便宜，大牛市的底部就开始抬高，在1995年牛市启动之前，1994年底大部分人的感觉就是如此。

我与雷曼兄弟公司有生意往来，其首席投资策略师名叫伊莱恩·加扎雷利（Elaine Garzarelli）。她是那时我所知道的少数几个股市唱多的人物之一。股市跌到谷底的时候，雷曼兄弟公司把伊莱恩炒了鱿鱼，雇请凯瑟琳·亨塞尔（Katherine Hensel）来取代她。原因是伊莱恩实在太看涨了，显然她看走眼了，而凯瑟琳则是一个非常看跌的人，她显然是对的（看涨者对看跌者）。凯瑟琳上了《投资者商业日报》（*the Investors Business Daily*）的投资者专栏，阐述她的熊市见解。与那个时候的大部分投资者一样，她根据股市过去的走势来预测未来的行情。她关注通胀，担心股票市场“来个急刹车或发生意外事故”。我现在回想起来，那年发生的唯一意外事故是，在1995年初大牛市开始启动之前，股市已跌入谷底，但她只推荐在证券组合中配置40%的股票。把握市场时机是很难的，但此时的机会还是很明显的。凯瑟琳是看跌者，她让客户卖出股票，像伊莱恩那样的看涨者是这些交易的另一方，他们吃进了这些股票。

市场看跌者看到了下跌风险，而市场看涨者却认为未来是蓝蓝的天空。关于伊莱恩对阵凯瑟琳的另一个启示是，对你的证券组合和赚钱生涯来说，仅仅靠市场时机可能是致命的。每一个投资者都需要考虑在证券组合中多头和空头方，并采取空头方策略，道理就在这里。既做空又做多，并探寻价格下跌的确切位置，投资者可以将把握每步时机的需要减少到最小，从而源源不断地赚钱。

维斯塔2000公司股票

我打算举一个例子，其中，我是交易中错误的一方。在这个故事中，我是一只股票的多头方，这只股票的简称是维斯塔（VIST）。

多头方买入者持有的股票价格正在下跌，让我们回过头来看看他们的心理状态吧。1996年2月，与我有生意的2个股票经纪人建议我吃进维斯塔2000公司（Vista 2000，VIST）的股票，这只股票在1995年跑赢了大市。维斯塔从每股2.50美元涨到10美元，而且，公司财务报告预测其价格还会大涨，一下子涨到每股20美元，易如反掌。维斯塔2000公司设计、开发、生产和销售住房安保设备、家用器皿和家用方便用具等消费品，也染指旅游和户外运动产品市场。这2位经纪人都告诉我，那些掌握了内情的投资者正在吃进这只股票，本人就相信了他们的说法。我打电话给维斯塔2000公司的首席财务官（CFO），他向我确认了该公司目前盈余的所有因素，以及光明的前程。据此，本人在每股10美元左右的价位狂吃这只股票。这只股票的价格涨上去了，随着买入指令的不断下达，我吃进了更多的股票，我股票头寸的平均价格不断上升。

我心里琢磨的是，那些掌握内情的家伙正在吃进这只股票，而且那位首席财务官对该公司的现状与未来展望给予了非常积极的评价。我只是相信了首席财务官和 2 位经纪人的话，但我自己并没有做深入的研究。我是在相信所听到的信息是准确无误的假设基础上吃进股票的。

几个星期以后，眼看着股票涨到了每股 15 美元，一些不同寻常的事情开始出现了。那时我的合作伙伴是丹（Dan），他注意到，这只股票有巨大的抛盘正在往下砸，好像有人已经意识到了情势不妙，不管什么价格全部卖出。我立刻打电话给那位首席财务官，他的声音听上去有些小心谨慎，甚至有些神经质，与几个星期前的激情截然相反。当我与首席财务官通话时，我向丹做了一个拇指向下的手势，于是，丹开始尽可能快地抛出那只股票。随着我们疯狂的抛售，这只股票的价格一路跳空下挫，跌到了每股 11 美元。随后，最糟糕的噩梦降临在我们身上：这只股票被终止交易，由于无法全部卖出，我们被套住了——在我们的大量头寸中，一半以上都砸在手里了。我给华尔街打电话，四处打听消息，想弄明白究竟发生了什么事情，那时候各种谣言四起。

维斯塔 2000 公司股票是一个理想的做空对象。有时候空方会散布谣言，使多方因恐慌卖出手里的股票，以此打压股价。一个谣言说，维斯塔 2000 公司做假账，公司账上有利润，实际上大量亏损。另一个谣言说，该公司的管理团队已经在空难中小命呜呼了。那些毫无职业操守的沽空交易者准备对某只股票造成“空头狂跌”（“bear raid”）的局面，为了打压股价，他们会散布一些虚假的消息。我明白，我们遇到大麻烦了——这只股票可能永远不会再开盘了。如果你是空头方，赚钱的美梦就会成真。如果你是像我这样的多头方，你就等着 100% 的潜在损失临头吧。

2 天以后，传出一个消息，公司管理层正在举行一个准备复盘的电话会议；之后，股票将重新开始交易。这令人安心一些，我期望这个电话会议会消除恐慌和谣言。那么，当这只股票复盘时，就不会像我担心的那样跳空下跌50%到70%。第二天，为了参加由该公司首席执行官主持的电话会议，我确实起了个大早。让我吃惊的是，他在电话里喋喋不休地告诉每个人，他的公司所面临的麻烦是多么的棘手。他甚至提到，华尔街一家很大的经纪公司可能很快就会重新推荐一只可以买入的股票，使这只股票的看涨者燃起更大的希望。电话会议结束后，这只股票以每股9.75美元开盘，从停盘时每股11美元的价位上直接跌了下来。

当这只股票出乎我们意料之外反弹到11美元时，我们立马开始抛出。就是在这个价位上，我们抛出了手里的最后一股股票，而且，因为我们转移了所有的风险，彼此之间正在快速打出昂贵的手球。抛光股票之后，还是那两位经纪人打电话告诉我，他们正在全力吃进这只股票。我意识到，我们刚刚出手的那些股票都到了这两个经纪商手里。我问他们为什么要吃进，他们都提到，首席执行官暗示的那份推荐买股的报告会送给沽空方，沽空方散布了虚假的流言，促使人们抓紧补仓。我告诉他们，我已经卖光了这只股票，因此，能够卖出的是一份提前收到的圣诞礼物。

几天以后，这只股票跌到了每股8美元，其中一位经纪人给我打电话，要我买回那些我以前抛出的股票，因为他买入这只股票的平均价格正在下降。我告诉他，我认为维斯塔2000公司的股价正在下跌，所以我们应该沽空这只股票。几天以后，他给我打电话，告诉我，每股5美元的股票属于“不用动脑子的股票”（no-brainer），因此，他正在为他的客户进行“增持双倍头寸”。一个多星期以后，维斯塔的股价跌到了3美元，他又给我打电话，说他“除了继续持有或吃进更多的股票之外，已经别无选择了”。他告诉我，这只股票会反弹到每股6美元，他买入股票平均价格的下降会使他的客户不赔不赚。他说：“罗恩，这只股票不可能跌得比现在还低”，于是，他再一次降低其买入的平均价格。那些做空这只股票的家伙正在向这些“不希望股票出现灾难性急剧下跌”的投资者和经纪人卖空维斯塔股票。

几天以后，这只股票被冠上“E”标记，现在，维斯塔面临从纳斯达克市场上摘牌的前景，转而以粉红色单子进行交易。1996 年 5 月 13 日，美国证券交易委员会（SEC）公布了对维斯塔 2000 公司的非正式调查报告，这只股票在那天的价格是每股 2.75 美元。不久，又下跌到每股 0.50 美元，这只股票再次被临时停牌，此时，在触底反弹之前，这只股票一路跌到了每股 0.09 美元。

对一只正在下跌的股票，人们的心理是，如果仅仅在几个星期前其价格是每股 15 美元，后来跌到每股 8 美元、5 美元和 3 美元的价位上，必须大举吃进。空头的投资者心里想的是，股价正在像刀削的那样直线下跌，因此，股票都被套住了，于是进行更多的沽空。沽空方打的主意是，趁着股票下跌势头可以赚到大钱，因为只做多头的投资者发生了损失，而且更糟糕的是，多头方的平均价格还在下降。

从事后来看，让我无地自容的是，我曾经买过像维斯塔 2000 公司这样的股票，但那时至少我有足够的判断力来减少我的损失，继续去寻找下一只理想的股票。实际上，这只股票的基本面就是要绝对卖空的，从技术面上讲，股价走势图也显示出卖空的图形。但当时我是交易的多头方。在这种情况下，多头方就成了错误的交易方。

当我接到维斯塔 2000 公司的《畅销产品目录》时，上面尽是一些闪光灯、饭盒、旅行杯和塑料挤瓶之类的玩意儿。在买入这只股票之前，如果我等一等，看到这些投资者必读的整套材料，我就会产生怀疑，依靠出售这类竞争性强的薄利“畅销产品”，维斯塔 2000 公司怎么可能获得那么巨大的收入。他们虚构了更多的产品。我瞥了一眼该公司这份暗中发光的目录，当我看到塑料挤瓶和“太阳能射电太阳护目镜”（“solar-powered radio sun visors”）时，禁不住大笑起来。我倒想在这个目录上看到一些玩意儿，比如一顶灌满了啤酒的帽子，还带着一根长长的吸管，看棒球比赛时可以用来喝百威啤酒。我最欢喜的产品是“热带风情的、暗中发光的苍蝇拍”。你去想象吧！

谨记，这就是关于在喧闹的牛市中卖空股票理念的一个例子。空头理念既可适用于牛市，也可适用于熊市，不但能够增加你的潜在收益，当市场崩溃时，还会大大减少你的风险。用股票多头和空头来应对牛市或熊市，这是我的空头方策略的核心要点。

急于补仓：令人恐惧的空头受挤压

身为一名对冲基金经理，人们期待我在股价下跌时卖出股票，而且，我恰恰喜欢玩这一招，除非象 1999 年发生的情形，牛市到了泡沫破灭的阶段。但是，沽空可能风险很大，尤其是当你因“堵塞性卖空”而无法抛出股票时。当一只股票的卖空头寸占到该公司流通股票总额的比例非常大的时候，就会发生堵塞性卖空现象。甚至你都很难借到这些股票来增加你的沽空头寸。你之所以陷入堵塞性卖空，是因为这只股票看上去显然就要暴跌了。如果你陷入了空头受挤压之中，那么，这些“没头脑的”股票可能会让你感到自己像个傻子一样（但不会没有痛苦）。

不管出于什么原因，只要空头吃进一只已被大量沽空的股票，忙不迭地补仓，就会出现空头受挤压的情况。典型的现象是，当一只股票开始上涨时，空头因担心踏空而忙于补仓。对于看跌者来说，股票上涨实在是太痛苦了，因此，空头竞相买入股票，试图扎平空头头寸。于是，消息就传开了，说空头受到了挤压，多头投资者也拚命吃进股票，那么，卖空的交易者只有越来越强烈的痛苦。在股价上涨到多头开始卖出和更多理智的空方交易者弥补其股票头寸的价格之前，所有的买入压力把股价推高到令人惊谔的水平。

1996 年 5 月 10 日，我开始做空一家名为拷贝电信公司（Copytele，COPY）的股票，许多股票空头方投机者都很熟悉它。这只股票市值为 50 亿美元，没有销售额，亏损严重，每股的价格为 12. 50 美元。了解内情的人也在大量抛售这只股票，所以，我也像他们那样卖出股票。因为我研究过这只股票，我知道其股价在未来会下降到一位数，甚至以后可能会破产。我不知道的是，每个人都没看出这一点，而且他们正在期待的是同样的结果。

恰恰在我建立空头头寸之后，这只股票开始飞涨。令我痛苦的变故发生在1996年5月5日。我立刻开始买入，一旦每股窜到13美元以上，就启动止损交易指令，及时进行补仓，但这只股票继续在上涨。最后，在每股15美元左右，我才完成了迅速而又痛苦的止损，在损失的情况下进行补仓。第二天又涨了3美元，这只股票涨到了每股18.50美元。股票还在继续攀升，却跟我没关系了，因为我已经抛尽了。但是，到了年底，这只股票又跌到了年度新低，我对我开始时处于空头受挤压状态而进行严厉的自责。股票一上涨，许多空头就发毛，急于补仓，以便减少损失和痛苦，所以，就会发生这种空头受挤压的情况。

在受到挤压之后，许多空头交易者惟恐再次受挤压，故伎重演，我就是这么干的。空头受挤压会使疲软的空头损失贻尽，只让实力强的空头交易者保留下来。在当时的情况下，我成了"软手"（"weak hand"），止损后出局。那些进行挤压的多头把股价拉得越来越高，他们知道这只股票被高估了，因此，当空头急于补仓时，多头就卖出股票，获利了结。一般来说，知道内情的多方不会再买入这只股票，因为他们明白那些股票并不是他们所要的，除非再次出现空头受挤压的交易机会。实际上，由于多头的卖出，更有实力的空头才控制这只股票，但股价已跌得拦腰一刀。让我吃惊的是，11年之后，科贝公司的股票还在进行交易。尽管其价格低到每股都不到1美元，但其市值依然高达1亿美元。

令人恐惧的大笔买入

要记住，在做空头时，你必须找到一只可以借到的股票，以便构建起你的头寸。1996年4月，我的一位朋友叫马克，他是华尔街一家大公司的半导体行业的分析师。他基本上是我在那时所知道的最棒的一位分析师。他的水平非常高，以至于只要他向我推荐任何股票，我都会立即进行研究。对几家技术公司进行了一系列的拜访以后，他向我提供了关于 Integrated Pack STK 公司（简称 IPAC）股票的一些情况。这只股票交易量极小，因此，很难借到这只股票进行做空。马克解释说，他感到，出于技术竞争原因，这家公司的一只产品会变得毫无市场价值。我的耳朵就竖了起来，马上来精神了。他在 IPAC 公司总部外面打电话给我，我问他是不是刚刚拜访过这家公司。他说，"罗恩，他们不让我进大楼呀"。我问为啥，他说，"我感到他们想对我隐瞒些什么"。马克甚至告诉他们，他十分有兴趣作为推荐分析师来关注这只股票。可他们还是不让他进大楼。显然，IPAC 公司发生了一些很不妙的事情。当时这只股票的价格是每股 10 美元，仅仅几个星期以前，才从每股 5.5 美元价位上反弹上来，但看来形成了双顶的股价走势图形（a double-top stock pattern）。

这看上去就像是一个大礼包，我的好运来了。我在我能够借到的地方借入了这只股票，并全部卖空。不幸的是，不知何故，这个消息传到了那些做多这只股票的家伙那里，他们决定要与我作对。我卖空手里的最后一股股票后，这只股票立即开始上涨。我发现只有我一个人是卖家，所以，当我完成最后的一个抛出交易指令时，股价就开始上升了。我认为这只股票可能要暴跌，因此，当时我手心里就捏着一把汗。后来，我接到了我的对冲基金最好的经纪人打来的电话，他告诉我，有人已经开始大笔吃进那只股票。这就意味着，我不得不从市场上买回这只股票，还给先前借给我股票的那家公司。要做空像 IPAC 公司这样缺乏流动性的股票，这种大笔买入的情形真是一场大灾难。

我进场上开始买回那些股票，这是因大笔买入而强迫为之。市场上没有卖家来让我补仓——没有一个卖家！股票一直涨到了每股 12 美元才停下来，仅在一天之内，我就损失了 20%。我明白，如果他们把这只股票逼到绝境，他们可以对着干，让它上涨 20 或 30 个百分点。由于我没有能力弥补我的空头头寸，一想到由此造成的损失我就不寒而栗。

第二天，我早早起床，静候卖家的出现。还是一个也见不着。我动手吃进股票，股价再次开始攀升。对此，我心里感到很难受。终于，在临近中午的时候，在每股 14 美元左右的价位上我发现了一些卖家，这样，我能够扎平我的空头。这么做损失相当大，可是，只有这么做，我才能感到如释重负。在我最后买入 IPAC 公司股票的时候，我在股价的绝对顶部买入股票。最糟糕的情形是，从一开始我就不得不为我的意愿进行补仓。在我被迫从公开市场上买入股票的时候，我基本上都要设置好自己的止损点，但是，由于那帮做多的家伙与我作对，止损点就向上移动。教训是明摆着的——永远不要去做空那些交易量小的股票。流动性为王，所以，要沽空，就要盯着那些交易量巨大的股票，远离那些缺乏交易量的股票。

与此同时，马克告诉我说，IPAC 公司的股票将要跌到每股 1 美元，他还说，这是“买入并持有的空头思路”（“buy-and-hold short idea”）。这只股票差不多再也没有回到过我补仓时的那个价位，因为它不断地下跌，在 1998 年 1 月跌到了马克说的每股 1 美元的目标价位。看到股票一路下跌，而我又无能为力，这真是一种无可奈何的感觉。如果是一只交易量小的股票，很难借到股票，要么你会担心大笔买入的情形，要么你就无法借到股票去卖空。我的这段经历是对沽空风险的最好注释，强迫性大笔买入就是一种风险。缺乏经验的投资者对空头卖出必须慎之又慎，要慢慢地做，或者聘用专业人员提供服务。我的建议是，让专家来为你安排精心管理的证券组合。

底线是，在沽空交易量不大、缺乏流动性的股票，以及已经被大量做空的股票时，必须小心谨慎。为了防止由大笔买入或空头受挤压所造成的痛苦，在刚开始做空的时候，你要慢慢地建立卖空头寸。如果像我那样鲁莽地进行沽空，你就在冒被套牢的风险。当多头方的交易者把我套住，要榨干我的油水时，我才发现自己身处险境。事先了解这方面的风险，会让你在进行空头操作时更少采取赌运气的策略。不管有多么大的危险，明智地沽空股票仍然是对你所持股票价格下跌可能性进行套期保值的一种有效方法，可以保护自己。

第 8 章

投资组合的多头方和所有股票运作的四个阶段

我提出的空头方策略概念，当然也包括你的投资组合的多头方。显然，市场存在两个交易方，即看涨方（多头）和看跌方（空头），所以，在你的投资组合中，对这两个交易方都必须确定正确的头寸。由于市场具有长期的上涨趋势，所以每个投资者都需要有多头头寸。即使你是世界上最看跌的投资者，熊市止跌反弹比真正的牛市波动更有力和更令人兴奋。让我们看一下在大萧条期间发生的止跌反弹行情，以说明为什么即使在经济最糟糕时期你也可以进行多头交易。

1929 年股市经历第一波下跌后，股票正在等待一次“猛烈反弹”。它的意思是，因为市场可能像摔死猫一样发生反弹，如果狠狠地将死猫摔在地上，摔得足够重，死猫将会反弹起来。所以如果你在 1929 年 11 月 13 日市场出现极其过度卖出时买入股票，随后在 1930 年 4 月 17 日反弹高峰前后卖出，按道指计算可以得到 48% 的盈利。从 1932 年 2 月 2 日到 1932 年 9 月 9 日，市场几乎翻了一番。从 1934 年 7 月 26 日到 1938 年 3 月 10 日，道琼斯工业股票平均指数（DJIA）止跌反弹，上涨了 127%。记住，所有的这些熊市止跌反弹行情都发生在大萧条期间。在 2000 年至 2003 年的纳斯达克暴跌和盘整期间，也出现了极其相似的止跌反弹行情。

20 世纪 20 年代的牛市很不错，但是这些熊市的止跌反弹可能比真正的牛市还要好。这是因为熊市止跌反弹时，股价上升得更快，并且更强劲有力。由于牛市期间的周期性波动要比熊市期间的多，以及它们持续的时间要长一些，因此，这就是为什么要认真考虑成为多头方的原因。

从1929年11月的市场顶部到1939年9月，发生了6次强劲有力的熊市止跌反弹行情。然而，在1942年4月28日，道琼斯工业股票平均价格指数仍然停留在92.92点，或者说比1928年9月3日381.17的高点低76%。如果在这14年期间你一直坚持做股票投资，你的本钱基本上就赔光了，因此，这正说明，对于成功的投资来说，与空头方风险敞口一样，执行止损纪律也是十分重要的。一个投资者在1929年市场顶部时投资了100000美元，如果幸运的话，13年后只剩24000美元。大多数股票下跌了95%，并且许多上市公司都破产了，所以100000美元很可能变成了5000美元，或者全部赔光。你可能在谷底放弃投资了，或者你在其他地方需要花钱，因此你的本钱不可能找回来了。对这类投资者来说，就像我的交易英雄杰西·利弗莫尔，卖空股票是最好的选择。在下一次市场重大回落、暴跌或多头一边倒的交易市场中，也将是这种情况。*在熊市中只做多头的投资者，是只会犯错误的投资者。*

在此，你需要如何考虑可能发生的市场下跌，以及你为什么在任何时候都必须持有空头以对冲你的下跌风险。如果道琼斯工业股票平均指数像1929年那样下跌89%，那将是12460点，或是道琼斯指数从2007年14000点的高位跌到1520点的最低点。但是，增发的美元太多，股票太少，道琼斯工业股票平均指数可能再现1999年纳斯达克的情景，我们可能涨到20000点，甚至更高的点位。由于足够的通货膨胀和流动性，天知道会不会再现日本的情况，在暴跌之前道琼斯指数涨到39000点。假如出现这种情况，无论从痛苦程度还是下跌幅度来说，市场崩溃都将更加巨大。由于没有多头，没有止损纪律的纯粹空头投资者，在道琼斯指数上升到20000点或39000点的过程中会被置于死地。

因为市场可能复苏，并在上涨到最终顶部之前不断走高，所以我们必须持有多头风险敞口的股票。现在情景下尤其要这么做，因为从2007年夏季开始到现在，美联储一直在不断地增加货币供应量。由于没人能够预见未来，让我们开始关注一些绝妙的方法，在我们进入由通货膨胀导致新的超级繁荣时期的情况下，获得风险最低、收益最高的多头风险敞口。

在新世纪如何“打败华尔街”

我利用做多头获取巨大利润最欢喜的方法是，发现和持有一家盈利丰厚的公司股票，该股票正顺着股票行情看涨行业的趋势上涨，而且很快会被华尔街发现。这称为是成长性股票投资，即你购买的股票增长速度比整个经济增长快。1996 年 8 月，我当时经营的对冲基金开始购买一个叫做“基准微型股份有限公司”（Benchmark Micro Inc. BMRQ）的股票。我正在急速发展的便携式计算机市场中寻找另一笔交易。从一家三叉戟微系统（Trident Microsystems，TRID）公司分离出来后，我发现基准微型股份有限公司（BMRQ）创立了笔记本电脑电源管理方面的实际标准。

我与基准微型股份有限公司总裁通了电话，他证实笔记本电脑行业和基准微型股份有限公司本身的利润正在迅速扩大。我积极地以每股 10 美元的价格买进了这只股票。令人惊异的事情是，没有任何一家大型经纪公司的分析师关注基准微型股份有限公司，所以我知道，一旦这只股票被人发现，其股价将暴涨。我还非常自信地认为，由于便携式电脑的销售正在迅速扩大，并且基准微型股份有限公司是电源管理系统的供应商，他们也会有一份极好的季报。

突然，这只股票开始上涨了，于是我又买进了一些。我和那时的商业伙伴一起去参加一个 Hambrecht & Quist 技术研讨会，而且，恰好在基准微型股份有限公司报告其收益之前，其股票在开盘时涨到了每股 15 美元。得克萨斯州有一个小经纪公司，在季报中预计这只股票每股利润为 0. 19 美元。他们突然将季报撤掉，再次出现时改为每股利润 0. 29 美元。我们举掌相击互相庆贺，我们以为，第二天上午一开盘这只股票会跳空高开在20美元以上。随后所发生的是一个不折不扣的"神秘买进，过时卖出"（"buy on mystery and sell on history"）的例子，开盘时这只股票的价格为16美元，只涨了1美元，随后一下子跌到12美元。我彻底惊呆了。我在对冲基金拥有的头寸占我总资产的20%左右。好几个人给我打电话，询问发生了什么事情，而我的回答是："我不知道这只股票为什么正在下跌，但是可以继续持有或者再多买进一些。"

这是一个最好的例子，说明当其他人都惊慌失措时，自己要保持头脑清醒，预先的准备工作或研究是十分关键的。这只股票下跌不久，我知道基准微型股份有限公司的管理层计划出席著名的美国电子协会（AEA）的年会。作为对冲基金经理，我是华尔街许多分析师的朋友。我给大约15位技术分析师打了电话，叫他们留意美国电子协会的基准微型股份有限公司，留意，并且告诉他们最好的客户也这样做。由于许多分析专家开始打电话，甚至为他们自己管理的账户买入基准微型股份有限公司股票，股价立即开始止跌反弹，回升到原来的高价位。当时，我错误地决定，当股价刚回高位时，就卖出大部分股票。

就在第二天上午，《投资者商业日报》（*Investor's Business Daily*）在显著位置发表了"一个经理如何利用研讨会"的文章，报道了基准微型股份有限公司。这个经理说，在研讨会上见到基准微型股份有限公司的展台如此忙碌之后，他立即给他的交易员打电话，购买了这只股票的大量头寸。这使基准微型股份有限公司股价进一步高涨，仅在短短的几天之内，飞涨到了每股25美元。令人欣慰的是，我是造成这只股票上涨和《投资者商业日报》报道基准微型股份有限公司的始作俑者，所以，在很多人看来我是一个英雄。令人沮丧的是，我刚刚卖掉了基准微型股份有限公司的股票，在桌子上剩下一大笔钱。这就是为什么说，当一只股票上涨的时候，逐步地按比例减少头寸是一个很好的交易规则。这种做法可以减少因过快卖出股票带来的痛苦。虽然我在这笔交易中赚了一大笔钱，但是，由于我过早地卖掉了这只股票，我和我的投资者少赚的钱则更多。

由于感到很愚蠢，所以当股票再次下跌到20美元的低价时，我开始买回这只股票。由于华尔街的一些分析师开始关注基准微型股份有限公司，这只股票随后又暴涨到30美元左右，当然非常接近最高价了。当任何分析师开始关注一只未被发现的股票时，投资机构就会以狂吃的方式将股价哄抬起来。这是最好的卖出时机，就像华尔街很多交易商所说“当鸭子呷呷叫时给它们喂食”。在华尔街尚未发现的时候，在强有力的基本面趋势进程中买入大公司的股票，是做多股票获得丰厚盈利的极好方式。

基本面分析和技术面分析是关键

无论做多还是做空，预先做好准备工作，取得某种优势，对于在市场上选好股票来说，这是十分关键的。另一个同样重要的变数是，对股票走势图的技术解读。从1996年4月到1996年5月，基准微型股份有限公司的股价从8美元暴涨到15美元。随后开始一路下跌，回到了8美元。在第二次探底8美元的时候，这是我最终开始买入基准微型股份有限公司股票的价位。对每股8美元的两次探底，使该股票走势图形成了“双底”图形。4月份的8美元是第一个底部，第二次探底时的8美元的第二个底部。一旦第二次成功地从8美元开始上涨，专业术语称为形成“W”走势。因为双底走势看起来像字母W，因此也称其为“W”图形，在这个例子中字母W的底部价位是8美元。

一个完整的“W”图形表明出现了开始买入股票的低风险进入点。你可以按低于这个价格的5%—7%设定一个止损价位，这就是你对股价可能下跌的底线。有时第二个底部略低于第一个底部，对意志薄弱的持有者（弱手）进行震仓，但是，这基本上是对前一个底部进行重新探底。基准微型股份有限公司股价在第一次涨到15美元之前，一直在8美元与10美元之间进行盘整。当第二次从8美元开始反弹时，表明已经成功地筑成了双底。当在10美元以上再次放量上涨的时候，这只股票为暴涨作好了一切准备。

采用技术面分析时并不需要火箭科学技术，但是，与其说是一门科学，不如说是一门艺术。技术面分析可以帮助你知道买入和卖空股票的最佳时机。只根据基本面分析，或者只根据技术面分析购买股票，就像在暴风雪中不用雪地防滑轮胎高速开车一样。你可能最终会达到目的地，但是如果没有技术面和基本面的综合分析，出车祸的风险会显著地增加。进行这两方面的综合分析，每一步都会更加清楚、更加安全。为了避免在股票市场上盲目地乱闯，你务必要进行这两方面的分析。在本书的后面，我将讨论利用技术面分析识别投资时机、操作实施，以及辨别看涨和看跌趋势的模式识别指标。

除了在所谓的双顶情况下，上述基本模式反过来同样适用于识别顶部。如果看一看2000年的纳斯达克走势图，你就会看到，纳斯达克先上涨到5048点，随后在大量卖盘抛压下跌到4500点的水平。在接下来的止跌反弹中，回升到接近最高点，但交易急剧萎缩。交易量萎缩是一个提示，表明需求正在下降。随后，纳斯达克市场疯狂地抛售，交易量急剧放大，从那以后，一路下跌（见图8.1）。

有时双顶略高于第一个的高价位，但通常是略低于第一个高价位，如图8.2所示。

这些是极易识别，但很有效的图形。

如果你看看两只封闭式中国基金（CHN，NYSE）和大中国基金（the Greater China fund，GCH/NYSE），就能理解我在图8.3中要表达的意思。

2007年10月，这两只基金都出现了双顶，而且突然杀跌。有时这种杀跌行情使股价反弹，并出现三个顶部或右肩的图形。一旦形成右肩图形，市场就要下跌，就要留心下面的事情。如果突然出现上述的止跌反弹行情，你要咬紧牙关，坚持和等待一个更好的日子。但是，在像中国有泡沫的市场要坚持尝试这种策略，因为这些市场是处于狂风劲吹中无法实现的巨大计划。

在2007年年底，标普500和道指都出现了完整的巨大的头肩顶部。不久又出现黑十字星图形。在2008年初，同时出现这种致命的图形，

图 8.1　1983－2008 年纳斯达克指数

由交易局提供

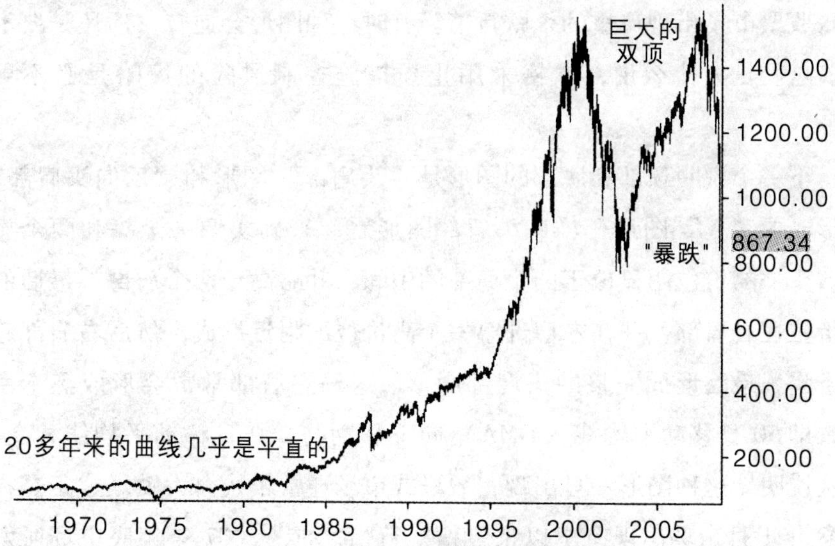

图 8.2　1966 至今的标普 500 指数

由交易局提供

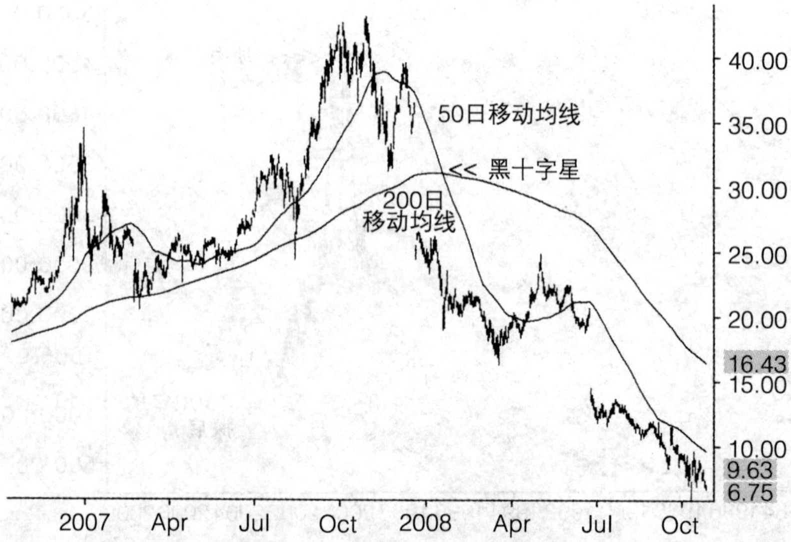

图 8.3　大中国基金 2007－2008 年的黑十字星

由交易局提供

导致股票市场出现严重的杀跌行情。有时这种图形会逆转，但还是要下跌。这就是为什么说，严格采用止损措施控制风险的策略是必不可少的。

下一个说明顶部和底部的图形是“头肩部”图形和“反向头肩部”图形。像“W”图形一样，头肩部图形看起来确实像一个头和两个肩膀。头部的价位明显位于两个肩部的中间，并略高于两个肩部。最后的高价位在右肩部，并在左肩部第一个高价位的附近形成，然后右肩部趋于下降，最终形成完整的头肩部图形。这种右肩部常常会形成黑十字星，即 50 日移动平均线（DMA）向下移动与 200 日移动平均线相交。再次说明，这种图形一旦出现，股票或市场通常很快会大跌。这正是在 2008 年 1 月市场出现有史以来最糟糕行情之前，2007 年年底市场所发生的情况。

与黑十字星相反的一个图形是金十字星图形。这是指 50 日移动均线向上移动，与 200 日移动均线相交。金十字星的出现典型地预示，市场或一只股票将要出现新一轮的上涨。

反向头肩部图形正好相反。这个图形有助于我在2003年3月向我的所有客户提出建议，令人厌恶的熊市很可能要结束了。在这个图形中，头部绝对低于肩部，正好与见顶的头肩部图形相反，在那个图形中，头部就是股价的顶部。再次强调，这些图形总是重复出现，对判断股市走势时常起作用。

记住，对所有购买的股票，特别是那些卖空的股票，你应当设置心理止损价位。心理止损价位是一个你将"认输"的价位，承认你可能错了。接受少量的损失，可以转到别的股票上。在购买或卖空任何股票之前，你应当确定你的心理止损价位。止损额应当不超过投资额的10%到12%，最理想的是不超过你买入或卖空价位的5%到7%。

这里介绍另外几个交易小技巧。第一，无论何时持有一个头寸，开始时只持有一半的头寸。所以，如果你准备买进10000股股票，应当先买5000股，看看会发生什么情况。如果股价向着对你有利的方向发展，并且表现很好，那么你就再买入另外一半的头寸。如果股票的发展对你不利，并且表现欠佳，那么就不要增加另一半的头寸。取而代之，切实坚守你的止损价位，并且观察股价走势。如果股票止跌反弹，准备持有盈利的头寸，逐步进货，如果感觉更好，就可以买入另一半的头寸。

这种严格按比例逐步增加头寸的操作手法将有助你做三件非常重要的事情：

1. 通过只是提高你的平均盈利水平来限定你的损失。
2. 为你提供获得对你刚买进的或卖空的股票感觉的操作手法，告诉你这种操作手法是否正确。这使你在买进更多股票的时候感到更为放心，或者使你对那些亮起黄灯警示的头寸感到不太放心。
3. 使你遵守不降低平均盈利水平、只提高平均盈利水平，以及金字塔式交易法的纪律。金字塔式交易法包括当你交易的股票正在上升的时候，通过增量递减的方式来扩大盈利头寸的规模。

这是所有出色的交易员和短期资本经理持有多头头寸或空头头寸时的惯例。

每当你准备通过卖出多头或补进空头获利的时候，始终要按降低或提高均价的方法慢慢地买入或卖出你的头寸。作为一个提醒，最佳的惯例做法是，不断地观察你对多头头寸的补仓或卖空，做得是否正确。如果在你进行一部分补仓之后，股票继续走低，就应当让它继续下跌，然后再买进另一半的空头头寸。如果你持有的已获利股票连续在上涨，就应当让它上涨一段时间，然后再卖出另一半的多头头寸，以提高你的卖出均价。如果卖掉前半部分买入的股票是正确的话，那么，在出现任何进一步下跌之前，要立即对另一半头寸进行平仓。

降低或提高买入或卖出股票头寸的均价，将使你养成保住你的盈利和使收益最大化的习惯。过去股票交易手续费很高，这种做法的代价太高。如今，手续费大大下降了，由于交易的收益增加，增加交易次数增加的成本不大，因此，这种操作手法是值得做的。这样做的另一个好处是，可以使你减少因过快卖出股票所带来的遗憾，就像我处理 BMRQ 公司股票所感到的遗憾那样。当你排除干扰减仓的时候，你将大大地减少这种遗憾。无论你是老资格的专业人员还是投资新手，这些交易原则都是适用的，并且操作起来很简单。

高度自信的股票头寸

我的朋友沃利（Wally）在发现估值过低和未被发现的股票方面是一个天才。已故约翰·坦普尔顿（John Templeton）是世界上最伟大的投资家，他曾是沃利的客户，沃利甚至具有约翰·坦普尔顿的敏锐性。当我的朋友在寻找一只股票的时候，他要做大量令人难以置信的预先准备工作，这使他对将要购买的每只股票都充满信心。这有助于他持有更大的头寸，并且长时间地持有这些头寸。高强度的预先准备工作导致产生高度自信头寸（high-conviction positions），而且在买入股票或卖空时，心态更加平和。

这种高度自信的原则既适用于基础面分析，也适用于技术面分析。具体原则如下：

- 你做的预先准备工作越多，你对每只股票的选择就越有信心。
- 你越有信心，你就会毫无顾虑地购买更多的股份。
- 因预先准备工作做得充分而增强的信心将提高成功率。
- 这些高度自信的头寸将导致更高的收益率和更大的成功。

如果你根据错误的假设或信息做出分析，那么，为了保护自己，你要有止损措施。

例如，沃利为我当时工作的公司编制了一个销售培训计划。在讲课时，他提到他正在购买的一家小型油气公司的股票，该公司叫基本石油公司（Basic Petroleum，BPILF），当时以每股 4 美元的价格进行交易。第二年，当这只股票上涨到 8 美元的时候，引起了我更多的注意，并将这只股票放在我的显示屏上进行观察。这只股票在 6 美元到 14 美元之间交易了好几年，一直到 1994 年。

1995 年初，在一个星期六早上 7 点钟的时候，沃利就来我家了，胳膊下夹着一捆大地图。他对我说："罗恩，你想发财吗？如果你想发财，我给你看些东西。"我们一起到我的总公司去，沃利在地板上打开了所有地图。这些巨大的地图标明了基本石油公司在危地马拉丛林中的所有油田。他向我说明了基本石油公司股票将从当前每股 10 美元上升到他的目标价位 100 美元的理由。他认为，其它一些石油公司可能会发现基本石油公司，而且在该公司股价上涨到每股 100 美元之前，将其买断，但是尽管如此，仍然可以赚大钱。

他说，为了树立坚定的信心，他做了大量惊人的研究工作，包括进入危地马拉的丛林实地考察公司的管理团队和油田。危地马拉正处于内战之中，据报道，多支游击队袭击油田的工人，还报道有强奸和拐骗案件。面试了几个候备人选之后，沃利带着他64岁的儿子大卫一起出差，儿子是他的私人保镖。基本石油公司的总裁来自于危地马拉一个非常有势力的家族，为沃利和他的儿子安排了武装保护，随后沃利与管理层做出安排，甚至愿意在手提机关枪士兵的护卫下进入危地马拉丛林视察基本石油公司的油田和炼油厂。出过这次差之后，他完全确信，基本石油公司有巨大的石油储量，并且有能力运输和出售石油，获得巨额的利润。沃利劝我在股票开始上涨之前大量买进，以便我赚大钱，于是我大量吃进这只股票。

基本石油公司股价在上涨过程中进行了3股送1股的股票拆分，到1995年年底，这只股票暴涨到每股30美元。后来，正像沃利预期的那样，股价涨到每股40美元时该公司被买断了。在股票拆分调整股价的基础上，沃利每股看涨100美元的目标还有点儿保守了，因为实施3股送1股的股票拆分后，这只股票的价格最终达到了每股120美元。现在，我并非建议人们为了搞清楚一只股票的真实情况而冒生命危险，但是，我的建议是，你应当将资金托付给做这种预先准备工作的投资顾问或短期投资经理。沃利和他的客户将基本石油公司的股票一直捂在手里，涨到每股120美元才卖掉，赚了好几百万美元。

一个大大的红“F”

下面是沃利投资股票成功的另一个例子。2000年，他告诉我去买前视红外系统公司（Flir Systems，FLIR）的股票，当时这只股票随着纳斯达克的大势正在暴跌，每股3美元。他绝对自信，正当华尔街对这只股票的评级降到卖出等级的时候，这是一只“稳赚不赔”的股票。我将这个投资主意告诉了埃里克，他当时是我的初级分析师。他给该公司的首席财务官打了个电话，然后写了一份书面报告，向我提出了“不要买这只股票的10个理由。”我将这份报告传真给了沃利，他给报告作了评级，在报告上面批了一个大大的红“F”，给我寄了回来。我收到这个评判成绩单时大笑了一阵，然后我把报告给了埃里克，让他从中吸取教训。沃利继续在这只股票上投入了 50 倍的资金，那只股票从此再也没有跌回到他购买时的低价。

沃利和我一直是好朋友，每当他发现了好股票时都告诉我。最近，他又提出了稳赚不赔的另一只股票，他曾经在每股 1 美元左右时买入的 CULS 公司的股票，在 2007 年按每股 11.75 美元的价格被卖断了。科斯特－优－莱斯股份有限公司（Cost-U-Less Inc.）在加勒比海地区开了 11 家会员制商店。我敢肯定，到那儿去进行尽责调查，比到危地马拉的丛林中去要令人愉快得多，但不会令人难忘。

像沃利这样出色的专职投资者会竭尽全力对自己的股票头寸形成深深的自信。沃利还研究了基本石油公司股价的走势图，在一路上涨的过程中知道何时增加他的头寸。每当你发现一个好股票的时候，你要像沃利精选股票时所做的那样，最大限度地挖掘其增值潜力。2008 年，沃利认为，股票市场的未来风险将是他在长期和卓越的投资生涯中所见到的最高风险。他还认为，中国和美国的股票、美国债券和全球房地产难免要进入一个长期的下跌时期。

每只股票和市场运行的四个阶段

每只股票或市场运行都有 4 个阶段。第一个阶段是筑底阶段（Stage 1 Base stage）。在这个阶段，一只股票或一个市场要盘整非常长的时间，构筑向第二阶段前进的基础，第二个阶段是上涨阶段（Stage 2 Advance）。

在上涨阶段，股票迅速上升，目标是在股价上升到上涨动能失去的价位和再次开始盘整之前，一直捂住盈利的股票不卖。这就到了第三阶段，即形成顶部阶段。在这个阶段，股票可能进行盘整，或呈抛物线形状，因为此时大笔卖出者正在向投资散户派发或卖出他们的股票。

第三阶段形成顶部（Stage 3 Top）必然导致一只股票周期的最后阶段，即下跌阶段（Stage 4 Decline）。从理论上说，这是你卖空股票的时候，因为在股价跌回到支撑区域和重新开始新的筑底阶段之前，股价将下跌。

如果你在任何阶段买进或卖出出现了错误，你要用买入止损或卖出止损策略加以保护，你的止损措施应当始终到位。有时候，第一个阶段筑底会中止，继续处在第四个下跌阶段，但你可以采用止损措施。有时候，形成顶部阶段不是在形成顶部，而是在构筑新的底部，如果你对此判断错误，同样你可以采用买入止损措施。阶段3形成顶部很可能演变为一个新的筑底阶段，但是，你可以通过辩别双顶部/双底部、头肩顶部/头肩底部，以及黑十字星图形，准确地确认究竟处于什么阶段。用这种方式将你买入、卖出或卖空的股票进行分类，会使你清晰地看到你认为股票或市场正在变动的方向。

在第一个筑底阶段，股票正在构建底部，你可以慢慢地增加头寸，耐心地等待股票进入上涨阶段。在上涨阶段时，你将增加最初在筑底阶段时买入的头寸。因为股票正在上涨，这时你盈利的平均价格在上升。随着股票的上涨，你应当不断地提高你的止损价格，直到确保盈利永远不会变成亏损。在形成顶部阶段时，股票将停止上涨，可能进行很长时间的盘整。这是你开始采取行动的时候。

在形成顶部阶段时，如果股票的表现很差，或者我们讨论过的股价走势图形证实股价达到了顶部，你应当卖出股票。在股票停止上涨和完成形成顶部阶段之后，你可以开始持有少量的空头头寸。在股票下跌进入第四个阶段，下跌阶段下跌时，你可以加大空头头寸，再次为取得更高的平均价格而卖出你的盈利股票。一般来说，一只股票要花几个月的时间才完成顶部的形成，然后进入第四个阶段，下跌阶段。在第四个阶段，下跌阶段，你要建立另一半的空头头寸，而且一直持有空头头寸，直到这只股票横盘和开始新的筑底。在股价盘整几天或几周的时候，你要注意对空头头寸进行补仓。记住，当股票正在下跌的时候，你要再次降低买入止损价格，以确保利润不会变成损失。

一旦股票进行筑底，在准备进入新的上涨阶段之前，需要花几个月的时间。第二个阶段上涨阶段是爆发阶段，在完整的第一个阶段筑底阶段交易量放大的基础上，股票开始发力上涨。在第二阶段上涨阶段，由于机构投资者哄抬股票价格，在交易量巨大的基础上形成了一个新的周期性或创记录的新高。最有利可图和买入股票的最佳时点是股票在第一阶段筑底阶段突然上涨的时候。

当买入或卖空一只股票的时候，交易量是必须使用的另一个重要技术手段。公认的原则是“交易量比价格更重要”（“volume precedes price”）。股票的交易量越大，股价暴涨或暴跌的幅度越大。如果第三阶段形成顶部阶段演变为一个筑底阶段，那么股票将开始新一轮的暴涨。在这点上，股票将进入一个新的第二阶段上涨阶段。所有这些图形和阶段都非常的简单明了，极其有效。并不简单的是用金钱进行交易和投资，因为在股票市场最容易做的事情就是亏本。这就是为什么在确定买入和卖空股票或其它商品交易的时机的时候，制定明智的投资策略和采用必要的工具是十分重要的。

让我们审视一下这些不同的阶段，以及投资者在每个阶段的情绪状态。在第一个阶段，你在底部或接近底部买进股票。这是很多有眼光的买入者逐步增加股票头寸的阶段。一般来说，在第一个阶段筑底的底部，投资者都表现得情绪低落，或漠然处之。在第一阶段，大多数投资者对股票感到厌恶和厌倦，而且基本上都受够了。2007 年的纽蒙特矿业公司（Newmont mining）是这种情况的一个极好例子。纽蒙特矿业公司公布了一个很糟糕的季报，第二天其股票就下跌了。实际上，这只股票已经构筑了极好的底部，而且已经消化了这个坏消息。

一个著名的铁杆儿看跌者曾提到他已经放弃了纽蒙特矿业公司（纽约股票交易所的股票代码：NEM），他在自己的网站上说，在糟糕季报发布的第二天，他就卖掉了这只股票。然而，这只股票随后立即飙升，在短短的几周内就从每股 42 美元上涨到了 56 美元。要完全公正地看待这位著名的看跌者，因为对黄金投资迷来说，纽蒙特矿业公司在相当长的时期表现得非常令人失望。当在黄金迷热门团队中原先的牵头人都对黄金类股票不抱希望的时候，你知道这类股票快要降到底部或接近底部了。第一阶段筑底的股价图形使你可以最后确认，无论季报的好坏，股票都将上涨。

在第二阶段上涨时，投资者充满希望，非常兴奋。在第二阶段结束时，投资者会处于高度兴奋状态，并以“无论什么价格都要入市”的方式进行交易。兴奋和激动的情绪慢慢地消退下去了，股票走势图开始发出顶部阶段（第三阶段）的信号。当股票或市场进入下降阶段（第四阶段）时，随着价格下跌，投资者首先感到非常焦虑，然后连股票也不愿意看了。随着股票或市场加速下滑，投资者开始感到非常的痛苦。然后，在底部，投资者将出现恐慌，并且以一种“无论什么价格都离市”的心理状态认输，卖出股票。于是，不成熟和胆怯的投资者感到很沮丧，股票或市场开始修复。一个新的底部将形成，四个阶段的完整过程将再一次重新开始。我并不想让这个过程听起来很轻松，因为实际上并不轻松。我只不过想帮助你了解投资者在市场周期各个阶段的情绪。

《投资者商业日报》是一份很棒的报纸，从中可以及时找到多头和空头股票投资的想法。《投资者商业日报》是一份很棒的金融报刊，因为该报每天都以显著位置报道在特别强势行业中处于第二阶段的坚挺股票。《投资者商业日报》跟踪报道大约 197 个不同行业的股票。处于第二阶段上涨势头最强劲的股票，可以在排名最高的行业中找到。这些强势股票业绩都好的原因是，从基本面来讲，在那个行业中发生着某些积极的变化。每当某个行业发生某些积极变化的时候，你就会发现，在特别火爆的市场板块中，所有股票都会“水涨船高。”黄金类股票受益于新形成的黄金牛市，这开始使老牌黄金生产商的收益率大幅提高。几年来，这类股票从整体上看持续上涨，并且在 2008 年也一起暴跌。

在《投资者商业日报》列出的业绩最差的上市公司级别中，我们可以找到在第四阶段下降阶段进行卖空的概念股。自从 2005 年达到峰值以来，住宅建筑公司的股票是业绩最差的。这个业绩排名低的部门的股价简直崩溃了，大多数股票下跌了 80%。总有一天他们很快会开始一个长时间的筑底。当房地产市场即将适度复苏的时候，住宅建筑公司的股票将进入第二阶段上涨阶段的图形。当这种情况确实发生时，住宅建筑商的股票将绝对暴涨，因为巨大的卖头卖出者将成为积极的买家，争先恐后地买回他们的股票。

《投资者商业日报》向你提供公司的累积分红的评级（Acc.-Dist.）。这种评级分A至E级。累积分红评级达到“A”或“B”级的是做多头的理想股票，因为这些股票正在积累分红。评为“D”或“E”级的是适于做空头的股票，因为这些股票不分红。《投资者商业日报》的评级是十分重要的，因为这反映了一只股票和市场的供求状况。累积分红评级达到“A”的股票通常是优质股，因此必须出现股价上涨，累积分红评级为“D”的股票，必然下跌。累积分红评级为“D”或“E”的股票，在即将出现第二阶段上涨阶段图形之前，累积分红的评级将达到“A”或“B”。不过，我需要提醒你，虽然这些股票势头很强劲，并且正在积累红利，但是他们可能很快发生变化。我亲眼目睹和亲身经历过一只势头强劲累积分红评级高的股票出了坏消息，一夜之间就暴跌了30%－50%。这就是为什么与一只单独的股票相比，交易所开放式交易基金（ETFs）更加有优势的原因。交易所开放式交易基金能够使你持有一组股票或一个国家股票的风险头寸，不必承担单只股票因出现坏消息而大跌的风险，一只股票下跌，但组合中的其他股票可能仍然非常火爆。但是，你仍然面临交易所开放式交易基金和单只股票全部都暴跌的系统性风险。

《投资者商业日报》还对上市公司的每股收益率（earnings-per-share，EPS）和相对强度（relative strength，RS）进行排序。排序分为1到99。如果一只股票的每股收益率排序为99，这意味着在过去12个月中该公司每股收益率的提高幅度高于所有其它99%的股票。如果一只股票的相对强度排序为99名，意味着这只股票价格的上涨幅度高于所有其它99%的股票。我不是太关注每股收益率的排序，但是，一般来说，在第二阶段上涨阶段做多头时，你肯定想得到每股收益率和相对强度排序都在87或87以上的股票。做空头时，你会想得到这两种排序都在60以下和排序正在下降的股票。在这里，我必须再一次告诫你，由于出乎意料的逆转，你可能会持有一个每股收益率排序不断下降的股票。简单地说，在一组股票中，由于一只股票有独一无二的消息，导致这只股票与其它股票的股价拉开差距，没有什么事情比发生这种情况更令人痛心的了。

必要的调整

记住已故著名交易者杰西·利弗莫尔的话："市场有看涨方、看跌方，因此，只有一个正确方。"这就是你最想站到的一方——市场的正确方。市场变化很快，所以，要意识到这一点，并有所准备。关键是要与市场同步，并顺势对你的股票投资组合进行随机应变的资产配置调整。每个市场都有看涨或看跌的时间和好时机。对资产进行随机应变的配置是在降低风险的同时，使收益最大化的股票投资组合管理策略。

黄金经过了长期上涨，但是，就像2008年的石油市场一样，在泡沫最终破灭进入第三阶段形成顶部阶段之前，黄金在上涨过程中将继续出现大幅调整的行情。由于大量发行货币，国内外的股票都可能止跌反弹，但是，在整个过程中国内外的股市也会出现大幅调整和大跌。石油价格可能再次因为中东地区发生某种纷争而暴涨，然后突然暴跌，并因经济衰退或因经济衰退恐慌心理而进入一个新的熊市阶段。由于美国和中国因经济和股票市场萎缩而导致石油需求的减少，石油类股票将像1929年的道琼斯指数那样暴跌。

在各种市场上保持正确方的唯一途径是，像价格走势图反映的那样，通过交易活动让市场告诉你做什么。不要与价格走势图背道而驰。无论输赢、上涨或下跌，价格走势图总是正确的。千万不要忘记，你必须始终进行对冲，以保护你的空头头寸。在熊市中做多头投资者等于是作为错误方的投资者。

如果你能够看清楚你拥有的股票和市场是处于哪个阶段，那么你就能够在正确的时间更多地持有空头或多头。如果你看清楚市场处于第四个阶段下降阶段，那么你就更可能在正确方增加你的空头头寸。如果市场处在第二阶段上涨阶段，那么，我们可以减少一些空头，也更可能在正确的变动方向上增加多头头寸。市场不可能“见顶时就拉响警报”（“*ring a bell at the top*”），但是，市场肯定会显示出某些非常重要的提示信号。记住，你必须始终警惕市场的下降趋势，始终愿意为了保护空头和保持利润而确定好你证券组合的头寸。最后，你必须始终采用止损策略，并且十分耐心地将可能赚钱的机会主要放在你所喜爱的高度自信的股票头寸上。

总之，你做的预先准备工作越多，你的自信心就越强，你持有的头寸就越大，你获得的利润就越多。最后一句话很重要，因为无论做多头还是做空头，你在挑选股票时，关键是要具有敢于确信的勇气。

记住，通过预先准备工作，以及拥有发现和确认多头和空头最佳选股的良好工具，如《投资者商业日报》和股票走势图，你可以轻松地打败华尔街。如果你在市场空头和多头方都有持股妙策，你就是在降低你的风险，并且成倍地提高你可能的获利水平。你的理想投资组合应当是风险/回报参数设计良好的组合。这应当建立在你的投资目标和风险承受能力的基础上。对于所有买入或卖空的股票，都应当预先设定风险控制参数（止损价位和目标价位）。

外国股票

由于经济全球化，为了使投资多样化，投资者还必须持有外国股票的多头（和空头）。已故最著名的全球投资者约翰·坦普尔顿提出了“成功投资的 16 条原则”。第 7 条是关于“多样性”的原则。用约翰自己的话讲，“无论做多少研究工作，你都无法预知或控制未来。你必须按公司、行业、风险和国家进行投资多样化。”投资者能够通过以下三种方法实现国外股票投资的多样化：

1. 在全球公司中进行广泛的选择，采用美国证券存单（American Depositary Receipts，ADRs）的形式，买入在美国的证券交易所进行交易的外国公司股票。这些外国上市公司包括：土耳其的TKC、瑞士的ABB、SYT、芬兰的NOK、西班牙的TEF、巴西的GGB、GFA、TMB、ITU、PBR、加拿大的CP、南非的SSL、英国的TOD、印度的HDR、SLT、TTM、俄罗斯的MBT、ROS、VIP、WBD、卢森堡的TS、墨西哥的TMX、CX、中国的CTRP、STP、以色列的FNDT、AIP、德国的AIXG、DT、阿根廷的TEO、IRS、日本的TM、法国的TOT，以及许多国家的许多公司。美国的交易所是世界上深度最深和流动性最强的市场，在这个市场进行选股时，并不缺乏外国上市公司的股票。我只是列出了这些52周以来低价股最新排名表中的一部分股票，并且仅仅是我的个人看法。你决不应当认为，这些是我建议的买入或卖空的推荐股票。
2. 用外汇直接购买外国股票。几乎没有投资者这样做，而且能够提供在全球范围直接进入外国市场购买股票服务的经纪公司不是很多。直接进入外国市场的好处是可以买到高分红率的外国股票，这在美国的交易所是无法买到的。一般来说，你可以在外国买到红利率很高的股票，但是你必须直接在外国的证券交易所进行购买。通过购买外国股票，你实现了美元之外的投资多样性，并且使你的证券投资组合实现了全球化的多样性，保证未来的收入能用外币支付。

由于大多数美国投资者对价格增值比对股息收益率更感兴趣，所以，美国的交易所挂牌上市的高分红率股票极少。自1982年以来，美国股票市场一直很繁荣，其间只有少数几次调整，所以，这种情况看来是有道理的。当市场处于或者接近长期顶部的时候，投资者只考虑增值和市场收益。当市场处于长期底部时，投资者很恐慌，因此限制购买股票，不将股票投资作为稳定的现金流和收入来源。

在市场顶部，投资者的座右铭是："当我知道股票将上涨时，谁还需要红利！"在市场底部时，投资者将这个投资策略颠倒为："当所有的股票都将下跌的时候，谁还想要股票！"当股票市场进入严重看跌阶段，或进入长期盘整市场的时候，投资者对红利的渴望将再次强烈起来。当市场上攻动能变缓，并一如既往地发生逆转时，高红利率的股票就会取代交投活跃的股票。

投资者可以在外国市场寻找到最佳收益——在像澳大利亚这样国家，你可以发现许多收益率高达7%－10%的低价股。在加拿大、芬兰、法国、英国、荷兰、挪威、新加坡、瑞典、瑞士，以及全世界其他国家，都可以买到高红利率的股票。这些高额红利的股票是公用事业、电信、房地产投资信托、炼油厂和各种基础设施公司的股票。许多上市公司的质量都非常高，并且比较安全。在此，你必须非常小心谨慎地确信，你不是通过负债的方式来购买高额红利的外国股票。你并不认为红利率会使你的平均价格下降，而是认为这类股票是安全的，或者是便宜的。还记得安然公司（Enron）吗？事实上，无论上市公司规模的大小，所有股票都存在价值归零的风险。世上本无"防崩溃的"股，因为任何股票都可能崩溃。

3. 通过在纽约股票交易所交易的交易所开放式交易基金或封闭式基金买卖外国股票。这是实现外国股票多样化和避免单只股票风险更加安全的一种投资方法。如果在你想得到股票的国家，你买错了股票，你就会遭受损失。如果你购买交易所开放式交易基金，你就可以消除在正确的国家买错股票的风险。外国股市还存在其他一些风险，如系统性风险，投资者也需要意识到这些风险。从我个人的经验来说，我认为这是获得外国股票的最佳途径，并且通过不断增加交易所开放式交易基金，在外国股票市场上实现广泛的投资多样化。

不管别人怎么跟你说，当美国市场和经济进入严重的不景气或经济萧条时期，全球股票市场和经济也将发生严重的衰退。我们没有与世界经济隔绝，因为美国 GDP 占全球国内生产总值的 28%。新兴的金砖四国（BRIG，巴西、俄罗斯、印度和中国）GDP 合计占全球 GDP 的 30%，已经超过美国的比例。这 5 个国家合计达到了全球 GDP 的 58%，并且大部分的比重是来自于美国和中国。因此，“如果美国打喷嚏，全世界就要感冒”的老说法，应当改为“如果美国或中国打喷嚏，全世界就要感冒。”

有些专家建议投资者把他们的所有资产从美国转移出来，因为世界各国正在与美国经济“脱钩”（“decoupling”），将继续处于繁荣状态。他们的逻辑是，由于美元暴跌，其他国家将更加富裕，而且没有美国作为全球经济合作伙伴，其他国家的经济状况将会更好。占世界储备资产总额中，美元资产占 65%，所以，如果美国经济真的崩溃了，世界经济将立刻随之一起受到伤害。在过去 100 年期间，每次发生市场严重暴跌时都出现了这种情况。为了用最近的例子来证实我的观点，人们只要看看 2008 年的情况就清楚了。大多数外国股票和市场随着美国市场一起受到重创——“脱钩”理论只不过如此。

下面是一些交易所开放式股票交易基金及其国家：巴西的 EWZ、中国的 FXI、加拿大的 EWC、新兴市场国家的 EEM、法国的 EWQ、墨西哥的 EWW、新加坡的 EWS 和台湾的 EWT。外国股票存在一些空头方很好的机会。现在，投资者都迷恋“金砖四国”的股票，特别是中国的股票，因为全球投资者已经将这些国家的股票价格哄抬到了极高水平和风险很大的程度。由于投资者变得过度迷恋“金砖四国”的股票，因此，在这些国家的股市中，你将发现一些未来最佳的卖空概念股。

总之，持有外国股票头寸是一种理性的做法，可以使人们持有股票多样化，并且降低风险。每一个投资者都有不同的目标和风险承受能力，所以，在进行多头或空头的每笔投资之前，必须认真细致地加以考虑。在外国和新兴市场波动性大的情况下，更要如此。在下一章，你将看到有关私募投资领域的内幕情况，还会看到我在风险投资中的一些“疯狂的冒险投资”。

第 9 章

冒险投资：私募的机会和风险

风险投资具有高风险与高收益的投资机会。通过风险投资，投机者试图买到私人公司的首次发行股份，希望能发现“第二个微软”。然而，我的风险投资交易经历，显然是五味杂陈、一言难尽。对大多数私募，我不抱有信心，但是，在投资组合中安排一小部分用于风险投资，还是不错的。在这个高风险领域，投资时必须仔细筛选，而且，投入的资金不要超过你总资产的10%。下面，我将为大家提供一些现实生活中风险投资的成功案例以及惨痛教训。鉴于我在风险投资中的经历和体会，我将这项投资称为冒险投资（adventure capital）。

冒险投资

我要讨论的第一个私募风险投资案例是一家公司，我把这家公司叫做航空货运公司（Air Freight Transpo，简称 AFTPO）。AFTPO 是一家通过私募股本而创设的公司，我是在“发起人首轮私募”时（“founders' round”）入股的。在私募风险投资中，发起人处于最有利的地位，因为作为公司的发起人或内部人士，发起人是在每股初始出资水平相同的条件下入股的。AFTPO 以航空货运主，同时提供各种运输服务。公司设立之初，发起人除了提供一套公寓以外，只投入了很少的资金。公司的首席执行官曾在这个行业工作过，取得过不错的业绩，他正好可以把这些经验运用到这家新公司。

AFTPO 开局良好，当然，随着业务的增长，公司需要更多的资金。我很幸运，我是在发起人首轮私募时以每股 0.1 美元的价格入股该公司的，在下一轮增发中，每股价格涨到 1 美元了。公司不断在全国范围内开设办事处，需要筹集更多的资金。对于尚处于风险阶段的公司而言，这是一个大问题，因为这类公司总是需要更多的资金。当时正值 1999 年，股票市场非常火爆，因此，AFTPO 的管理层决定公开上市募集资金。为了进行首次公开发行股票，从东海岸选择了一家小型经纪公司。到我们准备正式开始首次公开发行股票时，已经是 2000 年年初了。我在芝加哥遇到了该公司管理层的路演小组，他们当时正在准备向地区投资银行家协会（the Regional Investment Bankers Association，简称 RIBA）进行演讲。他们到 RIBA 演讲的目的是，向那些股票经纪人确定形成巨大认购额的基调，希望这些股票经纪人了解准备上市公司的故事和排名情况，以便向其客户进行推介。

我到了芝加哥后，就在一家宾馆的酒吧遇到了 AFTPO 公司的首席执行官，那天我们都下榻在这家宾馆，这恰值他向股票经纪人进行正式演讲的前夜。他说他们准备以每股 10 美元的价格进行首次公开发行股票，我感到非常震惊，这个公开发行价是上次私募价的 10 倍以上，更是我们在发起人私募阶段发行价格的 100 倍以上。他顺手抓过一张餐巾纸和一支钢笔，开始画各种曲线，说明他关于企业发展的“中心和辐射”（“hub-and-spoke”）战略。他讲述了公司将如何大量开设战略性的办事处，并成为在该行业占据主导地位的大公司。

我从他手中拿过笔来，把餐巾纸翻过来，在纸的背面画了一个从上至下的箭头。我对那位首席执行官说：“你知道这条线代表什么吗?”他疑惑地看着我说：“不知道，代表什么?”我告诉他：“这是纳斯达克指数的未来走向，如果你这次发行定价过高，股票就可能卖不出去，而且可能以后永远都无法进行公开发行。我们正处于一个大泡沫之中，当泡沫破灭时，就会完全失去首次公开发行的机会，可能需要等好多年才能再有机会。”他瞪眼看着我，好像我是一种什么怪人，因为当时我们看到，所有要公开上市的公司定价时都疯了一样，如 JDS Uniphase 公司（JDSU），营业收入很小，亏损巨大，但市值却高达 330 亿美元。实际上，AFTPO 是盈利的，但这在 1999 年并不是什么好事。

这次对 RIBA 的推介会，多少有些让我担心。我曾经看到过几家零销售额、亏损巨大的公司推介会，看上去我就像身处许多二手车推销员之中，他们都试图把自己的破车推销给对方。经营模式不佳的一些小公司，也在以疯狂的价格进行首次公开发行股票，或第二次公开增发股票。我坐在这些推介会的会场中，心里只有一个感受："这一切，终将以悲惨结束。"

果然，我们的推介会并没有获得热烈的反响。与令人兴奋的所有网络公司相比，我们这个运输公司则显得令人乏味，此外，我们的企业是盈利的。如果我们把公司的名称迅速地改成"航空货运网络公司"（AirFreightTranspo. com），也许就可以拿到每股 10 美元的价格了。2000 年年初，实在是没有多少投资者在乎是否盈利，大家关注的热点只有互联网和"新纪元"。

我试图说服 AFTPO 的管理层，让他们把首次公开发行股票的价格降低到每股 5 美元。我告诉他们，如果以这个价格进行首次公开发行股票，这只股票的价格是不贵的，一旦公开上市交易，就会上升到合理的价值。同时，我还告诉他们，如果太贪心，定价太高，我们大家就会完全陷入因无流动性投资的境地。我给 AFTPO 的首席执行官以及董事会成员都写了信，阐明了我的意见，要么以更低的价格完成首次公开发行股票，要么面对即将到来的纳斯达克崩溃，我们将永远被关闭在首次公开发行股票的大门之外。他们把首次公开发行股票的价格降到了每股 7 美元，但这还不够。正当经纪公司准备推荐我们上市时，纳斯达克的堡垒轰然倒塌了。我们错过了上市时机，9 年之后，上市的大门依然关闭着。到了 2009 年，首次公开发行股票的希望，仍然不会比 2000 年股票市场刚被摧毁时有一点点好转。

现在看来，在首次公开发行股票之前，我真应该把我的股份以每股

3 美元的价格卖给那些内部人，但这只能是事后诸葛亮了。事实上，对 AFTPO 公司仅存的一点儿希望是，该公司的股份可能被另外一家货运公司收购。令人遗憾的是，随着燃料价格的高涨，经营利润连同公司股份的价值一起都大大缩水了。

参与私募最大的风险是没有流动性。除非你在这家公司具有绝对控制地位，否则，你就要受到公司经营管理人员的支配。有时，管理层的利益与私募投资者的利益并不一致。如果发生利益冲突，在允许实现流动性之前，从本质上讲，你的利益受制于公司管理层。

另一次私募冒险投资

1997 年年初，我参与了一家体育用品零售公司的资本募集。这家公司对私人投资者实施了管理层收购。我通过我管理的对冲基金帮助该公司筹集资金。我们制定的计划是，在私募交易完成后，立即开展首次公开发行股票。为了进行首次公开发行股票，我们在俄勒冈州选择了一家相当好的经纪公司。发行价格确定为每股 9 美元，这个价格将使我们参与私募的投资者获取巨大的收益。正当一切发行工作准备就绪时，亚洲金融危机如同海啸般袭来。股市发生暴跌，因此，这家公司的首次公开发行股票也不得不推迟进行。

当市场刚刚显示出复苏迹象，他们就拿出准备待用的招股说明书，想在 1998 年 10 月再次进行首次公开发行股票。碰巧，由于长期资本管理公司（the Long-Term Capital Management）的对冲基金发生巨亏而破产，市场又动荡起来，这家体育用品零售公司的首次公开发行股票再一次推迟了。最后，在 1999 年底，纳斯达克处于疯狂的高位时，他们决定再次准备好招股说明书，着手在 2000 年年初开始首次公开发行股票。道琼斯工业平均指数（DJIA）和标准普尔（S&P）500 指数在大幅震荡中开始了新的一年。到这家公司制定好融资计划的时候，纳斯达克开始直线下跌，首次公开发行股票的窗口又一次砰然关闭了。

几个月过后，我将美林证券增补为这家公司首次公开发行股票的承销行。美林证券对这桩生意很感兴趣，并认为股票市场依然看涨。他们向我们提交了一份“2000万美元”的私募计划，以使该公司能够得以扩张，一旦股票市场恢复，即行公开上市。聘请美林证券后，我们一共有5位投行人士承担该公司的首次公开发行股票工作。这些人士聘用不久，纳斯达克在一路下跌，下跌了60%至80%。由于市场暴跌，这5位投行人士全部被解雇了，我们的希望再一次破灭了。可以想象得到的是，这家公司的首席执行官再也没有兴致与银行家和经纪人交谈了，而我和我的投资人则实实在在地被套牢了。

我知道，我们唯一的出路是购并交易。我给美国银行的一位分析师打了个电话，他曾负责过加特体育用品公司（Gart Sports Inc.，GRTS）的上市。加特体育也是一家体育用品零售公司，并购看来是比较理想的，美国银行的那位分析师和银行家们都同意进行并购交易。当我们按照这种思路进行操作时，一切事情都显得大有希望。美国银行的银行家们告诉加特公司，这将是一桩非常完美的购并，因此，加特公司同意与这家公司进行商谈。让人惊讶的是，在将要会谈的前两天，GRTS与另外一家上市的体育用品公司进行了大规模的合并。我的购并设想半路夭折了，我和我的投资人的良好愿望也随之破灭了。至少在那一刻我是这样想的。

几年之后，这家体育用品公司的首席执行官正式提出，要以每股20美分的价格收购我们持有的可转换优先股。对此，我感到很震惊，内心非常沮丧。我给这位首席执行官打电话，问他是否可以和我这个股东代表一起坐下来，好好探讨一下这个问题。他很不情愿地同意了。之后，我联系了我的朋友汤姆，他和他的客户也在这家公司投资了。他告诉我说，投资者们非常愤怒，他们已经聘请了律师，将对该公司的管理层团队提出法律诉讼。他和我都很清楚，这对那家公司和我们的客户的投资来讲，都意味着一场灾难的降临。我们很快草拟了一份建议，准备提交给那家公司管理层。

几天以后，我与那位首席执行官和他的律师进行商谈，我友好地向他们表示致意。我客气地提醒他，对他成为这家公司的首席执行官和公司最大的股东，原始投资者是要负责的。同时，我还提醒他，我联系美林证券和加特体育用品公司时所作过的努力，都是为了他和我的股东的双方利益。我告诉他，股东们感到厌恶了已着手开展法律诉讼。我把那份拟定的新建议递给他和他的律师。那位公司律师说道："去控告我们吧，对于那些恼怒的投资者，无论如何，我们都不会给他们一分钱！"

我对首席执行官说："等着瞧吧，股东们会立刻把装满子弹的枪顶到你的脑袋上。能够阻止他们扣动扳机，不让他们控告你的，只有我和这份建议。"我又继续说道："这会让你丢人现眼的。你的律师讲控告去吧，很轻松，啥事也没有。律师已经得到了酬劳，但是，你却会蒙羞，因为在我们持股 8 年之后，你们仅仅以每股 20 美分的价格收购我们的股份，接受我们的建议，才是你的正确选择。"我告诉那个律师："股东们对你们的方案非常愤慨，他们不想要公司的一分钱，他们不但要首席执行官的股票，还要剥他的皮！"我转过头来又看了首席执行官一眼，说："在我向股东们通报这次会谈结果之前，希望在 24 小时内能收到你们的最终答复。"

我离开会议室不到一个小时，就收到了首席执行官打过来的电话，他表示认可我的意见，同意撤销他提出的每股 20 美分方案，愿意以每股 100 美分的价格收购我们的股份。这一方案的实施，终于让我的投资者收回了资金，同时，我们还可以保留转换的普通股。这一方案是转折性的，对我们来说非常重要，因为，对方最初提出的报价仅仅是每股 20 美分，而且这 20 美分是针对我们持有的可转换优先股的全部权益的，包括普通股。大约在我们收回原始投资之后 2 年，该公司接受了每股 5.5 美元的报价，卖出了全部股份。我们在投资变现的过程中，经历了几次挫折，10 年后，我们终于获得了流动性。我的投资者们已经等待得太久了，即使这是一项非常划算的投资，他们也经历了太多的失望。这就是我一直对私募保持着高度警惕的原因。除非是一笔非常吸引人的交易，而且你愿意与这笔生意紧密结合在一起至少 5 年，否则，我劝告你不要在私募中投入一分钱，这种投资真是一种冒风险的交易。

网络公司变成了网络炸弹

我参与的另外两笔私募冒险投资交易，遭受了彻底的失败。这两笔交易都是我在 1999 年互联网股价高峰时期参与的网络投资。第一笔交易是一家为青年运动俱乐部和各类青年社团提供网站的公司。我称这家公司为“青年短期网络公司”（Youth Shorts. Com），因为我都是短期持有这类网络股。

最后一搏

这家公司的商业运营模式是，通过向其他战略合作伙伴预先支付现金，以使这个网站吸引人们的“眼球”（“eyeballs”）。我记得，为了成为一家大型非盈利组织对俱乐部成员发布信息的“指定网站供应商”，他们向这家组织预付了 50 万美元。这家组织兑现了那张 50 万美元支票，在去银行的路上乐不可支。这家冒险公司做出了愚蠢的决定，唯一的好处是在劫难逃的日子提前了——破产！

当“青年短期网络公司”就要见上帝的时候，救世主出现了，他要拯救这家濒临倒闭的公司。这人是个股票经纪人，他已完全丧失了理智。显然，他相信了“吸引眼球的网站”（“eyeballs to web site”）这一商业运营模式。为了拯救这家公司，他不但自己投入了 200 万美元，随后，又把他最大的客户也拉了进来，投了几百万美元，所有这些钱都冲入这家网络公司“下水道”，打水漂了。

一天晚上，这位经纪人给我打电话说：他正准备做一轮“静默折扣”（“dumb-down”）投资。他说，如果我不再向这家公司多投些钱，我和我的投资者就会遭受损失。所谓“静默折扣增发”（“dumb-down round”）是指，风险公司已处于严重的危机边缘，为避免破产厄运来临而祈求资金援助。这类公司被迫以大大低于原始投资者的折扣价格增发股份，以筹集资金。经过“静默折扣”投资后，原始投资者的股份将因大大稀释而受到损伤，除非他们继续参与新一轮的增发。对于他的说辞，我至少保持了足够的理智，对他说：“非常感谢，但是，我们不再参与”这次股份增发了。他继续按照自己的主意行事，完成了增发，他最终控制了这家公司 98% 的股份。当然，零的 98%，依然是零。

这种欺世盗名、“拆东墙补西墙”的日子维持了 5 年，这家公司最终破产了。那位经纪人又一次给我打电话，威胁要为他损失的 200 万美元起诉公司董事会的每一个人。

我还投资了另外一家私募风险互联网公司，当时这家公司正极力与易网公司（eBay）开展竞争。显然，这家公司的竞卖理念与易网公司完全不同，只在网上管理买家，不管理卖家。至今我都不明白我为什么要给这家公司投资，但是，当时他们的想法对我确实很有吸引力。尽管我痛恨网络股，但情不自禁地尝了一口这只禁果。与易网公司这头大象相比，这家公司只能算作一只小蚂蚁，但是，我们被这只小蚂蚁狠狠地跺了一脚！对这两家公司，我只投了非常少的一点钱，但是，这两家公司却随同世界对网络公司的宠爱一起被扔到了那座巨大的网络股垃圾堆中。

其他私募投资

我们曾参与一起私募投资，这次投资因高科技泡沫而收获颇丰。我们以发起人身份按每股 0.1 美元的价格向一家小型电信公司投入了资金。这家公司叫美国在线（U. S. Online，USOL），在 1999 年电信泡沫中公开上市了，股票价格暴涨到每股 10 美元。在发起人股票出售刚解禁的时候，我立刻抛出了股票，在短短的几年时间内，赚取了几十倍的回报。起初，我还感到自己很蠢，因为我是在 5 美元左右的价格抛出的，而且刚一卖掉，价格就翻了一番。但是，过了一段时间，我又开始为自己庆幸，因为当电信泡沫破灭时，这只盈利丰厚的股票很快又跌到了零。我真是幸运呀！

我参加的最后一次，也是规模最大的一次私募股份活动，是一家我称之为“无线蓝牙”（Bluetooth Wireless，BTW）的公司。，我曾参与了BTW 公司的几次股份配售活动。这家公司的业务是一种短距离无线“蓝牙”通讯。在我参与筹集资金的最初几年，我接触过的人中，大多数人甚至连“蓝牙”这两个字都没有听说过。我记得，在为这家公司筹集资金的过程中，我的投资人经常会问：“蓝什么?”我向每一个人解释，我认为蓝牙将会给这个世界带来一次巨大震动。对此，大多数人都认为我在胡言乱语。

对这次投资而言，让人高兴的一面是，在短距离无线通讯领域，BTW 似乎与其他经营者占据同样的有利位置。不利的一面是，纳斯达克泡沫的破灭，把蓝牙的规模化应用推迟了几年。在蓝牙终于形成规模时，Broadcom 公司收购了我们的最大竞争对手 Widcom 公司，他们为蓝牙市场带来了一次真正的震动。这就是说，你可能选对投资主题，但在选择公司时可能犯错误。蓝牙应用获得快速发展，就好像已经发射飞向火星的飞船，而我们蓝牙公司的首席执行官却只能坐在那儿挥手致意，因为他在无线蓝牙领域没有搭上快速发展的飞船。

随后，我们聘请了一个投资咨询小组，希望他们能为我们下一步怎么做提出建议。我们都飞到芝加哥参加董事会议，聆听咨询小组的高见，并与他们共同进行讨论。这是一次令人非常清醒的会议。这些专业的投资顾问对我们说，BTW 的价值逐日下跌，我们应该立刻卖出这家公司的股票。很明显，在选择合作伙伴时，我们挑错了芯片生产厂家，我们上了贼船。由于我们在蓝牙领域两个最大的竞争对手刚刚进行兼并，这对我们产生了极大的震动，因此，BTW 的首席执行官错误地认为，BTW 的价值会与其竞争对手的股价一起飙升。

从根本上来说，这些投资顾问认为，那两家芯片制造商掌握着质量上乘的硅片，击败了竞争对手，并且正在这个领域占据绝对优势的地位。这意味着，我们在无线蓝牙领域已经落伍了，并从一家潜在的行业领先者退化成了一个微不足道的小角色，已沦落为小规模芯片厂家之列。听到这些的实际情况，我简直是瞠目结舌。随后，投资顾问又向我们提出了出售这家公司的潜在价值评估。从他们的预测方案看，我们可以获得适当的收益率，但远不是我们所期待的结果。除此以外，这些受聘的投资顾问还说，他们并不能保证，我们一定能以他们预计的价格卖出这家公司的股份。

在经过了 7 个小时的认真磋商之后，董事会提出了一个新的方案。他们决定着力开发第二代短距离无线通讯软件，预计在 2009 年投入批量生产。董事会成员们的想法是，如果 BTW 公司能够像蓝牙领域的竞争者一样，率先把一种产品推向市场，我们就会像他们那样取得先机。董事会希望，BTW 公司能够接受蓝牙失败的现状，并从中吸取教训，全身心地投入到第二代软件的开发应用中，确保成功。于是，BTW 公司把蓝牙的失败丢在了脑后，根据第二代软件开发路线图前行。

BTW 公司的软件工程师开发出了一款很有市场潜力的“应用杀手”软件（“killer application”），我称之为星形连接（Y-connection）。星形连接是一种无线连接软件，只要简单地按一下鼠标，这种软件就可以把任何系统设备与无线系统连通。例如，如果你打算把小型计算机与打印机连接，那么，你所要做的全部事情就是点一下星形连接图标。然后，这个图标会问你：你想要连接的是哪两个系统设备，你想连接哪一个无线连接设备。最后，它自动执行无线管理功能，你的小型个人电脑利用无线蓝牙连接装置奇迹般地连通了打印机。这款软件技术很成熟，可以应用于无线局域网（wireless area network，WAN）、超宽带（ultra-wide-band，UWB）、，基于 IEEE 802. 11b 标准的无线局域网（WiFi）、Zigbee 和蓝牙，以及各种各样的系统设备上。

对这款软件来说，有利的一面是，BTW 公司已经开始从世界上最大的个人计算机制造商处获取早期收益，这家制造商正在对该种产品进行功能临界测试（mission-critical tests）。BTW 公司也认为，他们的技术将成为第二代短距离无线软件的实际标准。在这个领域，他们处于领先者的地位，他们至少已做到了这一点。他们打算在第一代产品的许多主要芯片制造商中推广软件。不利的一面是，与其它所有小公司一样，该公司需要大量的股权资本，以实现进一步的扩张和壮大，并与大公司开展竞争。2008年，他们再次试图为“最后”几百万美元进行融资。如果为取得必不可少资本的融资失败了，为保证企业能够继续生存，他们将被迫廉价出售资产。

自从我们投入第一笔资金起，至今已达8年之久，但是，这家公司却认为，在这项长时间的橄榄球比赛中，他们才刚刚跑到30码线。对我们这些投资人来说，唯一的问题是，他们将在30码线上被擒抱了，还是能够成功地突破球门线，持球触地得分，赢得最后的胜利。很可能发生的情况是，这家公司最终不得不通过踢进一球得3分，远不是我们投资者要求的得分。在这家公司的早期融资过程中，我曾经通过我的客户亲自筹集了大部分资金，同时，我在这家公司占有相当份额的股份。由于2008年爆发了住房抵押贷款和信用危机，股票和房地产市场暴跌，美元贬值，人们的恐惧心理不断加剧，我可以告诉大家，我像猫一样神经高度紧张。

我们希望，在BTW突破球门线之后，这场比赛就会取得圆满的结果，我和我的投资人在结束区进行庆贺。目前，BTW公司正在与几家公司进行接触，探讨兼并问题，以使股东获得流动性。如果BTW公司在比赛中被擒抱住了，输了，这将是非常令人痛心的，但是，这就是冒险资本游戏的应有之义。

私募投资的真实价值

总而言之，大家都非常清楚，在私募和公开发行股份这个投资领域里，许多事情仍在秘密地继续进行。我非常敬仰那些积极的风险资本投资者和短期资本经营者，因为我深知，在私募投资中实现流动性和取得成功，有多么的艰难！私募确实是一个充满危险的投资领域，一定要非常小心谨慎。如果你是对冲基金经理，我建议你远离风险投资，或者把私募投资风险敞口限定在你所掌控的基金总量的 10%。如果你是关注对冲基金的私人投资者，那么，我劝告您，对于私募公司投资占投资组合的比例超过 20% 的基金，要敬而远之。理由是，你永远都不可能真正了解：基金经理对那些私募公司的定价是否正确。如果他们定价过高，根据按市值定价原则，你就面临着减值风险。

对冲基金经理很可能按参与私募时的价格对他们私募投资进行定价。这个价格可能大大高于私募公司的实际价值，也可能远远低于私募公司的实际价值。如果私募公司经营情况良好，基金经理只需向其主经纪人发出标高价格的指令，就可以轻松地提高基金中私募投资的价值。对冲基金经理只需不对会计师和出纳员发表任何意见，那么，根据其最佳判断，这个价值就是正确的。事实上，这个价值可能是正确的，但是，在私募投资实现流动性之前，没有人真正知道这个价值到底正确与否。在没有经过公开上市获得准确定价之前，根本就不可能有人知道私募公司的价值。在这种情况下，你可能加入的投资于私募公司的基金，其估值可能大大高于真实价值，也可能大大低于真实价值。如果你正在考虑把自己的资金交给某位对冲基金经理，其持有私募和冒险公司的风险敞口，那么，你要是明白这个道理，显得非常重要的。

到最后一刻，大笔金钱将要看到最佳的冒险交易：这才知道，风险资本是怎样的一场游戏。此外，每一个人都在拼搏着，只不过得到了大笔金钱从桌上撒落下来的一些零钱。我可以告诉大家我的直接经验，我确实品尝过许多只得到零钱的味道，但是，我认为，对于积极进取的资金来说，还有获取高收益率更加安全的投资方式。

第 10 章

如何从市场顶部中识别出底部

如果司机不懂，也不注意沿途的交通警示标志，人们可以想象得出其驾驶的危险性。这些交通标志完全是为了提醒司机注意：黄灯提示我们行进时要小心，例如提示人口稠密区、急转弯和铁路的交叉道口等交通标志；红灯是让司机停车。对这些交通警示标志视而不见，可能导致车毁人亡。

对那些小心警惕的和受过教育的投资者来说，股票和金融市场有许多预警信号。这些信号可能是说明市场将趋于疲软的卖出时机的强烈指标，也可能是你说明市场准备上涨的买入时机的强烈指标。聪明的投资者一般采用包括股票多头和空头在内的投资组合策略。这些聪明的投资者已经学会了如何识别市场的顶部和底部，并用所掌握的知识去增强成功的机会。

正如我前面谈到的，所有市场都有长期的波动（更长时间的波动），一些长期波动还会更长一些。即使在长期的牛市或熊市行情下，还会出现周期性的（短期的）上、下波动。这一点非常重要，因为，无论是周期性的还是长期性的波动，人们都需要加以识别，对自己的投资组合进行必要的调整。2000 年 3 月，纳斯达克的顶部显然是一个长期顶部。在启动下一轮长期上涨之前，走完眼前这轮长期熊市，很可能要花 10 至 15 年的时间。

由于纳斯达克正在暴跌，当市场超卖时，就会出现熊市的周期性止跌反弹行情。在重新下跌之前，这种技术性的止跌反弹行情会一直持续到卖出者造成的顶部阻力位。举例来说，纳斯达克指数在 2000 年 3 月 10 日达到了创纪录的最高点 5048 点，到 5 月 23 日下跌到 3164 点。这种股价下跌行情创造了为空头回补和建立多头提供了一个极好的机会。随后，纳斯达克指数又暴涨了 1200 点，当市场在 7 月份上冲到最高点时，精明的交易者可能通过他们的多头获得了利润。纳斯达克市场止跌反弹行情遇到了顶部的阻力位，由于股票又出现下跌趋势，再次给交易者提供了沽空的机会。在纳斯达克市场长期下跌的背景下，5 月至 7 月的市场波动是一种熊市中的周期性止跌反弹行情。

由于下跌中的市场必然出现熊市反弹行情，这为交易者提供了一个机会，他们可以回补空头，并等待在止跌反弹行情期结束后再次进行沽空。交易者可以进入股票超卖的市场买进股票，等待与下跌大势背道而驰不可避免的止跌反弹行情。熊市中长期沽空的炒家可以选择不理睬这些止跌反弹行情，继续保持与市场大势一致的操作，直至市场跌到最终的底部。

房地产市场的复苏将经历类似于股票市场熊市中的止跌反弹行情。从下面几家住宅建筑公司股票的表现中，你也许可以发现房地产短期复苏的一个预兆：D. R. 霍顿股份有限公司（D. R. Horton，Inc. DHI）、托尔兄弟有限公司（Toll Brothers，Inc. TOL）、KB 住宅公司（KB Home，KBH）、美国 Beazer 住宅有限公司（Beazer Homes USA，Inc. BZH）和 NVR 有限公司（NVR，Inc. NVR），这些公司的股票的走势图显示股价已见底，因为公司内部人员对反弹的期望不断增强，都在买这些公司的股票。这样，你可以利用这些短暂的反弹，减少从 2005 年开始的长期熊市给你造成的损失。在开始第二阶段持续上涨阶段之前，这些股票必将在第一阶段筑底阶段经过一个相当长时间的发展。

重要的是，我们要清楚地了解我们现在处在什么阶段，以及未来我们可能进入什么阶段。最好的办法就是对市场均线图和单只股票的均线图进行分析。

在筑底阶段，你可以慢慢增加你的多头头寸。

在上涨阶段，你可以增加你多头头寸。

在形成顶部阶段，你可以卖出多头，建立空头。

在下跌阶段，你应当增加空头头寸。

从标准普尔500种股票价格指数和道琼斯工业股票平均价格指数来看，2000年开始进入周期性的熊市波动，直到2003年3月才重新开始长期的牛市。从这些价格指数来看，1982年就开始长久的波动，然后，由于格林斯潘试行货币供应新政策，导致1995年市场出现没有业绩支撑的暴涨。2008年初，我们已经走完了标普500指数和道琼斯指数始于1982年的长期大牛市波动的最后一个阶段。在1979年，我们就看到上一轮长期熊市快要结束的证据了，1979年8月13日《商业周刊》的封面文章是“股票之死”，现在，该杂志的封面文章已经声名狼藉了。在那篇看跌文章刊登以后，市场很快跌到了最低点。尔后，当市场先生（吉姆·克兰默）本人的照片被刊登在2005年9月发行的《商业周刊》的封面上时，我们又看到了这轮长期的牛市走势快要结束的佐证。

如果你是一位非常耐心的买入或持有证券的投资者，而且能够像过去一样在长期下跌的市场中照常持有，那么，你要准备持股15年到20年，或20年以上，很可能是盈亏相抵，不赔不赚。然而，随着美元购买力的下降，对于在整个长期熊市中因持有多头而造成的财富损失，你可能永远也无法弥补。市场再次达到以前的最高点，很可能要花费整整一代人的时间。

为了证明上述观点，请看一下2000年纳斯达克股票飙升的情况，在此之后这些股票不是破产了，就是从最高点下跌了80%到90%。在上世纪60年代号称“最佳50种”的股票一直保持到上世纪的80年代，其中一些股票依然存在，但许多跌到了最终的底部。如果你对最近100年大熊市的平均持续时间（1906年－1921年，1929年－1949年，以及1966年－1982年）进行分析，就会发现这些大熊市的平均持续时间为191个月，或者几乎是波动幅度很大的16年之久。我将讨论市场长期顶部的各种预兆，并与市场长期底部的各种预兆进行对比。之后，我还将同你们分享一个故事，说明大多数投资者在股市顶部和下一个底部时的感受。

顶部的预兆

为了更好地理解市场底部的预兆，首先我们需要了解市场顶部的预兆，并且与市场底部的一些特殊预兆进行对照比较。从历史上来看，预兆美国联邦储备委员会开始提高利率是市场形成顶部的第一个预兆。美联储这样做是为了缓解通货膨胀的压力，或者抑制市场过度投机。无论出于什么目的，正如著名的共同基金经理马蒂·兹韦格（Marty Zweig）所提出的，“不要和美联储对着干”，这已成为华尔街上的一个普遍原则。如果美联储提高利率，你就应当卖出股票，减少多头头寸，增加空头头寸。这仍然是一个好建议，将使你在熊市中免受灭顶之灾。

在纳斯达克指数冲上最后的高位之前，美联储在 1999 年就开始提高利率了。广泛公认的规律是“三步一看”“three steps and a stumble”。第一步加息时，给你提供了一个减少多头头寸的机会。你想慢慢地减少你的头寸——成为一个按比例出货的卖出者，因为上涨动能强劲的股票市场可能会将股价推向更高的水平，就像 1999 年年中至 2000 年初纳斯达克市场达到峰值时所出现的情景一样。第二步加息时，给你一个机会，通过增加空头头寸在股市必然下跌过程中调整头寸，因为华尔街开始预计下一轮加息。当美联储开始新一轮收紧或放松银根的时候，通常会进行连续的利率调整。请注意在 2007 年将近年底时和整个 2008 年期间，由于美联储积极地推行新一轮宽松的信贷政策，伯南克接二连三地紧急降息。第三步加息时，你可以放心地增加空头头寸，并继续减少你多头头寸。

许多投资者认为存在 6% 的规律，这就是说，如果美联储将贴现率提高到 6%，股票市场会迅速下跌。该理论受到许多证据非常有力的支持，当美国联邦储备委员会最终被迫将贴现率提高到 6% 的时候，投资者应当沽空手中的股票，积极增加手持现金。

在美联储将贴现率提高到6%的第二天，随之出现市场的大幅下跌或崩溃：

1920年1月23日：简而言之，导致了1920年－1921年令人痛苦的大萧条。

1929年8月9日：适逢股市崩溃和大萧条的前夜。

1969年4月3日：随后出现令人恐慌的市场。

1973年4月11日：随后出现令人厌恶的熊市。

1977年10月26日：随后出现可怕的熊市。

1987年9月：道琼斯指数预先恐慌性下跌36%。

在投机泡沫破裂的市场顶部，股票一般都是疯狂地上涨，这些上市公司的董事会常常在股票价格大涨之后，拆分他们公司的股票。在市场顶部，经常出现这种情况。在1987年市场暴跌之前的30天内，有169只股票拆分了。在1996年6月，有155只股票拆分了，按当日的最高点与当日最低点计算，股票市场下跌了19%。多数股票在3周期间卖出了30%到50%。在1997年，在我们经历导致股票市场下跌的亚洲金融危机之前，我们看到有170只股票在这场危机爆发之前的30天内就已分拆了。长期资产管理公司破产和俄罗斯金融危机是1998年的“市场暴跌”的预警信号，因此，在1998年6月，拆分的股票超过了200只。

市场顶部的另一个预兆是市场出现创纪录低的空头未补头寸，同时新股发行量达到创纪录的高水平。低的空头未补头寸减少了未来空头补进的潜在需求。空头未补头寸的另一个连带预兆是零星股票的空头卖出，也就是说，那些初涉股票市场没有投资经验的小额投资者的卖空，在市场顶部几乎没有这类卖空。“闷钱”性质的零星股票空头卖出会在市场底部时放量成交，达到创纪录的高水平，每一次空头卖出15股至99股股票。例如，2月28日，在2000年纳斯达克股市崩溃前夕，空头未补头寸创下了 5 年来的新低。这种空头的大幅萎缩是市场顶部最可靠的预兆之一。沿着同样的思路，另一个先行指标预兆是看跌期权与看涨期权的比率。一般而言，根据你所遵循的看跌期权与看涨期权的比率，买入看跌期权的比率高，说明市场已经过分地看跌，反之，就是看涨。买入看跌期权的比率低是一个自鸣得意的预兆，这是说明市场顶部的另一个预兆。

新股发行量达到创纪录的新高是市场接近顶部的另一个显著预兆。新股发行量达到创纪录的新高增加了市场股票的供应量，最终必然会导致超过需求，致使股票市场下跌。在 1999 年的纳斯达克市场拦腰一刀，2007 年中国股票再次出现暴跌 50% 行情之前的情况，非常清楚地说明了这个问题。

在一个长期性的顶部，共同基金现金比例非常低，只有 3% 到 4%，现金全部投资到股票上，对股票市场的暴跌没有任何防备。当股市处在绝对底部的时候，共同基金的现金比例为 10% 到 15%。在市场顶部的时候，传统的股票市场估值指标几乎没有用处，但在市场底部却非常有用。如果用传统的估值指标，如账面价值、红利率和市盈率，对 2007 年的股市顶部进行估值，我们得到了创纪录或者接近创纪录的高水平。相反，在接下来的长期底部，在市盈率为 1 位数、股价低于账面价值的情况下，进行股票交易。在我们讨论这些低水平估值之前，我先谈论市场的底部。

在 1949 年的市场底部，标普 500 指数的平均市盈率为 5. 4 倍，红利率为 7. 6%，市价对账面价值的比率为 0. 89 倍的账面价值。在 1982 年长期熊市的底部，标普 500 指数的平均市盈率为 7. 9 倍，红利率为 6. 3%，市价对账面价值比率为 0. 97 倍的账面价值。在 2007 年的市场顶部，大多数股票是按相当于账面价值 6 到 7 倍的价格成交的。红利率已经多年没人关心了，在市场顶部这个指标几乎没有用处，但是，在发现下一个长期底部时将会很有用。在下一个股市底部，股票红利率将是高水平的 1 位数，以便与债券的高收益率进行竞争，由于通货膨胀肯定要发生，在这种情况下债券价格下跌，导致债券收益率上升。当你阅读美国国家经济研究局（National Bureau of Economic Research）关于1870年红利率的研究报告之后，你可能会形成这种看法：在下一个长期熊市的底部，红利率会固定在7%至10%。为了观察这些估值是否达到以前市场重大底部的水平，需要经历一个很严重的熊市。

在下一个市场顶部，你将看到，在纳斯达克市场和纽约证券交易所挂牌上市的股票中，每天股价创新高的股票有800至1000家左右。在市场底部，你将看到，每天股价创新低的股票也有800至1000家左右。正好在股市最低的时候，我们发现，2002年10月8日，纽约股票交易所有941只股票的股价创下了新低。在2002年纳斯达克市场最低点的时候，股价创新低的股票超过了1500只。由于美国的股市在寻求"底部"，但这只是相对于长期熊市的"底部"的"底部"，2008年股市下跌不断创出新低。

在市场处于顶部的时候，你会看到共同基金和对冲基金达到创纪录的资金规模。2000年2月，就在市场处于顶部的时候，投资者注入股票共同基金的资金，从上个月的399.8亿美元增加到创纪录的600亿美元。在1929年，共同基金称为信托投资基金。从1921年到1925年，信托投资基金为7500万美元。从1925年到1927年，信托基金猛涨到10亿美元。到1928年，信托投资基金的总资产上升到45亿美元。在1929年市场大暴跌之后，信托投资基金从45亿美元降到1933年的3100万美元。1990年，当日本日经指数上摸39000点新高的时候，日本的股票投资基金达到2,500亿美元。到1996年，美国信托投资基金从2,500亿美元降到300亿美元。将来，在我们看到市场底部之前，共同基金和对冲基金的规模将从上万亿美元缩小至几千亿美元。

在上世纪90年代，共同基金吸收了大量资金，规模达到创记录的水平。如今，共同基金的规模大于股票规模，而且由于通货紧缩加剧，将损失上万亿的美元，因此，在市场处于绝对的底部时，现有基金中只有一小部分将离场。在新的世纪，我们正在看到，流入对冲基金的资金达到创记录的规模。对冲基金就像由各种资金聚集而成的共同基金，随着市场大市向下，股票下跌的损失将更加严重。其原因是，对冲基金进行反向操作，大量地沽空股票，增加了股市下行的压力。

在 2007 年之前，对冲基金在卖空前，必须要等待股票买入价报涨。由于股票报升规则停止执行了，对冲基金可以刚好按买入价出货，从而可以无情地压低股价。无论市场出现上涨或下跌势头，对冲基金已成为推动市场上升或下降的强大力量。这就是为什么在我们所处的市场动荡的新时代里，人们需要采取积极的证券投资组合管理模式。

在接近市场顶部时，你会从分析师那里听到许多最令人惊讶的事情，还可以看到股票疯狂的表现，例如，1998 年的亚马逊网络公司，2000 年变成了“亚马逊网络炸弹”（“Amazon. bomb”）。我想起了亨利·布洛杰特（Henry Blodget）关于亚马逊网络公司目标价格达到 400 美元的看涨行情，在他提高目标价格以后的 4 周之内，该股票每股价格从 260 美元上涨到了 400 美元。糟糕的是，那时我是错误的交易方，我沽空了亚马逊公司的股票，因此，我才对那段经历记得那么清楚。但是，具有讽刺意义的事情是 18 个月之后，亚马逊股票从那个高位上下跌了 80%。

在第二个市场顶部，报纸上的新闻将是鼓舞人心的、积极的和大受人们欢迎的。2000 年 3 月，全美国的报纸都在报道：“1999 年第 4 季度，火热的经济将以 7.3% 的增长率大幅增长。”1999 年，当我在美国银行研讨会上向高端财富投资者介绍我的对冲基金时，我就用当地报纸上的标题来说明所有的好消息。我这样做的目的是为了说明我对市场顶部的看法。在下一个市场底部，新闻又一边倒地报道了经济和股票的负面消息，从而立即引起对 21 世纪新的大萧条的恐慌。

在市场顶部，政府常常会加税，在市场底部，政府通常会通过减税来刺激经济的增长，正如我们所看见的，布什政府出台了减税政策。里根政府的减税措施也说明了这种情况。对于股市来说，减税是非常看涨的利好消息，相反，加税常常成为市场看跌的信号。

在市场顶部，内部人的卖出急剧放量，1999 年和 2000 年创下了新纪录。在市场底部，内部人的买入急剧放量，如 1987 年和 1990 年的经济衰退就出现了这种事情。在 2008 年震荡的股票市场中，一些内部人一直在积极地买入股票，这是看涨者在探寻市场底部的一个预兆。在市场顶部，你将看到这种消息，纽约股票交易所的席位会达到创纪录的高水平。

在市场顶部，投资者会不断增加保证金，成倍地买入更多的股票，以获得成倍的赢利。保证金债务疯狂增加，不断创出新高，这是市场接近顶部的另一个可靠的预兆。与 1999 年 9 月相比，2000 年 2 月的保证金债务增加了 50%，达到 2650 亿美元，当时市场恰好处在顶部。在牛市中，保证金债务不断扩大，在熊市中，保证金债务却不断缩小。在市场底部，保证金债务会减少一半，如 2003 年在我们触底之前，保证金债务减少了 1300 亿美元。在 2008 年市场暴跌之前，2007 年保证金债务急剧增加，超过了 2000 年的历史高位。

涨跌趋势线（advance-decline，简称 A-D 线）是一种技术工具，可以有效地检验市场是否将暴跌。你可以在《投资者商业日报》看到这方面的信息。如果涨跌趋势线正在下移，说明市场看跌者多于看涨者。简单地说，涨跌趋势线是由上涨股票减去下跌股票形成的一种指数，并据此绘出涨跌趋势图，这样，可以识别出股市的走势。1987 年，根据涨跌趋势线的警告，那些将股票兑现或沽空的投资者避开了 10 月份的股市跳水。投资者还避免了 1973 年 – 1974 年熊市的损失，期间道琼斯指数从 1036 点跌到 578 点。在 1999 年初，涨趋势跌线降到了新的低点，这为 2000 年出现的股市顶部作出了预警。在 2000 年股市形成顶部之前，大多数股票已经开始呈现熊市状态。在 2000 年 3 月份形成股市顶部之前，1999 年 IBM、CSCO、SUNW 和 MSFT 这四匹快马导致精选的几只科技股股价（纯粹的网络公司除外）冲向了新高。2008 年的涨跌趋势线表明，市场看跌者占大多数。

在长期熊市底部，如果你经常向投资朋友提起股市，他们会威胁性地敲打你的后脑勺。换句话说，你在股市处于底部时，你的朋友不想你谈论有关金融市场的任何事情。

判断顶部

试图判断股票市场的顶部不仅很困难，而且可能是一种令人后悔的行为。马蒂·兹维格（Marty Zweig）和伊莱恩·加扎雷利（Elaine Garzerelli）由于预测了 1987 年的股市暴跌而名噪一时，但他们的名声没有持续多久。当然，马蒂·兹维格是一位最酷的理财经理，对于像我一样的许多粉丝来说，他总是那么的有名气。我想起，从 1996 年开始，詹姆斯·斯塔克（James Stack）是那几年“捕捉市场时机的第一高人”，那时，他在电视节目上作出了一个大的判断。1996 年 3 月 15 日，《投资者商业日报》引用了他的一段话：“由于市场调整幅度太窄，象样的市场调整就会花较长的时间。你可能会愚蠢地低估股市的这种风险”。当然，用后见之明来讲，低估市场的力量也是愚蠢的，因为股市已经暴涨好几年了。1996 年 1 月 20 日，就在股票即将进一步飙升之前，伊莱恩·加扎雷利作出了著名的判断：“现在就卖掉你所有的股票”。接着，又出现了迈克尔·梅茨（Michael Metz），他是上世纪 90 年代大牛市期间公开明确的看跌者，在股市到达顶部之前，他最终被解雇了。1995 年 4 月 24 日，那时迈克尔·梅茨是奥本海默有限公司（Oppenheimer, Inc.）的首席投资策略师，《投资者商业日报》上引用了他的一段话：“如果股票市场已经消化了所有的好消息，那么风险与收益都不大了”。当然，用后见之明来说，我们知道风险与收益都是大的。由于股市出现了强劲的止跌反弹行情，几年来迈克尔一直板着一副看跌的愁容。

在迈克尔·梅茨即将结束在奥本海默（Oppenheimer）有限公司职业生涯的时候，CNBC 曾采访过他。当电视节目主持人向他提问时，我看着他从一个牢骚不断、自信的看跌者变成一只胆怯的猫。“我们从这要去哪儿?”迈克尔非常清楚地知道他将去哪儿，但他不知道市场将走向哪里。迈克尔仔细打量了一下主持人，说到：“这个市场再次使我相形见拙，我正在寻找新的职业。”1988 年 6 月 22 日《财富》杂志登载了一篇文章，题目是“别了，最后的看跌者”。该文章向梅茨提问：“自 1995 年以来，天都快塌下来了，世人都在惊慌失措”，在这种情况下，你为什么反而放弃了。迈克尔·梅茨，这个“最后真正的熊市名人”回答说：“我对判断错误感到厌烦了”。那是一个快速闪亮的黄灯，说明股市离最后的顶部已经不远了。令人惊讶的是，梅茨又返回华尔街了。在 2007 年 5 月，我看见他再次出现在 CNBC 的电视节目上，令我十分诧异的是，他已是一个狂热的看涨者。当他前几年开始大声呼吁“卖出”的时候，道琼斯指数还处在 10000 点以上的水平。所有持长期熊市观点的人都应当对他的这种转变感到令人鼓舞。

到底涨到什么程度才算是高了？

当看到纳斯达克指数上升到 5048 点之后，你必须问自己，到底涨到什么程度才算是高了？我记得，在 1996 年 5 月 3 日，比较仪系统公司（Comparator Systems，IDID）的股票榜上有名。这是一只生产指纹识别系统的上市公司股票，从每股 0.03 美元放量暴涨到 2 美元。当时该公司还没有销售收入，亏损巨大，流通股为 6 亿股。在短短的几天之内，一家濒临破产的公司怎么可能变成 10 亿美元市场价值的公司？同样还是那个问题，到底涨到什么程度才算是高了？大约一个月之后，IDID 公司在股价接近 2 个美元时被暂停交易了，以后重新开盘时集合竞价的价格为零。在此，我们得到了问题的答案，即股价跌到什么程度才算是低了？到底涨到什么程度才算是高了的答案是：“天知道？”

有一次，我与一位老兄聊天，我知道他在 VA Linux 公司（LNUX）首次公开募股的当天，从一级半市场上买进了该公司的股票。该公司首次公开募股的价格为每股 30 美元，在上市交易日的第一天，交易价格上升了 698%。在这只股票价格狂升之后，他买进了该股票。我记得我还问过他：“一天上涨 700% 的股票真的还能继续上涨吗？”1999 年，我自己找到了答案，我看到 JDSU 公司的股票上涨了 830%。在该股股价的顶部，我从我的股票经纪商 Sutro & Co. 公司那里获得有关 JDSU 公司的研究报告，该公司说："我们是根据买入评级情况确定 JDSU 公司股票的发行规模，我们相信，JDSU 公司的市盈率将高达 100 倍，也就说，市值将为 2600 亿美元。" 2008 年，JDSU 公司的最高市值才达到 120 亿美元，离 1999 年估计的 2600 亿美元相差极大。

1999 年 12 月 29 日，我和我妻子去看一对已婚夫妇，他们是我们的朋友。丈夫正在网上交易 Qualcomm（QCOM）股票。我们看到，那一天 QCOM 股票涨到 659 美元，上涨了 156%。第二天当我们醒来时，QCOM 每股又跳空高开了 81 美元，每股涨到 740 美元。如果你不是亲身经历过那个疯狂的网络股时期，你决不敢相信真的会有这种好事。

为什么会发生这种荒唐的投机现象？看看艾伦·格林斯潘的所作所为，你就知道答案了。所谓的"艺术大师"增发的货币量，超过了 1913 年美联储成立以来历届联储主席增发的货币总量。我记得，Aeriel 公司的股票仅在一周的时间内股价暴涨了 1000%。1998 年 11 月 13 日，只是因为发布"开通互联网高速接口"的消息，AvTel 公司（AVCO）股票跳空高开，暴涨了 1277.8%。同一天，互联网投资狂看到 Theglobe 公司（TGLO）在其上市的第一天就跳空高开，上涨了 500%。

只有流动性泛滥和贪婪，才能创造出这些天文数字般的短期价格收益率。格林斯潘在 1999 年年未时声称，在泡沫破灭之前，他无法确定是否存在泡沫，为什么我对他这句话感到十分诧异，原因就在于此。格林斯潘应当早一点看到这些明显的泡沫，采用提高保证金比率和银行准备金率的措施，抑制这些投机性的疯狂行为。

我的另一位股票经纪人要我按每股 200 美元的价格买入"应用微电路公司"（Applied Micro Circuits（AMCC））的股票。我对他说，AMMC 公司的市盈率高达 540 倍的，市值为其账面价值的 20 倍，相当于现金流的 271 倍和营业收入的 115 倍。我还告诉他，有 20 个内部人卖出总数 110 万的股票，但无人问津。再次提出这样的问题：到底涨到什么程度才算是高了？

我们必须了解其它泡沫狂热事件，才能回答到底涨到什么程度才算是高了这个问题。1634 年，荷兰发生了郁金香狂热事件，在其价格暴跌 93% 之前，曾经暴涨了 5900%。在 18 世纪初期，“密西西比流域开发计划”股票泡沫在股价暴跌 99% 之前，暴涨了 6200%，英国南海公司股票泡沫在股价暴跌 84% 之前，也曾暴涨了 1000%。对任何市场的顶部进行判断时太容易出现错误的判断，因为我们不知道泡沫市场到底可以涨到多高。这就是我采用股票多头和空头的空头方策略，加上预先设定止跌策略和价格目标，之所以如此有效的另外一个原因。

在我初涉这个行业的时候，我遇见了二位专做黄金类股票的经纪人，他们曾在日本股票市场进行豪赌，当时日经指数从 1980 年的 6000 点扶摇直上到 1989 年的 25000 点。正是由于日本股市这次的巨幅上涨，那些股票经纪人纷纷进入日本股市进行狂赌，为什么不赌呢？显然，股票和房地产都出现泡沫了。1992 年当市场处于顶部时，日本的房地产市场价值高达 16 万亿美元。日本的国土面积比蒙大纳州还小，可是其房地产价值比美国 50 个州的总和还要高。据说，当时东京的皇宫比加利福尼亚的全部房地产还要值钱。

这二位股票经纪人正在买进在纳斯达克市场交易的日本日经指数看跌认股权证（Japanese Nikkei put warrants）。由于日经指数涨到 30000 点时，不得不下跌，但他们还是不断地买入看跌认股权证，甚至继续追加保证金，因此，这二位仁兄正在赔钱。当日经指数涨到 35000 点时，他们已经完全“弹尽粮绝”了。日经指数达到 39000 点峰值后，接着就崩溃了。这是一个非常明显的例子，说明无论你的投资想法是多么正确，但是，由于对市场时机判断错误，也会使你损失惨重，甚至全部赔光你。请记住，永远要采用止损策略——永远!。

我曾告诫过我的那些投资者们，“10 年暴跌一次的轮回”将发生在 1997 年 10 月 19 日左右。我在本书中概述的所有预兆中，几乎每个指标都在那年的秋季亮起了红灯。我告诉了每一位愿意听我忠告的人，即将来临的亚洲“虎”金融危机将使道琼斯指数再现大崩盘，就像 1987 年的市场崩溃一样。就在1997年10月27日市场崩溃之前的几周，我将我管理的对冲基金100%地变现了，令人高兴的是那年正好到期。因为我对我那一年的投资收益感到非常欣喜，因此，我看不到任何沽空的理由。亚洲货币危机的影响扩散了，道琼斯指数大幅下挫。由于亚洲货币危机发生时正值场外交易的日子，场外证券市场受到了重创，第一次提前闭市。

1997年10月27日，我正在当地的健身俱乐部，当时，当地报纸的记者们正在向人们询问股市暴跌是否伤及了他们。我告诉他们，现在我管的对冲基金是100%的现金。我知道接下来会发生什么事情，当记者向我采访对股市的看法时，有人给我照了相，我被大伙簇拥着。当围观的人们知道我只是华尔街一个普通的投机者，激动的情绪平静了，围观的人很快就离去了。

第二天，我的照片刊登在当地报纸的《人物专栏》上，介绍我在股市崩溃前几周就100%地套现了。还引用了我讲的话："股票价格已经下来了，有些股票现在值得买进了。"在判断亚洲货币危机时，我说对了，但在判断10年一次暴跌的轮回时，我就错了，因为股市不仅复苏了，并且涨得更高。1999年是纳斯达克市场有历有来表现最好的一年。

1999年纳斯达克市场近乎于荒唐的狂涨现象恰恰说明，在你认为股价高得不合情理和不可能再上涨的时候，即使已经涨得很高了，也还可能继续涨到令人不可思议的价位。这又是一个好例子，说明为什么对于成功的投资和交易来说，止损纪律是至关重要的。

"把短裤套在我的脑袋上"

回顾1996年，当出现"由于预算谈判失败了，美国政府将停止运行"，这条新闻时，股票市场随之进行着大规模的杀价抛卖。在我管的对冲基金中，错误地沽空了股票，期待市场暴跌。我管的对冲基金的证券投资组合助理经理作出了市场顶部的判断，对此我将终身难忘。他用强调口吻说："如果道琼斯指数突破到5500点以上，创下新高，我就把短裤套在我的脑袋上，套上一整天"随着市场止跌反弹，我因为沽空而发生了大量的亏损，在我亏钱的过程中，我的助理经理还带头起哄。此后不久，股市大幅上涨，远远超过了他打赌时说的短裤套在头上的市场判断水平。

关键的问题是，每当标题新闻是坏消息、股价下跌的时候，人们将充满"把短裤套在我头上"式的信心。只要你敢对顶部作出判断，你往往会出现不得不将脚丫子塞进自己嘴里（不得不自己抽自己大嘴巴子），或者把短裤套在自己脑袋上的结局。我个人最好的建议就是采用空头方策略，并且，未来的市场风险（和回报）是极其高的，必须保持高度警惕。试试对冲怎么样！

由于美联储印发货币和降低利率，股市到底涨到多高才算是高了？我没有概念了。但是，传统的估值标准告诉我们，所有的投资者都需要象关注股市上涨那样密切地关注股市的下跌，并相应地调整好自己的头寸。格林斯潘和伯南克象汉斯和弗朗兹一样，这两个人是星期六午夜现场直播滑稽短剧中的二位强势人物。可以想象一下，他们两位几乎成了一架大型的印钞机，不停地增加货币供应量，并用阿诺德·施瓦辛格式的口音说："我们正在给你们打气呢"（鼓掌）。这就是他们的所作所为，2000年创造了纳斯达克市场的泡沫，2004年创造了房地产泡沫，2007年创造了道琼斯和标普500指数的泡沫。一旦2008年范围广泛的资产崩溃结束，伯南克会以2008年以前从未有过的速度向市场注入资金，因此，将出现新创造的泡沫，迅速上升的通货膨胀的可能性越来越大。

底部的最佳预兆

我已经谈及过你在市场底部将看到的一些预兆。在此，我将集中讲述一些最佳的市场指标，据此你可以知道你是处在市场顶部还是处在市场底部。1987年、1990年、1994年和2003年出现市场底部的时候，就有一个可靠、简单的指标。这是一种峰值信号，即所谓的波动率指数（Volatility Index），或简称维克斯指数（VIX）。维克斯指数看跌期权与看涨期权的比率，是衡量市场是否出现恐慌心理的一个最可靠的指标。维克斯指数是美国杜克大学（Duke University）的罗伯特·惠利（Robert Whaley）为芝加哥期权交易所（Chicago Board Options Exchange）发明创建的。还可以用维克斯指数确定市场的顶部，但在确定市场顶部的时机可靠性不太高。维克斯指数可能会长期处在低位，而市场可能基本上处于一边倒状态，甚至开始上升，这样，这个指标不太适合用于确定市场顶部的时机。但是，当投资者和交易者出现恐慌，大量买入看跌期权，对股市将崩溃下赌注的时候，维克斯指数会上涨得更高。

维克斯指数是对市场恐慌心理是否加剧进行测定的一个好指标，适合于对各种市场底部的测定，不管是长期性的还是周期性的市场底部。自1995年以来，维克斯指数收盘时的平均值为22左右，在大多数交易日中，维克斯指数在15至25之间。1987年10月20日，该指数达到过172.79的极端水平。大多数情况下，该指数只需接近或稍高于50，而且，你知道，市场已接近某种底部，是你回补你空头和开始逐步向市场投放资金的时候了。1998年10月8日，随着俄罗斯金融危机向全球扩散，维克斯指数达到58.92。这是自1999年纳斯达克创建以来市场接近历史上最大的一次波动。2008年10月，真的令人难以置信，维克斯指数超过了80。太吓人了！

只要维克斯指数超你过50，你应当回补一些空头，增加多头，而且，再次强调，慢慢地进行多头操作。一旦市场大势开始掉头向下，你要设法抓住下跌中的“刀子”。由于你正在试图抓住下跌中的“刀子”，买进那些跌得一塌糊涂的股票，但是，如果你买得太早，太激进，你可能会被划得血迹斑斑。当下跌中的“刀子”终于掉到底的时候，你可以在股票暴跌并且开始放量上行之后，更积极地买进股票。股市在底部突然放量，量放得越大，反弹幅度越高，因为这是市场转向强势的信号。你总是想降低空头和多头头寸的平均价格，只有多头的平均价格才会提高。当你正在设法寻求市场底部时，永远不要想降低买入时的平均价格。但是，利用空头头寸，可以慢慢地实现将你的平均盈利，因为在下跌中的“刀子”掉到底之前，市场要走一段很长的下跌之路。

一般来说，任何时候，只要维克斯指数低于10，说明你可能正在进入市场的高风险区域，你应当知道，投资者极其的自满，你需要减少多头，慢慢地增加空头。维克斯指数高，证明市场极其恐慌，将出现大牛市。维克斯指数低，证明市场极其自满，这是需要引起注意的黄灯。这个指标将帮助你明智地控制和确定证券投资组合的头寸，提高收益率，降低风险。用维克斯指数指标来发现市场底部，效果非常好，如果将这个指标与我介绍过的说明顶部的其它指标一起使用，用于发现市场顶部的效果也很好。世界上没有一个十全十美的指标，因此，你需要了解和识别所有亮起的警告信号灯。

《投资者信息调查》（*Investors Intelligence survey*）是另一个发现市场底部的重要风向标，有时也可用于识别市场顶部。《投资者信息》的总部在纽约，通过向130家咨询公司发放市场行情调查问卷，了解这些公司的意向，编辑出版时事通讯，提供咨询服务。投资者信息》调查了解看涨的投资顾问和看跌的投资顾问的百分比，并进行比较分析。历史证明，将投资咨询公司和时事通讯撰稿人者作为一个整体来看，大部分时间他们的看法是错误的。时事通讯撰稿人的观点成为了一种相反的风向标，当他们是看跌者时，你应当是看涨者；当他们是看涨者时，你应当是看跌者。

美国个人投资者协会（AAII）指数（American Association of Individual Investors（AAII）Index）公布了追踪调查个人投资者情绪的第二份报告。这些问卷调查的结果几乎总是看涨者居多，即使市场正在下跌时，看涨者还是比看跌者多。只有在绝对的市场底部，那时投资顾问和个人投资者都认输了，你才会看到看跌者超过看涨者的调查报告。

在2000年5月下旬，当纳斯达克和多数股票暴跌的时候，美国个人投资者协会的问卷调查仍然表明，看涨者占61.9%，看跌者仅占16.7%。这类参阅资料数最终反而说明市场已接近底部。例如，2001年4月3日，Consensus公司关于市场时事通讯撰稿人和经纪人的民意调查报告说，看涨者所占比重降到了创纪录的新低，仅为10%。甚至当市场止跌反弹时，这类参考资料仍然反映看跌者居多。从看涨者比重达到创纪录的低水平到进入市场底部，狐朋狗友要花费很长的时间。这就是为什么在探底时，你必须慢慢地进行投资操作，因为你无法预见未来，也不知道到股价底跌到什么程度才算是低了。所有这些风向标都不难发现，也容易进行操作。我再次建议诸位看看《投资者商业日报》，因为这份报纸对我所介绍的所有内容都有显著的报道。

采取保护措施

当你看到这些指标亮起红灯时，对于空头方来说，一个简易的措施是购买Rydex Ursa基金。该基金对股票市场进行反向操作，这是以一种无痛苦、快速的方式获得市场迅速暴跌保险，并在下跌的市场中获得一些保护。近几年，Rydex ProFunds公司发行了许多反向指数交易所开放式交易基金（inverse index exchange-traded funds）。由于抓住市场时机是相当难的，只有当大多数顶部信号亮起红灯时，你才会进行投资操作。对于那些专业投资者来说，买卖标普500和其它市场的期权和期货，是对冲个人证券投资组合的一个重要办法。例如，如果你持有一个多头证券投资组合，并且买入看跌期权，你所冒的风险只不过是买入期权时所付的费用。如果市场进行调整或发生暴跌，你买的看跌期权将使你有可能完全对冲你的证券投资组合。如果市场暴跌，看跌期权将大幅上涨，如果你看到警告信号灯亮出“卖出”信号，看跌期权将为你提供巨大的对冲保护。如果你对市场判断错了，那么，你所买的看跌期权只不过是到期没有任何价值，你损失的只是期权费。期权和期货风险极高，但是，如果运用得当，特别是用于对冲目的，还是十分有效的。请记住，如果你是看跌期权多头，那么，市场下跌时，你将从看跌期权中获利；

如果你持有看涨期权，那么，市场上涨时你将获利。

当市场变动几率对你有利时，只有在顶部，或者在第 4 阶段熊市下跌的时候，你才能成功地“沽空市场”。你可以在任何市场环境下沽空某只股票，因为即使在牛市中，许多股票都会走出自己的熊市行情。但是，请记住，沽空得太早或太晚，都可能毁掉你，所以，一定要有耐心。要等到市场变动几率确实对你十分有利的时候，空头方再大显身手。

另一种广泛应用的办法是，针对你的多头卖出看涨期权，在你对某只股票缺乏信心或没有把握时，对多头头寸进行对冲。由于在市场进入第 2 阶段上涨阶段之前你可以等待时机，你可以从卖出看涨期权中获得收益。我预计，美国和全球市场存在长期一边倒的可能性。在这种情况下，你通过股票交易或持有高红利的股票就可以获得大部分收益，因为股票在一边倒的股市中基本上没有什么大的表现。如果你卖出用看涨期权抵补的股票在执行该看涨期权的行权价格之后上涨了，这只股票也就转移到他人名下。你将失去你的头寸，但从卖出看涨期权收入的期权费中将获得额外的收益，对多头来说，这也是一种小型对冲。这种抵补看涨期权策略的风险在于，如果市场或股票上涨了，由于你只是通过卖出看涨期权获得期权费或信用使自己受到保护，这还不能使你自己的头寸得到充分的对冲。如果你担心，随着市场的下调，你所持有的股票可能下跌，买入以你所持股票为标的看跌期权，可以对股市的下跌进行更完整的对冲。采用这种方法，如果市场大幅下跌，你可以充分地保护你自己。但是，如果股票上扬，你可以从你的多头股票中获得股票上扬所带来的无限额的收益，只是损失了你买入看跌期权的期权费。

再次强调，对冲多头的卖出看涨期权策略，在一边倒或趋势不明的市场中是最有效的，因为你既可以从卖出看涨期权中获得期权费，还可以继续持有自己的股票。在那种市场环境下，你可以重复地这样做。只要确保你卖出的看涨期权的数量和你的股票多头总数相匹配。通过同时亮起红灯和绿灯这两种截然相反的市场信号，你将清楚你处在哪种市场环境。此时，市场会感到很沉闷，这种情况大多数会出现在市场完成第4阶段下跌阶段之后，每个人经过市场的下跌都麻木了。正如杰西·利弗莫尔所说，录音带好像“被水浸泡过了”。另一个时机是在市场经过大涨的第2阶段之后，由于市场正在形成顶部，有时出现一边倒的行情，每个人都被高度兴奋的波动弄得筋疲力尽。

在底部时，所有的时事通讯撰稿人都在唱空。例如，1994年9月5日，《迪克·戴维斯文摘》（*Dick Davis Digest*）的编辑对此作了一个专门的说明。这个信息量很大的时事通讯有一页登了一篇题为“股市将走向何方”的文章。《迪克·戴维斯文摘》主要有10个不同的时事通讯撰稿人，专门撰稿对股市进行展望。在1994年股市处于底部时，该文摘的编辑写道：“上述意见明显都是看跌的观点。这不是只选择反面意见的结果。更准确地说，这些看跌的观点是这些时事通讯撰稿人共同情绪的一种反映”。该编辑还说明：“作为一个反向投资者，我十分关注这种一个阵营意见高度一致的情况”。1994年和1995年，每个人似乎都在看跌，而且都很恐慌。美联储在1995年初，最后一次提高利率，但是在美联储正式停止提高利率之前，市场已经开始上扬。该编辑应该这么说：“作为一个反向投资者，我非常兴奋地看到一个阵营看跌意见高度一致的情况。”时事通讯撰稿人之间这种高度一致的看跌观点是市场将上涨和股票看涨的一种清晰的信号。

1994年12月7日，《投资者商业日报》的封面文章题为“市场时事通讯构成了一个看跌合唱团”。该文继续讲：“如果全国第一大股市时事通讯的观点是正确的，那就不要期望市场不久将出现重大止跌反弹。”在股票市场从未有过的最大一次止跌反弹面前，这么说是对的。例如，根据《投资者商业日报》的这篇文章，顶级的《价值线投资观察》当时就推荐，投资者证券投资组合中现金的比例应当为35%到45%，这是该杂志曾经推荐过的最高的现金比例。

关键的问题是，在市场处于底部的时候，“每个人”都非常害怕——这里讲的每个人不包括空头方交易者，他们在市场下跌时享受着获利的喜悦。1994 年，道琼斯指数和标普 500 指数收盘时，下跌幅度不到 10%。当道琼斯指数跌到 5000 点，或 10000 点时，你认为将有多少看跌的投资者？2008 年，出现了正是美联储担心发生的问题。美国联邦储备委员会一直在抵制通货紧缩和可能出现的经济衰退。美联储一直在降低利率，政府采取紧急救助措施，双管齐下，可能会构筑一个交易底部，但也不一定是市场的底部。一般来说，下调利率的措施需要花大约一年的时间，才能在经济见底之前，对衰退中的经济发挥积极的作用。经济衰退期间，降息的措施需要花 12 个月或更长的时间才能起作用，而且必须采取更多的刺激措施和革命性的扩大信贷方法，才能使经济恢复增长。2001 年，为了防止经济衰退，美联储积极主动地降低了利率，但是，直到 2002 年市场才触底，到 2003 年市场才开始上升。在 2002 年市场处于底部时，《迪克·戴维斯文摘》（Dick Davis Digest）对时事通讯撰稿人作了另一番说明："看涨者的比例创 8 年来的新低。"又错了。底线是，时事通讯撰稿人和经纪公司的看跌者处在历史最低比例。在市场底部或在市场形成底部的过程中，总是发生恐慌情绪。这正是人之常情。

还有另外一种法则，即"二次下跌必有一次反弹"，但是，在 2000 年纳斯达克市场暴跌以后，我也不太相信这种法则了。从过去惯例来说，人们一直认为，如果美联储正在下调利率，你就想增加多头和减少空头头寸。2007 年 9 月 8 日，美联储将联邦基金利率下调至 4.75%，贴现率上调了 0.50 的基点，提高到 5.25%，股票暴涨，创下新高。CNBC 一个访谈节目主持人说："上帝保佑这个世界上最伟大的联邦储备委员会。"另一位属于看涨者的 CNBC 评论员说："这是多么令人激动的时刻！"后来的事实证明，这话说对了。美国联邦储备委员会通过创造亮出顶部信号所需要的泡沫，再次试图救助那些市场投机者。

如果美联储通过过度增加流动性使道琼斯指数恢复到令人惊叹的 20000 点，那么，必然会重现 1929 年股市崩溃和 2000 年纳斯达克市场的暴跌，这将使道琼斯指数下跌 18,000 点，才达到市场底部。这相当于从 2007 年的顶部 14000 点出现"1929 年大萧条式下跌 90%"，下跌到了 12000 点。底线是从 2007 年的 14000 点下跌 90%，或者 20000 点下跌 90%，或者说，无论在什么情况下依然下跌 90%。美国的股市涨得越高，需要信用就越多，清盘的痛苦也就越大。那些没有实施空头方策略的人可能会被彻底消灭。再次强调，要紧盯货币供应量和利率。当货币供应量减少，以抵御通货膨胀的时候，你要做好防护措施。系紧你头盔上套住下巴的皮带，穿上你所有的安全防护服，因为一旦货币供应减少，货币的利率下降，股票就会疯狂地暴跌。

危机投资

投资股市就像是进入一个战场。现在很容易就会使你的证券投资组合化为乌有，因为现在的市场环境太凶险了。金融市场中的突发事件，加上这些真假难分的新闻会给你的情绪带来严重的破坏。坏消息可以造成相当的恐慌，大量投资者会按报警钮。世界最有名的交易者杰西·利弗莫尔曾经说过："股市上只有两种情绪，希望和恐慌。问题是，当你应当恐慌时，你却信心满怀，当你应当信心满怀时，你又出现恐慌。"如果你回顾以往的危机，并研究股市低谷是如何表现的，你将看到，最好是在恐慌中抱有希望。实际上，当股票在危机中崩盘之后，最好是减少空头头寸，调用现金，大力增加多头头寸。

1962 年 10 月 23 日，因为发生古巴导弹危机，道琼斯指数降到了低谷，12 个月以后又上升了 33%。2 年以后，道琼斯指数上升了 57.3%。

在 1973 年 – 1974 年市场突然暴跌，1974 年 12 月 6 日市场跌到底部之后，道琼斯指数上升了 42.2%。在市场触底后的 2 年内，道琼斯指数上升了 66.5%。

在 1987 年市场受到崩溃的打击后，1987 年 10 月 19 日，市场跌至最低点，在市场低迷 2 年之后，道琼斯指数上升了 54%。

在"9·11"恐怖袭击之后，道琼斯指数和标普 500 在 2007 年继续攀升至空前的新高。

考虑到这些可以作为未来报纸可能的标题："2008 年信用危机最终导致股票暴跌之后，股市在 20XX 年触底了，并会持续到……。"

即使在 1929 年的市场崩溃之后，在那场危机中还是有机会买进股票，在 5 个月后可以利用幅度为 48% 的止跌反弹机会。但你必须在股市爆跌到新的萧条低位之前离场。1933 年 4 月，道琼斯指数的月收益率达到 40.2%，这是道琼斯指数有史以来最高的月收益率。

由于"巴里债券"经济（"Barry Bonds" economy）失去了魅力，道琼斯指数最大的月度损失率很快就出现了。因为货币供应量很可能不得不减少，当我们亲眼目睹了前所未有的市场下跌时，下一场危机造成的损失将使以往的危机损失看起来只是小巫见大巫。

当美国政府债券崩溃，或者如果美联储被迫放慢信贷增长，就要采取保护措施。与重大事件发生时卖出多头和增加空头的机会一样，你将希望以这种方式应对所有的止跌反弹行情。要预测 2000 年纳斯达克市场下跌 85% 的情况，必须预先看到导致道琼斯指数下跌 85% 时未来将要发生的重大事件。

滑雪的丹尼斯

要认识到我们正在面临缓慢式的科技股崩溃过程。下面一个故事，讲述市场从顶部下跌到底部，对一个投资者产生了什么影响。

如果你是一个滑雪者，住在紧靠一座大滑雪山的一个城镇上，你会发现，只要有空，你就会上山滑雪。1999 年初，我与东海岸的一个人成为了朋友，他名叫丹尼斯（Dennis）。他已经退休了，决定像现在许多投资者所做的那样，自己来理财。

我和丹尼斯经常谈论股票和股市。丹尼斯退休金账户的钱全部投资于微软公司、思科系统公司、戴尔公司和英特尔公司的股票中。尽管我在 1995 年，1996 年和 1997 年通过投资科技股，我管的对冲基金获得了很好的收益率，但是，在科技股泡沫的后期，我错误地小心谨慎。对我来说，不幸的是，1997 年以后，我一直对科技股感到担心，因而，失去了1999年到达最高点泡沫破灭时的赚钱机会。

像丹尼斯那样的投资新手对于他们的赚钱机会以及对技术革命新近才了解的知识是那样的欣喜若狂，作为对冲基金经理，对此我有点感到惭愧。当1999年快要结束的时候，我知道丹尼斯和其他人将会给我大丢脸面。在圣诞节前夕，我收到丹尼斯的圣诞卡，上面写着，“罗恩，圣诞快乐，祝你2000年大吉大利，就像我在1999年一样，投资的股票上涨了90%。”

丹尼斯邀请我和我太太参加他的新年平安夜的晚会。我告诉丹尼斯：“我认为我们现在正处在纳斯达克市场崩溃的浪尖上，将出现类似于1929年那样的股市崩溃，或许你应该离场，享受一下你获得的那些收益。”他听后大笑，说：“罗恩，你还没有入场，是吧？我认识的另一位名叫肯的科技股看涨者也这样说，我都快听腻味了！他不厌其烦地大谈新的国际互联网革命，并说，“你这看跌的家伙”，他总是这么称呼我，你怎么对到手的财富如此“无动于衷。”

他的太太告诉我，他们为正在建造中的新房子感到十分兴奋。我问，他们正在建的这所新房是不是就在期待未来纳斯达克会发生1999年式的收益，她说：“绝对是啦！”我告诉她注意不要受到伤害，不要抱那些奢望，因为如果我的估计是对的，他们真的要受到伤害。此后不久，丹尼斯告诉我，他准备从其投资组合中卖掉四只“快马”股票，然后买入新的、最强壮的“黑马”，即JDS Uniphase公司的股票（JDSU）。JDSU成为新时期投资者最抢手的股票，当时，每股大约为150美元。像当时所有的科技股一样，这只股票按疯狂的价格进行着交易。

到2000年夏季，纳斯达克市场从3月份的高位下跌了2000点左右，当时出现了熊市的止跌反弹行情。当我见到丹尼斯的时候，我问他现在境况如何，他说，“我的证券投资组合缩水了35%左右，或者在这上下，但这只是小的下跌调整，股市已经开始反弹了。”他问我的想法，我说，“丹尼斯，这是纳斯达克熊市的第1阶段，这正是一个标准的熊市止跌反弹。当这轮调整结束的时候，JDSU将成为个位数价格的股票。”他咯咯地笑了。我记得当时我在想，他都快遭受大难了，还对我说，“罗恩，你仍旧没有抓住机会”，但是，随着股票的下跌，他的信心也没有那么足了。

几个月以后，我们又在一起聊天，当时市场已经从高位下跌了2500点左右，JDSU的股价跌掉了一半。我对他说：“现在我们正处在熊市的第2阶段，你当然不想在熊市的最后阶段才看到我，”我问他，股票缩水了多少，他告诉我他230万美元的股票账户，现在只剩下120万美元左右，但他对市场仍然充满信心。

在我再次见到丹尼斯的时候，股市又经历了一个暴跌的日子，特别是JDSU股票。我告诉他：“我们将经历另一个熊市止跌反弹行情，你应当卖出一些股票，不要让你股票账户跌得低于100万美元，因为我们将进入这轮熊市下跌的最后阶段。这将是市场的底部，你必须强迫自己卖出股票。”他告诉我：“国际互联网行业不会停滞不前，今后必然大幅增长，我是这类股票的长期投资者。此外，艾伦·格林斯潘积极地下调利率，真的来救我们了。”

让我们快进到2003年纳斯达克市场确切的底部吧。在当地的一家健身俱乐部，我又见到了丹尼斯，他穿着西服，打着领带，原来的长发也理得很短。他告诉我，他全部赔光了，正准备离开这儿去找新的工作。我说：“丹尼斯，我真得感到很遗憾，我会想你的。”然后我又说：“丹尼斯，我的另一个老朋友叫肯，他也是网络股投资者，在的证券投资组合中的科技股上也损失了90%，这也许让你心情好受一些。许多投资者都与你的处境完全一样。”我想方设法让他心情不那么难受，给他讲了一些网络公司首席执行官曾经是亿万富翁，但现在身无分文的故事，我甚至还告诉他，据新闻报道，有些人输光了住进了流浪汉收容所。丹尼斯开车走了，从此以后，我再也没有见过他，也没有听到有关他的消息。

这个故事的要点是，这可以与从2005年顶部到今日房地产投资者的状况进行一次全面的比较。在2004年，房地产广告铺天盖地，1999

年纳斯达克市场非常活跃。像 2000 年的纳斯达克市场一样，2005 年房地产市场开始逆转。2006 年、2007 年和 2008 年有关房地产的消息更是每况愈下，但是，几乎没有人出现 1929 年崩溃时的恐慌。房地产看涨者在那时的自信使我想起了丹尼斯。我可以想象得到，像格林斯潘下调利率引起纳斯达克市场反弹一样，伯南克执掌的美联储非常积极地下调利率，也会引起市场出现一些小的反弹。但这只能刺激房地产看涨者进一步增加没有回报的、投机性的债务。

在新的行政当局即将就任时，美国经济和市场面临着真正的挑战。在总统任期的头两年，股市和经济可能会非常糟糕。可能会提高税率，这将不利于经济复苏，因为采用货币与财政政策相结合的刺激措施，就像注射兴奋剂一样，药力过后肌肉又失去活力了。房地产业将进入长期熊市的第二个阶段下跌阶段。当房地产投资者们认识到，这种下跌不仅是地区性的现象——而是整个国家甚至全球现象，那时将开始出现真正的恐慌。

在房地产和经济处于绝对底部时，住房投机者将成为标准的老房东。投资者发誓绝不会再像以前那样以投机为目的而买入房地产。投资者将看到，由于过度抵押贷款债务造就了一个专吃财富的巨兽，房地产业价格下跌了一半。与股票和黄金市场过去经历的长期熊市一样，房地产市场下跌的整个过程或许要持续 10 到 15 年时间。然后，会出现再次买入房地产的时机。实际上，在任何市场的底部，投资者都会经历这些从顶部到底部三个阶段的痛苦。

“富爸爸”变成了“穷爸爸”

我交谈过的大多数真正的房地产投资者似乎都相信房价会回升。实际上，他们正行走在“灾难性的急剧下跌的希望”之途上。我相信，2005 年房地产市场的状况与 2000 年纳斯达克市场的状况一样，但在探到底部之前，这种熊市将非常缓慢地持续下去。当这种状况确实发生的时候，房地产投资者和投机者都应该自我检讨，为什么没有预见到房地产市场将要发生衰退。像丹尼斯被 JDS Uniphase 公司股票套牢一样，许多人投资者将被房地产短线炒家和过高价格套牢。不幸的是，他们最终不得不在市场底部卖掉房子，为美国和全球经济的调整付出代价。

即将来临的市场底部与以往的情况不同，因为最有钱的人和最老练的投资者们（富爸爸）和投资新手（穷爸爸）都将成为受害者。因为房地产市场的繁荣主要是由美国最富有的投资者造成的。糟糕的是，受纳斯达克泡沫破灭影响的仅仅是一小部分科技股投资者，但房地产市场崩溃则不同，将影响到大多数美国人和世界上的许多国家。这可能引起 21 世纪新的大萧条，实际上可能成为全球经济问题，所以，也许可以被称为“21 世纪新的全球大萧条”。

我只能希望，在我们很可能要经历长期熊市的周期性复苏过程中，将使投资者有机会阅读本书，以便保存投资利润和减少债务负担。我希望，本书中对经济衰退和资产通货紧缩的判断是错误的，即使如此，我仍然希望我的警告会给读者带来某些思考。对我来说，撰写本书的目的并不是为了进行重大的市场和经济预测，或者作出“黑暗与毁灭的世界末日”的某种预言。我试图通过本书使每个读者了解，他们所做的每一项投资选择都存在下跌的可能性。我还想拓宽你的思路，即使处于熊市，也存在获得牛市收益率的机会和可能性。

根据我自己的经验，我知道，从赤贫到暴富、然后又回到赤贫是多么令人难以忍受。我知道，在任何资产、任何投资决策上的过于自信是导致人们失败的原因。2008 年的信用危机使许多美国人倾家荡产。房地产和美国经济都如履薄冰，而且冰上的裂纹正开始清晰地显现出来。通过在 2007 年和 2008 年加班加点地大量发行货币，积极地下调利率，伯南克正在千方百计地“使池塘中的水冻结起来”。如果你从穷人变成了富人，那么，请不要像大多数当前只做多头的投资者那样，站在薄冰之上，否则，你将发现自己退回到贫穷的速度比你想象的要快。

开始设想怎样才能进行自救甚至拯救世界

假设在 20××年的某个星期一早晨，当美国的投资者醒来时发现美元崩溃了，导致全球股市直线下跌。由于场外交易受到冲击，使当天的股票市场提前收盘，进而各地的投资者很可能笼罩在恐慌之中。星期二早晨，由于投资者恐慌和不惜代价的抛售股票，使世界各地的市场不断受到重创。买入者主要是空头回补空头头寸，并且从中获利。当外国投资者开始清醒时，他们也加速抛售，并将资产从美国抽逃出去，造成了类似于 1987 年的崩溃。这种情况发生的正当其时，因为美国政府正在努力阻止资本外流，以便为巨额的双赤字和偿还巨大的债务而进行融资。

在星期三的上午，股市大幅跳空低开，现在的情况与 1929 年发生的历史上最大的市场崩溃有些类似。场外交易市场的卖出受到冲击，所有的交易所再次提前收盘。当星期四重新开盘时，交易者面临由保证金催讨通知造成的一波又一波的抛压。这导致卖方被迫进行抛售，但他们发现很难找到买入的报价，因为几乎没有人有足够的勇气敢登上恐慌性抛售的列车。交易者报告，“街头流血了”，好像出现了他们以前还从来没有经历过的情况。最终，股市发生了完全彻底的崩盘，现在，股票市值几乎下降了 90%，许多人在惊呼：“新的大萧条来啦！”

这个恶梦留下的只是堆积成巨山的债务，导致股市和房地产发生严重的下跌，由于全球市场必然随着美国市场的崩溃而崩溃，许多市场都在发出“全球保证金催讨通知”。华尔街和主要金融街的空气中都迷漫着绝望之雾，太浓厚了，足以使投资者患上雪盲症，而且因恐慌和惊恐而瘫倒在地。就业机会减少了，失业率急剧上升，仿佛 21 世纪全球新的大萧条即将来临。早已疲软的房地产市场现在正面临着大规模的清盘，房主们不得不搬出自己的住宅，流落街头，住宅钥匙寄给即将倒闭的银行。在联邦储备委员会的强行喂养下，银行发放了过度的信贷，现在这些银行都出现了巨额亏损，并且有上千家银行不得不因此而倒闭。

愤怒的储户们到银行排队挤提现金。现在，全世界的投资者们都认识到，历史正在重演，类似1929年的大萧条已经来临。这次衰退的主要原因是不仅股票市场过度杠杆化，而且房地产市场也过度杠杆化，与20世纪20年代发生的情形一样。

从政府到普通市民，人人都在发问："对于这个曾经的伟大国家来说，怎么会搞成了这样？怎么会发生这样的事情？"人们质问政府官员："在这个世界上，你怎么使美国如此依赖外国投资者购买美国国债？怎么会使巨额的双赤字和国家债务完全失控的呢？"以及"我们的能源需求怎么会变得如此依赖敌对国家的能源供应？"

国会严厉抨击美联储使金融衍生产品市场发展成出现400万亿美元的危机事件，引起全国范围内的银行因出现巨额亏损而崩盘。报纸上写到："我们怎么会有这么多的陷入抵押贷款债务、保证金债务、汽车债务、信用卡债务、公司债务、政府债务，达到了数10万亿美元的巨大规模？是谁允许如此轻而易举地获得信贷？我们的国家是怎样从世界上最大的债权国变成世界上最大的债务国的？难道真的有人认为，在货币供应量最终摧毁灭美元和外国投资者出逃之前，联邦储备委员会可以不断地印发钞票吗？政府真的相信我们的债务和赤字只是"纸上的数字"那样可以不予理睬吗？现在，全世界都认识到了，那些"纸上的数字"实际上是令人感到恐惧的数字。

停止想象开始行动

从某种程度上，本书是一种警告，但是，本书也是一种采取行动的号召，应将这种行动扩大到你个人情形之外。资产负债表中债务方远远大于资产方的简单数学方法适用于对各级政府资产负债状况的计算，也适用于对整个私人部门的计算。如果资产价格今后将深陷于长期的下滑，那么，我们的国家将面临灾难性的结果。

实际上，当资产价值暴跌时，与这些资产相对应的所有债务将分文不少。就像1929年的股市和2008年的房地产市场，资产价格的下跌速度比债务可能减少的速度要快。所以，即使债务减少，实际债务负担却在增加。因为当资产价值加速下跌时，债务占净财富的比重上升的更快。在剩下的高债务和小于债务的已减少的资产之间势必出现差额，这种差额就像由于没有足够股票作为债务担保而发出的一份巨额的全球保证金催讨通知。这将对整个世界产生严重的影响。对于这份巨额的保证金催讨通知，不得不由我们每个人来埋单。这就是我们大家都务必牢记这个范例方法的原因。

我们必须尽自己的职责，挽救我们的国家，使其免遭破产的恶运。首先，采用应对下跌趋势的新策略，使你的投资产生积极的作用。其次，参与政治进程，确保懂得我们国家面临财政挑战的政治家当选。每个人都能够看到，个人和政府的债务已经上升到多么危险的高水平。如果我们还不开始平衡预算和改变我们的政策，我们面临的将是象20世纪30年代那样的金融崩溃。我们必须发挥每个人的作用，改变政府和公民的思想倾向。不要不计后果地增加非生产性债务！我们必须用更加实际和谨慎的眼光来看待信用，以及利用金融体系创造信用的问题。

如果政府马上采取措施，我们就可以减轻由这场金融危机带来的冲击，这是完全有可能做到的。让我们回顾一下以前的政府，如杜鲁门执政时的美国政府，那时，政府实现了预算收支平衡和财政职责健全。政府偿还和降低了几十亿美元的战争时期债务，国家分享经济增长的成果。如果联邦政府大量削减不必要的开支和重新建立稳健的财政，那么，我们就可以用来自于经济增长的大量税款在公开市场回购许多政府债券，这将使我们减少对利用外国资金为我们的债务和赤字性消费进行融资的依赖。

实现这些目标必须承受一些短痛，但却是值得的。然而，为了我们子孙的长远利益，也值得这么做。当美国恢复金融大厦的秩序，并且开始尊重其他国家的利害关系时，我们将再次成为世界其他国家一座“闪烁着希望之光的灯塔”。重新获得世界上其他国家对美国的尊重，就像我们的先辈们所赢得的尊重那样，这将是我们的一个重要使命。现在是开始采取行动的时间了，我们将拥有一个欣欣向荣和更加繁荣富强的明天。

第 11 章

我的狩猎牌老破车与 10 条投资铁律

我写本书时，打算通过讲讲自己的故事，为本书做一个比较轻松愉快的说明，以此来结束本书。20 年来，我保留了有关市场和自己职业生涯的资料，为写好本书，我对这些有价值的资料进行了回顾。我是一个信息收集迷，总是把所有事情的信息都保存起来。1986 年，我从克里夫兰州立大学（Cleveland State University）毕业，获得了营销学的商业管理学位。人们总是问我："你究竟为何要去克里夫兰州上大学?"我的回答是，拿着全额奖学金，又可以参加高校甲级足球联赛，何乐而不为呢，事实也的确如此。我对在克利夫兰州立大学的整个求学经历感到非常满意。关于克利夫兰人，我敢说的一件事就是：他们有着全美国最热情洋溢的球迷。

当我回顾自己 20 多年投资业务经历的时候，我想知道，今后 20 年是否一切都能如愿以偿。我对我自己今后的展望，是建立在我过去所接受的教育和经历的基础之上。1987 年 1 月初，我开始在美林证券（Merrill Lynch）旗下的布鲁德 - 科特资本管理公司（Broad Court Capital）当一名散户保证金业务员。实不相瞒，当时我对纽约市和华尔街金融界的生活真的是一无所知。我住在布朗克斯区（Bronx）帕克切斯特（Park Chester）爬满蟑螂的复合式公寓中，每天乘地铁去华尔街上班，每天往返两小时路程让人备受煎熬。白天我为美林证券打工，晚上和周末兼职为布鲁克林宇宙队踢足球。我在纽约市生活的全部经历说明，要想从事投资职业，没有比从华尔街起步更好的地方了。

1987年，投资者就像坐上了疯狂的过山车，股票价格先是一路飙升达到新高，后来在10月声名狼藉的“黑色星期一”发生暴跌，震动了全球股市。继20世纪70年代的反通货膨胀大战之后，美联储主席保罗·沃尔克奋力拼搏，再次将美国的金融体系从崩溃的边缘拉了回来，此后，美国股市就一直牛气冲天。20世纪80年代初的这场胜利，为美国经济长期和巨大的繁荣奠定了坚实的基础。1987年，保罗·沃尔克离任，艾伦·格林斯潘就任美联储主席。格林斯潘立即通过提高利率，开始打一场看起来早已胜券在握的反通胀之战。登上美联储主席的宝座刚刚五个星期，他就单枪匹马地引发了自1929年“黑色星期二”以来最大的股市崩溃。格林斯潘担任美联储主席期间的表现备受争议，这只是他任期内引发的第一次股市崩溃。

作为一名散户保证金业务员，我亲眼目睹了股市崩溃过程中保证金债务造成的破坏性影响。令我吃惊的是，由股市破坏性暴跌引发的催缴保证金催讨通知狂潮，大量保证金账户分文不剩。当时我负责管理国内几家小型经纪公司的散户保证金账户。由于没有净资产了，许多这样的经纪公司彻底破产了。之所以说没有净资产了，是因为某一天我看到账户中还有数百万美元的净资产，第二天是“黑色星期一”，所有的净资产一下子化为无有。1987年，格林斯潘大幅提高利率，就像魔术师一样，手挥魔杖，口念咒语，然后“啵”地一吹，所有的账面净资产都消失得无影无踪。

账面净资产哪里去了？这种净资产蒸发究竟是如何发生的呢？股价暴跌和市值下降时，所有的保证金债务依然存在。同所有的债务一样，保证金债务最终必须偿还，所以，不得不卖出股票来偿还余下的保证金债务。由于大量投资者被强制平仓，导致了1929年和1987年两次股市大崩溃。在股市崩溃过程中，随着股价下跌，需要抛售更多的股票来满足追缴保证金的要求，因此，抛售会引发更多的抛盘。当时，债务这个词真的变成了骂人的粗话。格林斯潘明白出现了什么样的局面，也了解造成这一局面的原因。据小道消息说，格林斯潘给所有的共同基金老板打招呼，让他们不要为了满足基金赎回的需要而抛售股票。我猜测，放出这样的消息是想告诉大家，联储将为共同基金提供资金，以满足基金赎回的需要，这样，共同基金就不必不停地抛售股票了。

我清楚地记得，1987年10月，作为保证金账户业务员，我亲眼看到，许多账户中的股票一夜之间从每股12美元跌到了3美元。道琼斯工业股票平均价格指数只下跌36%，但大多数小盘股一夜之间下跌了50%到75%。记得当时我还想过，如果我在3美元的价位吃进这些股票，只要价格反弹，哪怕只回升到原来高价位的一半，我就能获得100%的收益。然而，人人处于恐慌之中，要做出开始买入股票的决定谈何容易。恐惧使绝望情绪像浓雾一样笼罩大地，也是我随大流的第一课。你确实听到有人用绝对恐惧的声音大喊："不管什么价格，赶紧出手"，只有这样才能满足保证金催缴通知的要求。现在，我明白了股票市场的底部是怎么回事，惨不忍睹。我还从中学到了自己的前两条投资铁律：

第一条投资铁律：当美联储提高利率时，投资者需要筹集现金。

第二条投资铁律：当市场出现普遍恐慌和绝望情绪时，立即买进，不要等到明天！

1987年股市暴跌，在底部时我漂亮地小赚了一笔，我认为应该去做股票经纪人了。当年，要想找到一份股票经纪人的工作并不容易。结果是这样的，我在美林证券时管理股票经纪公司的佣金账户，其中有个股票经纪公司的首席执行官正在纽约。当时他正在为一个名叫脆皮百吉饼店（SKINS Bagel Stores，简称SKNZ）的小公司首次公开募股做路演。由于在1987年的恐慌性暴跌中，我将这家经纪公司的佣金账户管理得相当出色，这位首席执行官邀请我参加SKNZ股票的推介会。推介会结束后，我在会场外碰见了他，问他我能否到他的公司工作，当一名股票

经纪人。记得当时他望着蓝天下纽约市漂亮的轮廓线，问道，“你是说你想离开美林证券和这座令人敬畏的大都市，屈尊到俄勒冈州波特兰市我的小公司来工作?”我哈哈一乐说，没错。于是，他当场就决定雇佣我。我接着问道，能不能带上我的哥们儿保罗，他和我一起在美林工作，也想成为一名股票经纪人。他同意了。我和保罗提前两周递交了辞职报告，然后就收拾行装准备上路，开始了一段令人难忘的旅程。

第一次驾车横穿美国

如果你欣赏切维·蔡斯（Chevy Chase）的电影《假日》，那么你就会喜欢我的故事。为了我的西海岸之旅，亲爱的老妈特地送给我一辆狩猎牌骑士款的厢式小汽车。我和我最好的朋友保罗往汽车中装行李时，把我们的全部家当都塞进了小车的后厢，这是我们犯下的第一个大错。第二个大错是在车顶上放了一个装满体育用品的运动包。车内塞得满满当当，我们坐进去后，使汽车大约下沉了6英寸。我们驾驶着不堪重负的狩猎牌厢式小汽车，开始了横穿美国的旅行。从纽约州奥蒂斯维莱（Otisville）我父亲的住所出发，因为要前往圣地亚哥和洛杉矶看望几位朋友及其家庭成员，我们决定走南部横跨美国的公路。

快到圣地亚哥时，我们的汽车实在承受不了承载的全部重量，开始劈里啪啦地乱响，最后干脆熄火了。我只好请圣地亚哥的朋友乔开车来把我们拖走。我们将车送到一家狩猎牌汽车经销处去修，就住在乔的家里。在墨西哥州提华纳市（Tijuana），我们度过了狂欢的一夜，第二天，又钻进了这辆修好的汽车赶赴洛杉矶。就在那里，好戏开始上演了。

显然，修理后的车子也好不到哪儿去，在赶往洛杉矶的路上，车子一直响声不断。到了洛城，晚上走亲访友，第二天一大早我们启程前往波特兰，开始了最后一段，也是最令人激动的旅程。一离开洛杉矶，我们的坐骑就开始劈啪乱响，后来，终于在清晨交通高峰时刻熄火了，正好停在一个四车道十字路口的中央。车子怎么也启动不了了，我和保罗只好爬出来，推车离开交通拥挤地带。我们推车前行时，难免有碍交通，招来了清晨上班族的许多“问候”。四周喇叭齐鸣，埋怨诅咒劈头盖脑。我们推呀推，好不容易找到一段备用公路才停下来。我们发现，如果将车推得快一点，发动机有可能启动，但还会熄火。最后尝试了一次，车子终于打着了，并且行驶中保持一定的速度就不会熄火了。我们只好开得快一些，时速保持在 55 英里以上，车子就不会熄火。

不知道是什么原因，以每小时 55 英里的速度行驶，车子跑得挺好。由于油箱是满满的，我就一直开着，后来实在太睏了，眼睛都快睁不开了，我问保罗能不能开一会儿。他提醒我说，如果将车子停下来，也许就再也发动不了。他说得没错，我们必须让汽车一直跑着，直到抵达下一个加油站，并找个技师帮忙。就在这时，我冒出了个绝妙的主意。我说：“保罗，我来控制车速，稳定在 55 英里，你从我身上跨过去，我从你身下退出去，我们就可以一边以固定速度开车，一边互换座位。”我告诉保罗，换座位的时候，我会注意掌握好方向盘，他只需要注意别碰着我俩之间的排档手柄。就在我俩换位进行到一半的时候，保罗不慎碰到了手柄，车子完全失去了控制，猛然窜到了公路的路肩上。

路肩上满是松散的砾石，我们俩人都紧握方向盘，但保罗在上、我在下。我意识到我们必须摆脱固定速度行驶状态，因为，在松散的砾石上以 55 英里的速度行驶，汽车剧烈地来回摆动。我探下身去用手按下刹车踏板，控制车速。汽车立即失去控制地打转转。在松散的砾石上作了几个完整的旋转之后，就在汽车即将腾空翻起的时候，公路边上的铁丝护栏网挡住了汽车的两个轮子。当小车四轮着地后，我们俩头晕目眩，呆坐在一大团尘烟中。尘烟散去后，我们发现，车顶上装满体育用品的运动包肯定是散架了，它像一只塑料飞盘那样飞到公路中央，我们的袜子和内衣裤在 5 号州际公路上洒满一地。我当时能做的只是望着保罗，说道，“真是对不起。感谢上帝，我们还活着。”瞧，这就是那次倒霉的驾车旅行！

收拾起散落在公路上的行李、内衣裤和运动包后，我和保罗才发现，瘪了一个轮胎，车子没法开了。那时，我们还没有手机，我不得不跑到3英里外的一家餐馆和卡车加油站求助。我筋疲力尽，问了30多个司机，都是同样的问题，“您有千斤顶吗?”最后，有个家伙愿意借给我一个小千斤顶，但要交50美元的押金。我一路跑回来，将没气的轮胎换下来。然后，我还得跑回去归还千斤顶，取回押金。当然，那位借给我千斤顶的卡车司机早已拿着我的钱扬长而去，哪里还有他的踪影。

接着，我又一路快跑回到车子旁，因为我知道，必须俩人推车才能重新发动汽车。我们重新装好车，大约两个小时后，终于将车子发动起来了，又以55英里的时速回到公路上。这次事故看来只是小事一桩，我们不知道前面还会遭遇到什么样的车祸。就像我要为此次旅行购买小汽车保险一样，你也要为你的华尔街之旅购买暴跌保险。这就是我为什么要研究开发空头方策略，为什么要写这本书的原因。

滚下谷底的狩猎牌汽车与2000年的纳斯达克市场

我们将车停在一个修理工旁边。他告诉我们，车子可以开到波特兰，但要冒着发动机爆炸的风险。因为车子是老妈给的，所以我要冒这个风险。车子开起来极为恐怖，使我们想起来，当初装上全部家当，使车子超载是个多么愚蠢的决定。这时出现了新的问题，车子只要减速，时速接近每小时35英里时，汽车就猛喷黑烟，噼啪乱响。

接近俄勒冈州边界时，我们看到前面有个上山的坡道。这个坡道的坡度很大，我和保罗知道，如果爬上坡，汽车要付出巨大的代价。可怕的是主路正在大翻修，车流被引向辅路，那是一条山路，又窄又陡，只有两条车道，没有路肩，路的两边是很深的峡谷。这是一条临时道路，任何车辆都不能在路上抛锚。抵达前边陡坡脚下时，我和保罗面面相觑，一脸的绝望。我看了保罗一眼，扬了扬眉毛，二话不说，一脚将油门踩到底。

我知道，成功登上这一陡坡的机会“微乎其微”，因此，不得不将全部希望都寄托在车子身上了，希望它能抓住机会登顶成功。你可以想象得到，山路越陡，车子走得越慢。狩猎牌汽车开始真正不堪重负了，车速降低到只有 15 英里左右，还发出各种可怕的噪音，而且，此刻我们身后尾随着一长串的车流。对面方向的车流量也很大，所以没人能超车越过我们。一场真正的灾难正在酝酿之中。

就在我们离山路坡顶还有最后一英里的地方，突然一声巨响，我们的车抛锚了，尾随的车流差点撞在一起。黑烟和油污从引擎罩下冒出来，一时间什么也看不见。我被熏得喘不过气来，一把将保罗从副驾驶座旁的车门推了出去，紧接着，我们便滚到狭窄路肩上，就在峡谷边缘上。我们俩躺在山坡上，抬头看着那排着长队的愤怒的司机，感觉就像敌人猛烈炮火轰击下的士兵，还没有搞清该做点什么。这时，异乎寻常的事情发生了。

我们听到一个宏亮、深沉的声音说道，“把车子推下山坡。”我和保罗抬头仰望天空，好像是听到了上帝的声音。这时，这个声音再次响起，非常深沉，还有回音，“把车推下山坡，不然，你们会引起交通事故。”鉴于这是从地狱出发的驾车旅行，这一次我们往下看。我们看到一名筑路工人手持便携式扩音器，在我们下方一二百码远的主路上忙活着。我看了看保罗，耸耸肩膀，将车子挂上空档，推下山坡。小车坠落了大约 100 码，撞毁在谷底。记得我当时难受极了，看着自己的车子一路滚下谷底，淹没在一团蘑菇云状的烟尘里，简直呆若木鸡。我站在那里羞愧难当，人们却哈哈大笑从我身旁驶过。

后来，我们擦干净脸上的烟尘，等待拖车来把我的车子从谷底拖上来。坐在那里等车的时候，想到这趟横跨全国的恶梦一般的旅程，我和保罗抱成一团，情不自禁地大笑起来。那一刻，我们俩都在感谢上苍让我们还活在世上。

从许多方面来看，这次驾车旅行是一种先兆，暗示着我作为股票经纪人，随后又作为对冲基金经理，将会面临疯狂的历程。我那破旧的狩猎牌汽车从公路的这一边冲到另一边，将运动包从车顶甩飞，不正是股票市场剧烈波动刺激你的情绪吗？在车祸结束之后，你已吓得晕过去了，在你准备收拾残局、重整旗鼓之前，你都会处于一种麻木不仁的状态。这正是1987年股市崩溃触底时我亲眼所见的一幕，2000年至2003年，在纳斯达克崩盘的底部，我再次目睹了这样的情景。

像我的朋友“滑雪板丹尼斯”一类的投资者，看到自己的证券投资组合化为乌有时的感觉，与我们在山路上的感觉完全一样。让我们来比较一下吧。我的狩猎牌汽车和纳斯达克为了爬上陡峭的山坡，都将油门踩到底了。到达顶点时，二者的密封圈都爆裂了，发动机都爆了。汽车在山坡上向下滑行了很长一段距离，使我想起纳斯达克指数从5100点到1100点也下跌了很长一段时间。那些互联网股票的投资者眼巴巴地看着自己的科技股在暴跌中化为无有，就像我看着汽车坠毁一样，茫然无措，倍感羞愧。当纳斯达克市场崩溃时，我已在华尔街干了20多年，一直是投机者，现在是专家了。然而，我在投资或者交易时无论采用股市暴跌保险，还是实施空头方策略，我都安全地驾驭我的证券投资组合，并使其受到保护。这就是我投资策略的全部奥秘——股市崩溃保护。

我的股票知识第一课

抵达俄勒冈州漂亮的波特兰市之后不久，我成了一名股票经纪人。我加盟的这家股票经纪公司规模不大，专做小盘股的新股发行和股票的二次发行。我是个24岁的毛头小子股票经纪人，根本没有任何证券销售的经验，而且对挣钱有多么艰辛一无所知。我按照电话簿白页中的电话号码挨个“打电话挣美元”，试图推销市政债券来谋生。很快我就发现自己回到了大学时期的日子，吃的是唯一买得起的饭，即托普拉面汤（Top Ramen soup）。靠这种方式谋生太难了。每个月，在235名经纪人佣金排行榜上，我都是垫底。也就是说，在开始当经纪人前两年的大部分时间里，按佣金业绩排名，在公司235名经纪人中，我排名第

235 位。

我觉得自己应该干一些了不起的事情，只有这样才能填饱肚子，收支相抵。还算幸运，我所在的公司每天都有共同基金批发商提供的免费午餐。只要在屋内坐一个小时，听听这些批发商推介各种类型的共同基金，我就可以得到一份免费三明治和炸薯条。他们希望随后我便会将这些基金推销给我的客户，其实，在多数情况下，这些客户根本就不存在。那些首次公开募股的公司首席执行官，也会来到股票经纪公司来，向经纪人推介股票。可以这么说，是这些免费午餐使我生存了下来。最棒的饭菜是首次公开募股成功后的结束聚餐会，总是“想吃多少就吃多少”的自助餐。

在一次这类聚餐会上，当时囊中羞涩，甚至连买一碗托普拉面汤的钱都不够，我急中生智，让服务生从厨房拿给我一个干净的垃圾袋，然后，在几个经纪人朋友的掩护下，我往袋里装了好几磅食物，心里庆幸这个星期都不会饥肠辘辘了。业内人士常说“挨饿的经纪人”，正是我当时生活的真实写照。

我经常采用的另一种生存策略是，在我的经纪公司里干一些见不得人的事情。公司的备餐区内有一台供全体员工使用的可口可乐自动售货机，边上有一个大箱子，应是供大伙儿扔空易拉罐用的。每当箱子差不多装满四分之三的时候，或者赶在可乐售货机管理员回收空罐子之前，我在晚上拿几个大垃圾袋，悄悄溜进办公室。我将自己的汽车停在办公楼地下车库里，进行纯属偷偷摸摸的勾当。

一次，我带着几个装满了空罐子的超大号垃圾袋乘电梯。我从三楼准备直接下到地下车库，此时有人在二楼按了按钮，电梯停了下来。电梯门慢慢打开时，一阵恐慌向我袭来，心想糟了，这回肯定被逮个正着。电梯门打开后，外面站着的是个维修人员，他只能一笑了之，因为电梯里满是装着空易拉罐的大塑料袋，根本就没有他的立足之地。将几个大袋子塞进车后，我就直奔 Safeway 连锁超市去退空罐。每个空罐 5 美分，退空罐子挣的钱比我当股票经纪人挣得还要多。

回到办公室，为了不让可乐售货机管理员产生怀疑，在他回收空罐的那一天，我会在那个大箱子内留下足够的罐子。有段时间，他只是觉得很多员工没把自己的空罐子放到箱内。终于，人人都心知肚明，一定是有人偷走了这些空罐子。但公司对自己优秀的青年经纪人靠偷空罐子来谋生一事毫不知情。

推销垃圾股

显然，我们股票经纪人的生涯并不都是那么美好的。感觉像是回到了大学时代，吃得很差，又远离家人。与大学生活唯一不同的是我生活在现实世界中，并且掌管着别人的钱财。这对于容易动感情的年轻股票经纪人来说，无疑是陷入了困难境地。我周围一些资深的和更有经验的经纪人都在推销低价股，而这些股票似乎都有令人兴奋的潜在价值。我经不住诱惑，开始减少推销债券，转而更多地推销那些很小的小盘股。

我推荐的第一只股票是当时让我和大多数同事都很兴奋的那只股票。让我们暂且将这家公司称作莱尼克斯软件产品公司（Renex Software Products，简称 RENX）吧。我听说，让办公室所有人都看好的是，该公司拥有大型软件，而且即将签订大笔合同。在人人都在买进的时候，这只股票正在下跌。对此，我那些好心和诚实的经纪人朋友们并不担心，因为听说该公司将要发布一个重大利好消息。这只股票在 7 美元时，人们已经开始买进了，从每股 7 美元下跌到 3.75 美元时我开始为几个客户吃进这只股票。我当时的想法是，价格下跌了一半的股票肯定便宜。这个故事将有助于你理解下面要介绍的三条铁律。

我开始买进股票后没几个星期，这只股票就降到了 2.75 美元。现在，我让客户损失了 25%，这使我十分沮丧。经纪公司决定与莱尼斯软件公司的管理团队召开一次紧急电话会议。我听到该公司总裁告诉我们，他们正如何如何发出成吨的产品，但现在还谈不上盈利。我不了解他们的重大技术，但我注意到，他们正在将造价 300 美元的产品以 200 美元的价格卖出去。在提问与回答的阶段，我提了一个简单的问题：

“总裁先生，我想知道你们生产的是什么产品，你们有什么竞争优势？您能否用外行能听得懂的语言向我解释一下。”他直截了当地说：“我们的产品就像是卫生纸，我们的优势是售价比任何企业都便宜。”我明白了，我现在应该夹着尾巴到我的新客户面前，劝他们抛出股票。

那位首席执行官关于产品是“卫生纸”的说法完全无人领会，大多数经纪人继续吃进这只股票，以降低平均价格。经过两次更名和缩股之后，RENX公司最终破产了。这家公司的总裁起码在一件事上是正确的，公司的股票确实与公司的产品一样，变成了“卫生纸”。从中我学到了什么是股票市场中的希望破灭。

第三条投资铁律：决不要去降低“便宜”股票的均价，因为便宜的还会更便宜，最终让你的希望破灭。

第四条投资铁律：要有一套选择时机的指标，帮你确定低买高卖的时机，而且总是要进行对冲操作，以便股票下跌时保护自己。

第五条投资铁律：及时止损，因此，你决不要死抱着一只股票一路跌到零。

第五条投资铁律适用于所有的股票。不管是RENX这类投机公司的股票，还是安然公司这类顶级的、令人刮目相看的蓝筹股——零就是零！无论是我花3美元买进，还是别人花7美元买进，都无关紧要，因为你死抱着一只股票不放，一路下跌，大家的损失都是百分之百。

华尔街有许多骗子，他们努力说服——或许应该说欺骗——人们拿出钱来交给他们，或者购买他们推荐的低价小盘股。有一次，我们公司正在为一家公司进行首次公开募股，该公司号称自己是“美国最大的独立活动住房零售商之一”。我记得保罗问一位资深经纪人：“哪只股票是能让我的家人和朋友投资的好股票？”当时我就在旁边，这位好心的经纪人说：“保罗，胡××住房公司的股票（Hu＊＊＊Homes）是一只风险很低、收益率很高的股票，甚至首次公开募股结束后，一上市交易马上就分红。这可能是我职业生涯中最好的推荐。”

该公司以每股7.50美元的价格公开上市了。我为胡××住房公司编造一个股票代码HUGELOSS（译注：意为巨大损失）。该公司首次公开募股后不久，股价便开始掉头向下，迅速下跌，让所有人都大吃一惊。行业板块中“最大的”公司，而且还要分红，买这家公司的股票怎么会出错呢？回答是绝对错了。首次公开募股后一年左右，该公司就莫名其妙地没有现金流了。当初，公司总裁和创始人哈里·巨损（Harry Hugeloss）信誓旦旦，使我们经纪公司相信，该公司一切正常，因此，经纪公司为其发行了1000万美元的股票，其中10%为可转换优先股。我敢肯定这里头一定藏有黑幕。这家公司让我蒙受了巨大损失，此前，我称它为“巨大损失”公司，真是恰如其分。

F确实有一些善良和诚实的经纪人完完全全听信了这家破烂小公司的谎言。记得有位经纪人，我们叫他杰里，他向客户卖出了大量10%的可转换优先股。从我们着手募集资金的那一刻起，这些优先股的价格就下跌了大约15%。然后，该公司的股票和这些优先股直线下跌，直到该公司将经纪人刚刚筹措的1000万美元以极快的速度花得一干二净。

我找到我们公司研究部主管问，到底这是怎么一回事。她说通过私人渠道了解，资金被挪用了。巨损公司的交易员和客户毫不客气地称这家公司是“欠账不还的骗子。”至少，经纪公司知道这笔钱没有用在正道上。杰里从此告别了经纪人生涯。那次经历之后，保罗看来也受够了，转而去做其它更有意义的事情。我也差一点改行，因为这次经历太可怕了，但也使我总结出了下面两条铁律。

第六条投资铁律：始终坚持投资多样化，大盘和小盘的普通股都要持有，多头和空头都要做。

第七条投资铁律：不要完全相信任何人的小道消息（特别是小公司首席执行官的话），因为华尔街到处都是阴险小人和骗子。

我开始时来运转

出于某些愚蠢的原因，我继续在垃圾股中操练。给你讲个形象的例子吧。一天，我的手机设定在振动/响铃模式上，响铃时，手机就振动，从办公桌上掉到桌旁的小垃圾桶里，而我却不知道。后来我将桶里的垃圾倒进了办公室外的绿色大垃圾桶。当我到处找不到手机时，我想肯定出问题了。我让别人拨打我的手机，这样，我在大垃圾桶中翻寻时，可以听到手机铃声。在垃圾中翻了 15 分钟后，终于找到了手机，我已是全身肮脏、臭气熏天。

寻找高风险、无投资价值的投机性股票，就像在股票市场这个大垃圾桶中进行翻寻一样。我认识到，即使股市牛气冲天，大多数无投资价值的投机性股票和无投资价值的小盘股也在下跌，这不是开玩笑话，绝对不是。我坐在办公桌旁，盯着我的 Quotron 股票交易显示器（Quotron machine），股市不断创出新高，屏幕上的绿色与股票的红色形成了鲜明的反差，说明我所有可怜的小盘股股票实际上都在下跌，今天又亏了。我发觉自己倒是希望，当天的股市应该全盘下跌，因为这样我向客户们解释时就容易多了。股市下跌时，我会这么解释："客户先生，今天，随着股市大盘走低，我们的股票也下跌了。"当股市上扬时，我不得不这样解释："小盘股的上涨总是比股市大盘上涨走势慢一点，但最终会补涨的。"讲这些话时，我心里总是我感到十分难受。

有一天，整整一个上午，我都盯着显示屏，眼巴巴地看着我可怜的股票往下跌，后来，我出去散步，想缓解一下自己的紧张情绪。休息一会回来时，我在电梯里遇见了一位漂亮的女士。我问她在何处高就，她说自己是律师，就在我工作的同一座大楼里办公。她告诉我，她的名字叫苏珊，而她的姓我只记得是以字母 H 开头。我立即返身下楼，回到一楼大厅那块巨大的信息牌前，上面有楼内所有公司的名称和员工的姓名、电话。我找到了她工作的律师事务所和姓名。回到自己的办公室后，我就给苏珊·霍华德打电话。苏珊·霍华德接电话时，我解释说，我是她在电梯里碰见的那位男士。她有些不耐烦地说："是吗，您有何贵干?"我问她具体从事哪类法律业务，她回答说："我是专门办理离婚案的律师"，语气中透着有些不高兴。我觉得俩人聊得不太顺，就说了些"苏珊，我还没有结婚，而且从未打算结婚，但还是非常感谢你"之类的话。我挂了电话后，心里感到一阵轻松：通话结束了，绝不会发展到约她外出的地步。

五分钟后，我的电话响了，是苏珊·霍华德打来的。她客气地说："罗恩，我想今天我没有见过你，你一定是把我和苏珊·霍塔拉搞混了。我对她说起了这件事，她记得好像见过你，现在，我将电话转给她，以示对您的歉意。"我还没来得及拒绝，另一位苏珊已在电话里说话了。我又将刚才的话重复了一遍，她很快就打断我的话，说："这个钟点回答问题是要收咨询费的，你不打算约我出去谈吗?"我说，好。其他我就不多说了。我们双双坠入爱河，并且喜结连理。从此，我开始时来运转了。

在本书的前文中，我提到过我的朋友沃利，他对我的职业生涯产生过非常积极的影响。1990 年，他自愿讲授由布赖安·特蕾西（Brian Tracy）创立的的"销售心理学"课程。我之所以去听课，是因为听课不收费，而且提供免费午餐。布赖安·特蕾西是个令人钦佩的演说家和自学成才的专家，由沃利向我讲授特蕾西创立的课程，改变了我的生活。我学会了销售技巧，最重要的是，我学会了如何设定目标。这门课程给我带来许多意外的收获。

销售课程帮我从排名第 235 位，变成连续数月在公司位居榜首。我被提拔为销售副经理，负责培训新招聘的经纪人。不久，我又晋升为联合承销团的副总裁，开始直接为一位主管业务的老板工作。在联合承销团内，我学会了如何向其他股票经纪人推销首次公开募股和二次发行股票。我所在的经纪公司组织联合承销团承销了一些很大的交易，我非常幸运地参与其中。几家由我们承销的公司至今仍然运转良好，其中我帮助组织联合承销的两家公司，是我们公司有史以来首次公开募股业绩最好的公司。

同这些公司的首席执行官一起在国内旅行，帮这些公司通过首次公开募股进行融资，既非常有意思同时还感到非常愉快。联合承销经费十分充裕，我下榻最豪华的饭店，专门为这些公司进行首次公开募股和股票第二次发行。

火爆的交易与股票推销商

我第一次的火爆交易是一场首次公开募股的灾难，幸好，当时我不在联合承销部门工作。那次打交道的是一家我称为 PS 汽车中心的公司。让我们给这家公司一个虚构的简称 PITS（译注：意指陷阱）吧。大家都认为这将是一个“火爆的交易”，也就是说，这将是一次大量超额认购的股票发行。原因是我们有位小盘股推销商，我们叫他阿特（Art），准备将这只股票首次公开募股时的价格从每股 10 美元炒到 100 美元。像吉菲润滑油（Jiffy Lube）公司一样，PITS 是一家经营高速公路综合服务区的公司。在他们召开的免费午餐推介会上，当然，我也在场，PITS 公司的管理层宣布，他们计划开办 200 家综合服务区，其实，当时他们只有 3 家综合服务区，而且这 3 家都在赔钱，所以，他们是在编故事，吹得有点过分了。

我在这只股票首次公开募股时申购了 10000 股，当时的想法是，没几天就按溢价迅速抛出去，这些股票的销路是无庸置疑的。上市交易的当天，开盘价为每股 10.50 美元，与 10 美元的发行价相比，溢价很少。很快，该股就跌倒了每股 9.75 美元。我告诉客户赶紧出手，而且，我们自己的也抛了。不久，这只股票就跌了一半。此时，那位小盘股推销商阿特召开了一次电话会议，使大家相信他正在召集大买家。他的意思似乎是，“我就要把这只股票炒起来。”我们的公司决定帮助经纪人“利用这只股票获利”（“clean the stock up”），拿出大量股票以很大的折扣价投放市场，并允许经纪人从这批股票中拿出相当部分存放到自己的“口袋账户”（“bag account.”）。当时“经纪人的口袋账户”（“broker's bag”）是普遍认可的惯例，这是与经纪人常备账号（rep number）不同的一个独立账户，经纪人可以利用这个账户持有发行的股票，然后，在向客户零售股票的时候，将股票转到客户的账户上。

在这个具体案例中，经纪人按每股4.5美元的价格持有PITS股票。然后，他可以按每股5美元的市场价零售给自己的客户，从中赚取50美分的利润。此外，他还要在零售价上加上一笔佣金。似乎一切都太完美无缺了，以至于没人会拒绝推销这只股票，但是，我拒绝了，因为我确信，这只股票的前景极其不妙，暴跌到什么程度，深不可测。从理论上说，这是一个对经纪人非常有利的策略，因为，他们可以向客户隐瞒自己的成本，以平价转让的方式进行交易，甚至可以隐瞒佣金。然而，实际上，事与愿违，因此，他们推销这只股票时，将随着PITS股票的下跌而蒙受损失。

就在经纪人们拿到股票存入自己的“口袋账户”后不久，这只股票开始大幅下跌。现在，股价只有3.50美元了，因此，所有经纪人的口袋账户很快就损失了20%。这些经纪人找到推销员阿特，阿特叫大家不用担心，因为他马上就有一些大买家估计“会把这只股票炒起来”。当这只股票跌得一分不值被清盘时，这只股票像一只大铁锚，拴在了那些可怜的经纪人的脚脖子上，同归与尽。

由于PITS公司深深地陷入财务深渊，他们兼并了一家保险公司。此后，兼并后新组建的公司又并购了一家百吉饼公司，三家公司合并一家公司，所以，现在我们才有了由一家百吉饼公司、一家保险公司和一家汽车服务中心合并而成的公司。我不知道这家新公司的经营策略会成为什么样子，但我脑海中浮现的画面却是：顾客在开车去PITS公司下属的一家汽车综合服务区的途中，订购了一份百吉饼，然后，在顾客吃百吉饼的时候，该公司可以设法向他推销一份保险。

开辟新的时代

随着时间的推移，我决定要干点其他业务。1993 年，我们这个行业似乎出现了一种新的趋势。当时，股票经纪人面临着一个基本选择，是做一个资产募集者，还是做一个资产管理者。我的朋友丹（Dan）参加了一次对冲基金研讨会，回来时热情高涨，说："绝对不会错！这是我们要干的业务。"在 1994 年的大部分时间里，我们都在筹建对冲基金，我们的目标是在 1995 年 1 月 1 日让新基金开业，及时迎接新一轮的牛市。我特别喜欢的一个股票市场时机选择指标是，在 1993 年快到年底的时候和 1994 年全年，亮起了熊市信号。道琼斯公用事业平均价格指数出现了严重杀跌的行情。只要发生这种情况，债券和股票很快都会随着道琼斯公用事业指数下跌而下跌。完全可以肯定，对大多数股票来说，1994 年是熊市之年。

第八条投资铁律：当道琼斯公用事业平均价格指数跌至第 4 阶段下跌阶段时，抛掉所有的债券，并开始卖空股票。如果你不愿意沽空股票，那就大力减少股票的多头头寸，增持现金。

在 1995 年的首个交易日，我们的对冲基金开业了，我预定的目标是每月总收益率 3%。1995 年，我分毫不差地实现了 3% 的收益率，在随后两年中也相当接近这个目标。前面我告诉过诸位，在 1998 年的石油熊市中，我跌了个大跟头，损失了大约 20%。1999 年，我大约提前 4 个月开始大量沽空，当年仍能维持很少的盈利，但是我对市场和经济前景非常看跌，我周围几乎没有任何人支持我的观点。1999 年，我一直认为，纳斯达克和道琼斯工业平均价格指数将会再现 1929 年的暴跌局面，一旦纳斯达克泡沫破灭，我们将遭受经济严重衰退，甚至是大萧条的危险。

虽然如此，2000 年，通过买入看跌期权和沽空纳斯达克股票，我获得了一定的补偿。2001 年，我不得不降低盈利目标，停止所有余下的私人投机业务，因此，2001 年和 2002 年是举步维艰的两年，因为我在探寻市场的底部。然而，当我看清市场均线出现反向头肩底部后，通过集中持有某些可以大赚一笔的多头头寸，在 2003 和 2004 年的牛市上涨中，我的对冲基金取得了相当可观的收益。

2003 年 2 月，我向我的所有投资人发的一封信中指出，无论在持续期上，还是在幅度方面，纳斯达克市场将重现 1929 年道琼斯股指的暴跌情景。纳斯达克从 2000 年 3 月摸顶到 2003 年 3 月触底，历时 35 个月，这与 1929 年道琼斯指数从顶部跌到底部的时间完全相同。纳斯达克指数下跌了 80%，与 1929 年至 1932 年期间道琼斯指数下跌 89% 非常接近，但是，大多数网络股和电信股的表现比 1929 年的股票糟糕得多。就是在这种情况下，我看出即将出现牛市行情，于是将我的基金积极地配置到多头头寸上，因此，连续两年我的基金喜获高额回报。此后，发生了意想不到的事情。

决不犯同样的错误

第九条投资铁律：决不违反你的任何投资规则。

2005 年我犯了个可怕的错误。当时我已经正确地抓住了一只股票，股价从每股 2 美元起一路上涨，收益巨大。从我最初买进时的每股 2 美元涨到 7 美元的最高点之后，这只股票跌回到 5 美元。因为这家公司的“股票交易非常火爆”，我以为，可以在低于我卖出的价位上再买入这只股票，等它涨到更高价位时再卖出去。我的如意算盘是，在私募交易中，有几家大机构买进了一批股票，他们将这只股票的支持价位设定在每股 5 美元上。我进行了一次短线操作，集中持有这只股票，指望股价反弹半个点时，我再次将其卖出。再次买进后，就像是水流进了一片完全干旱的土地，这只股票的成交量越来越小，又好像有人把灯关了，实际上，成交量缩小得几乎没有了。这只股票以阴跌的方式从每股 5 美元跌到 2.6 美元。这是一件最为怪异的事情，它实实在在地使我的对冲基金遭受严重损失，就像变魔术一样，转眼之间，我的资产就减少一半。

第十条投资铁律：投到任何一只精选股票上的资金决不要超过证券资产组合的 10%，投到小盘股上的资金决不要超过全部证券资产组合的 25%。

幸运的是，我并没有因为这只亏损的股票而陷入困境的边缘，要是我采取了维克托·尼德尔霍夫（Victor Niederhoffer）的做法，我早就血本无归了。我决定给华尔街的朋友打电话，看看能否弄清这只亏损股票到底出了什么问题。跟踪分析这只股票的一位分析师告诉我，说我被“套住了”，因为持有这只股票的一些大型对冲基金正在拼命减持。问题是谁也不想接手，因为大家都觉得“情况不妙。”

为了我的基金和我的投资人，我决定尽自己的最大努力。我将手中能变现的每一分钱都投入到对冲基金，因为我相信这样做是对的，而且事情落到这种地步只能如此了。后来，这家公司真相大白，正如一位分析人士所描述的那样，“他们吐出了一份糟糕的公司季报。”坏消息公开披露了。很明显，有人早已向“赚钱小姐”（earnings miss）泄露了坏消息，由于坏消息不胫而走，在坏消息正式公布之前，股价就暴跌了。

当时来看，唯一的解决方案是千方百计卖掉这家公司，进行接盘性出价（take-over bid），这样我就可以将大笔资金解套。我被这只没有流动性的小盘股套住了，我需要解套。我找到了一家可能购买我亏损股票理想的公司，立即飞往明尼苏达，与这家公司的管理层面谈。我刚一坐下，他们就冲着我直乐，说：“罗恩，你远道而来，如果是想让我们买下那家小盘垃圾公司，那你就白白浪费机票钱了”。我提醒他们，他们答应过，如果我来到这里，给我 30 分钟介绍情况，于是，他们同意让我谈谈。

对于我试图说服别人购买的这家亏损公司，明尼苏达的这家机构关注其首席执行官。我告诉他们，此人并未持有太多的股票，可以用别人替换他，我为这家机构策划的是如何对那家公司进行战略性收购。大约 3 个小时之后，他们向我请教，如何帮助他们完成这笔并购交易。我设法以友好的方式促成这笔收购交易，迅速安排两家公司的管理团队开会。对我来说不幸的是，那家亏损公司的首席执行官总是从中作梗，阻碍完成这笔交易。后来，我又制定了一个新的计划，告诉这家明尼苏达公司的管理层，我准备“亲手搞定这件事。”

我发现在纽约股票交易所上市交易的一家大公司，这家公司可能成为购买我亏损股票的完美的战略投资者。我引荐这两家公司的管理团队，打算以一种友好的方式撮合他们成交。当时的实际情况是，我并不看好这家大公司的股票，我看重的是其每天成交量超过一百万股，流动性很强。如果我能按溢价将我的没有流动性的股票卖给具有流动性的上市公司，那就能让我们大家都解套，我就可以放心地回家睡大觉了。

2005 年，就在我参加“山中的米尼安人”大撤退之前，按照预定日程，我出席了一次尽职调查会议。在纽约股票交易所挂牌的一家上市公司为我安排了一次标准的出差日程，你们都会猜到，一顿免费午餐。负责公共关系的家伙给了我几件公司最新产品，拍拍我的头，就送我上路。离开之前，我着手实施 B 计划。我找到了首席执行官的秘书，请她将我写的一封信转交给老板。我请秘书转告首席执行官，我从俄勒冈专程赶来，就是为了递交这封亲笔信，但无法与他见面，让我感到很失望。秘书答应了我的请求。

3 个星期过后，我仍未接到这位首席执行官的电话。我猜想，要么他压根儿就没有看到这封信，要么是看完后将信扔进了垃圾桶。我的时间所剩无几，因为我手里的那些亏损股票压得我喘不过气来。实际上，这家亏损的公司召开一次新闻发布会，说在下一次年度股东大会上，希望股东能批准公司管理层执行“附权发行”计划。在新闻发布会上他们还说，他们担心有人（我）正在计划设法接管收购这家公司，附权发行计划可以挫败这些人的企图。

他们说得不错，这家公司的管理层并没有控制多数股权。因此，如果不执行“附权发行计划”，他们就可能被恶意收购。他们知道我了解内情。到下次年度股东大会对附权计划进行表决之前，还有3个星期的时间。我敢肯定投票结果是批准通过，因为，只要管理层说，这样做有好处，小股东们通常都会投赞成票。形势看来对我很不妙。我知道，如果这个“附权发行计划”表决通过了，我的股东们很可能迫使我将股票变现，这意味着投资几乎将全军覆没。

我决定找个僻静的公园，对这件事进行通盘考虑。那天我起了个大早，离开办公室来到公园。美丽的德舒特斯河边，寂静无声，我坐下来，思前想后，绞尽脑汁。我深知危机迫在眉睫，只有主动卖出那些亏损股票，才是拯救我的基金的唯一出路。我决定向上天祈祷：“仁慈的主啊，如果我的信还在首席执行官的办公桌上，请您提醒他拿起信，然后给我打电话，求求您了！”2个小时后，我回到办公室，我的秘书在桌上留了一张便条，上面写道：“那位首席执行官刚看完您的信，想马上与您通话。”我拨通电话后，他说，“罗恩，真是鬼使神差，我今天才决定拿出你的信，拜读了你的方案。我想你说的绝对正确——让我们实施这个出售计划吧。”

这位首席执行官告诉我，几个月前，他和首席财务官拜访过我持有亏损股票的那家公司的管理团队。一走出那家公司的大门，他们就将所有资料扔进了垃圾箱。他说，“罗恩，我们实在是受不了那些家伙。”我在建议中指出，相对于资产的实际价值而言，可以按一个很优惠的折扣价交易那家公司的股票，部分原因是这个管理班子太差劲了。我告诉他说，最后可以将这些管理人员统统解雇，单凭这一点就可以提高公司的价值。我们双方同意，按我的亏损股票溢价40%，与他在纽约交易所上市交易的股票进行互换。

第二天，美国财经新闻频道的吉姆·克拉默（Jim Cramer）公开宣称，要收购我持有的纽约股票交易所上市公司的股票，但现在这笔交易已不太吸引人了，因为我获得的这些股票的价格已大幅上升了。这是因为这笔股票互换的交易价格是以该交易公告前一个工作日的收盘价为依据。在克拉默推荐这只纽约股票交易所上市的股票时，说：“买进，买进，买进”，其价格就飙升了，但要等到下一个交易日才发布互换交易的公告。我当了差不多四个星期的英雄。由于公告中披露，我的基金完成了一笔互换交易，创下了公告卖出交易的纪录，全国各地祝贺的电话蜂拥而至。一位经纪人朋友在电话中说，“罗恩，你把我们这些可怜的股东从那位首席执行官手中解救出来了，就像布什总统将伊拉克人从萨达姆手中解放出来一样。”当时，我的感觉好极了，但不幸的是，我新获得的股票有 90 天的锁定期，按规定，在股票互换交易后的 90 天之内，我不能出售这些新股票。由于英雄快要破产了，因此，在这 10 个星期中，不得不节衣缩食。

就在锁定期结束时，我接到一份关于我们新股票的“利空报告”。这份报告传遍华尔街，对我们刚获得的在纽约股票交易所上市的数千万股股票进行了猛烈的抨击。利空报告说，有证据表明这只股票估价过高，可能会大幅走低。问题是，我无法完全否认这个意见。如果这只股票价格下跌，我们从互换股票中得到的 40% 收益，大部分蒸发掉了。我被迫出售了我们的股票头寸，因为，我的目标是让投资人获得流动性。此外，这只新股很可能要来一个悬崖跳水，因此，我打开降落伞先行着地，承受这一打击。不幸的事件总是接踵而至，既意外又突然，真是恶梦连连，命运多舛，经历了这一切之后，我决定停止自己的基金业务，自食其果。

那家公司最终将与我们互换的股票甩卖了。更为有趣的是，如果那亏损股票公司的 CEO 与最初明尼苏达那家公司达成交易，我们就会完成一次大满贯本垒打。我拜访明尼苏达那家公司时，他们的股价是 6 美元，大约一年后，涨到每股 21 美元。如果我们将亏损的股票与这家公司的股票进行互换，在这家公司股票上涨到 21 美元时，我们就可以发财了。

2007 年 12 月，那家亏损股票公司的首席执行官试图做成一笔新的买断交易，以现金交易的方式，使股东能按每股 4.6 美元的价格变现股票。如果他按我的方案与明尼苏达公司交易的话，区区每股 4.6 美元的新交易与可能的“全垒打”相比简直是小菜一碟。不管你信不信，我先前那些亏损股票新的买断交易也吹了。就在每股 4.6 美元的现金交易准备启动的前几天，这些亏损股票以每股 3.25 美元的大折扣价进行了交易。随后，该上市公司发布公告，新的买家改主意了，放弃收购，一夜之间，我先前的亏损股票从每股 3.25 美元跌倒每股 1.00 美元。现在看来似乎是买进的绝佳机会。更具讽刺意义的是，那家明尼苏达公司的股价涨到了 21 美元，由于在一次类似我提出的那种并购中失败，该公司股价暴跌到了每股 1.50 美元。我不会为这两家公司中的任何一家掉一滴眼泪。

此前，那家明尼苏达公司的首席执行官以每股 10 到 20 美元的价格卖出了自己价值 1500 万美元的股票，现在他可以按每股 1.00 美元到 2.00 美元的价格再买回来。一个有内幕信息的知情人士，通过高价卖出，然后杀回马枪，低价买进，肯定可以赚钱。*记住——跟着有内幕的投资，跟着有信息的人投资。*

这个故事的寓意在于：*决不——我的意思是绝对不——破坏自己的投资和交易原则，否则，你将追悔莫及。*我的基金的大多数投资者都对我在被套后为基金解套付出的巨大努力表示感谢。坦白地说，在我从业的 20 年中，所经历的一系列事件是我学到的最好的课程，同时也是最痛苦的课程。这些事件验证了我在本书中提出的所有投资原则，帮助我完善了最佳投资策略——我从 20 多年的交易中总结出来的，并在本书中概述的空方策略。

无论你践行哪种投资和交易理念，只要见成效，就应该坚持下去。我只是想鼓励大家，通过采用持有市场多空双方头寸的空头方策略，着眼于综合运用市场崩盘保险措施。欢迎大家访问我的网站(www. RonCoby. com)，让我们一起穿过笼罩在地平线上的经济乌云，安全着陆，而不是坠毁。在本书的最后一章，我将向大家介绍我的整体思路是如何形成的。至此为止，我已经详细说明，为什么我坚信，在市场和美国及全球经济经历长期调整的过程中，所有投资者都需要新的投资策略，也需要新的投资理念。在下一章，我将向您介绍，我如何发现了一种超乎想象的新工具，可以及时正确地选择投资股票、债券、外汇、金属品以及各类商品的有利时机，以便卓有成效地实施空头方策略。

第 12 章

寻找圣杯：需要补写的一章

我开始撰写《发现机会》时候，并没有第 12 章。当时，我认为没有必要写这一章。但是，最近几个月连续发生的经济事件改变了一切。你很快就会明白，书中确实遗漏了一些内容。

那么，就把需要补写的这一章看成是一份红利吧。实际上，它是本书最后一章的后续，就像我那辆“破旧的老狩猎牌汽车”变成了一辆为新千年特制的新名牌哈布瑞德（Hybrid）汽车。冒着别人说我是王婆卖瓜自卖自夸的风险，为你奉上“故事的续集”。

历险

读了这本书，知道我 20 多年疯狂的市场冒险经历以后，你可能会把我看成是华尔街式的印第安纳·琼斯（Indiana Jones）传奇人物。许多市场冒险经历完全可以与印第安人勇斗坏人、冲出险境相媲美，只不过它是发生在华尔街弱肉强食的钢筋混凝土丛林中。就像巨大石球沿隧道追碾因迪（Indy）的著名场景一样，那些股票搅得我彻夜难眠，绝对要把我压垮了。但不知何故，我总能夺路逃生，延续我的市场冒险生涯。让人欣慰的是，这非但没有使我灰心丧气，反倒逼着我在跌势中发现赚钱的机会，甚至更重要的是，在人生低谷时使自己重新振作起来。

我最近的市场冒险经历，让我想起在《十字军最后一次东征》（*The Last Crusade*）的电影，哈里森·福特（Harrison Ford）在影片中扮演“因迪”，到处寻找圣杯（the Holy Grail）。之所以提到这一点，是因为我也一直在寻找一只交易圣杯，即一套有助于成功把握市场时机的方法。由于时机的选择可以决定投资的成败，所以，我在整个职业生涯中一直在探索，以寻找把握投资时机的特别有效方法。你对股价变动方向的分析，甚至对市场走势的分析可能是完全正确的，但是，如果买卖股票的时间早了一步或迟了一点，你不仅会错失股价波动带来的大部分机会，最后还可能赔个精光。

或许，本书中最好的消息是我可以说，“找到了！我找到它啦”！过去一两年间，我历经一系列的疯狂冒险，最近碰巧找到了我所见到的选择时机的最佳方法。我确信，发现了可以称为“圣杯”的指标，即最有效地为客户实施空头方策略的指标。

在告诉你到底是什么指标和我如何发现这些指标之前，请允许我先强调一个非常重要的事实，即如何降低证券投资组合波动率，这对于我预见到的市场混乱时期来说是至关重要的。投资于那些互不关联的市场存在实实在在的好处，这一点已被诺贝尔奖获得者研究证实。他们的研究结论表明，通过投资于那些相互之间不相关的市场，可以减小证券投资组合的波动性，并且随着时间的推移，实现很高的收益率。不仅在多种股票和不同的全球市场方面，而且在各种商品交易方面，既做多头投资，又做空头投资，这是对我的投资方法的最好的运用。正如你在书中看到的，我把这个方法称之为空头方策略，其最终目标就是提高收益率、减少风险和降低波动率。

就像我再三说过的那样，没有一个人能看清未来，因此，每个人都必须关注风险管理问题。为什么你需要掌握空头方策略，既能应对涨势，又能应对跌势，道理就在这里。至于配置合适的证券组合，相应地调整你做多和做空的头寸，就让市场来为你指点迷津吧，千万不要将所有赌注押在某一个市场预言上，哪怕是听到那些“预言家”声称，他们300％地肯定一场崩盘（或者暴涨）近在眼前。你应该做的是，学会理智地应对价格波动，做好风险管理。有句哲言说：“天有不测风云，但你可以学会调节帆船”。

如果美国进入通胀式的超级繁荣时期，为了应对肯定要发生的崩盘，你不要完全沽空手里的股票，或全部变现。一旦新的基本面和技术面数据证明情况发生了变化，你必须反应灵活，行动敏捷，准备好应对措施。我已经为你提供了许多原则，但是，把握买入、抛出和沽空的具体时机，才是赚钱的关键。

每一位投资者都需要掌握一些明确的指导原则，以帮助自己确定市场走向可能发生变化的时机。这种明智的交易策略会为你指出正确的方向，尽管如此，要知道到底什么时候进行交易，通常是很困难的。必须把各种准确的市场时机信号综合起来，使你敢于低价买入，有信心高价抛出；作为空头方时，则敢于高买低卖。

这套时机选择指标带来的额外好处是，消除那些妨碍投资的情绪：恐惧、贪婪和自负。你的指标显示卖出或买入，那就是到了应该买入或卖出的时候，你照此办理就行了。恐惧表现在低价位时不敢买入。贪婪表现在高价位时不愿抛出。自负使你身陷损失而不能自拔。坚持空头方策略原则，盯住那些被证实的时机选择信号，你就不再会受情绪所左右。只要你遵守风险管理原则，按买卖时机选择信号操作，即使交易失败，你也不再把自己看成是失败者。

要在市场上赚钱，你必须低买高卖，斩仓止损，获利了结。买卖各种股票、债券和商品的全部奥秘就在于，你可以通过这两种途径来操作：低买，然后高卖；或者先高卖，后低买。两种操作方法都是空头方策略的组成部分。不管运用其中的哪一种，你都需要知道什么时候价格处于高位，什么时候开始走低，或者什么时候处于低位，什么时候开始走高。

许多（如果不是大多数的话）投机者、理财经理和投资者的致命弱点是：错误的买卖时机、过度交易，以及过于相信对某笔交易的基本面分析。长期以来，我一直在努力解决此类问题，寻找“圣杯”，即一套指标或选择市场时机的方法，以尽可能弥补上述弱点。

发现

最近，我旅行时去了梅德福，那是俄勒冈州南部的一座小镇。我以前在那里认识了一位经验丰富的市场老手，名字叫丹尼·拉姆森。丹尼曾经创造出一套选择市场时机的指标，让人惊奇的是，他竟然将其称为“拉姆森圣杯”（The Lamson Grail）！我在发现圣杯的同时，也发现了这样一位让人深感好奇的人物。

丹尼是一位出色的理财经理，此外，他还是一位 21 世纪真正的多才多艺之士。他是一位让人敬畏的歌手，出过一些优秀的音乐唱片。丹尼非常迷恋艺术，是一家公司的合伙人，那家公司销售当今最精美的欧洲青铜雕塑。丹尼做过股票经纪人，还担任过两家大型经纪公司分公司经理。他是有形金融市场商品交易顾问（CTA，Commodity Trading Advisor with Vision Financial Markets），还是注册投资顾问（RIA，Registered Investment Advisor），现在是科比· 拉姆森资本管理公司（Coby Lamson Capital Management）合伙人。最重要的是，丹尼是一个聪明能干、经验丰富、成熟冷静的男人，所有这一切优点都有助于他经纪理财，有助于他发现拉姆森圣杯选择市场时机的指标。

在我们第一次见面时，听着丹尼讲述他的故事，我感到我的经历与丹尼非常相似。他给我讲了他在华尔街的冒险经历，以及过去几年，他花费了数百小时和几万美元，开发了一套选择市场时机的指标。当他向我介绍这套方法时，对于运用这套方法在过去 5 年所表现出的所有股票和商品买入和卖出信号令人难以置信的准确性，让我感到十分惊讶。丹尼创建圣杯的冒险历程本身就是一个让人着迷的故事，我打算在我的下本书里与你分享他的故事。要学习掌握有关如何运用圣杯的更多信息，了解圣杯行情分析图的特点，请访问科比·拉姆森网站（www. Cobylamson. com）。

丹尼与我很快就成了莫逆之交，我们一起创办了科比－拉姆森资本管理公司。公司在股票、商品、货币和金属制品方面为客户理财时，运用拉姆森圣杯来实施我提出的空头方策略。“圣杯”使我们独家拥有一套市场时机选择指标，在市场波动时期可以稳坐钓鱼船。现在，我也许像影片《厄运圣殿》（*The Temple of Doom*）中的因迪一样，有能力保护客户免遭丹尼和我以前不幸而言中的经济厄运。你也可以访问我的网站（www. RonCoby. com），进一步了解我们在理财时如何利用圣杯来实施空方策略的详情。

我的钻石宝地

你可能听过拉塞尔·康韦尔（Russell Conwell）讲述的“钻石宝地”（“Acres of Diamonds”）的著名故事。简单地说，这是关于一位印度农场主的故事，他卖掉了自己的农场，踏上寻宝之旅，希望发家致富。

后来，新的农场主迎来了一位客人，他是一位老牧师。客人看到新主人的壁炉架上有一块闪闪发光的黑石头。老牧师拿起石头，问新主人这是在哪儿找到的。新的农场主说：“在屋后沙滩上有很多很多这样的石头”。牧师问：“你知道这是什么石头吗?”新的农场主说：“不知道，是什么?”牧师回答说，“是价值连城的钻石!”新的农场主把牧师带到农场的后边，那里简直就是一块“钻石宝地”。实际上，那里后来成了戈尔康达钻石矿（the Mines of Golconda），那是人类历史上最壮观的钻石大发现。

从这个故事里，我们至少可以学到两点教训。第一，必须明白你要找的是什么。从外表来看，钻石的矿石与加工好的钻石是完全不同的。第二，必须知道上哪儿去寻找。其他地方的草地并不总是比自家的草坪更绿。原来的农场主没有仔细地看看自己的后院，就弃家外出寻找财富去了。

我们都需要问自己一个问题：“什么是我的钻石宝地？它在哪里?”圣杯这套投资工具，就是我发现的钻石。我在这一行干了20多年，这套技术指标是我看到的最好的选择短期和长期市场时机的方法。在认识丹尼之前，我就像那个印度农场主一样，到错误的地方寻找钻石。但是，当我认识丹尼时，看到他那套方法“在壁炉架上闪闪发光”，立刻就明白我找到了一块“钻石宝地”。

我们的目标是，运用我的空头方策略，加上拉姆森圣杯选择市场时机指标，帮助投资者度过今后艰难而动荡的几年时间。这就是为什么我们需要这些甚至更多的策略和工具，以振作起来，应对未来几年的挑战。

未来几年的挑战

即将离开白宫的乔治·布什将被评价为最糟的美国总统之一。他还把一些非常严峻的挑战留给了新的政府，包括耗资巨大的伊拉克战争、潜在的核国家伊朗、核国家巴基斯坦的伊斯兰圣战分子、滞胀、爆炸式增长的债务和赤字，以及萧条的房地产市场。这里所列的问题，只是冰山一角。

综合其他情况来看，一个明显的事实是：在第一个任期的上任之初，新总统更可能做出最困难和最不受欢迎的经济决策，如增加税收，或减少支出。为什么说在总统任职期限的最初两年，这里是指 2009 年和 2010 年，可能是市场波动和极具挑战性的时期，其原因就在于此。

在新总统初步安顿下来以后，奥巴马政府将希望到其任期的第四年，美国经济能够回到正常的发展轨道，刚好及时赶上连任竞选。这种有规律的政治周期导致股市剧烈波动和很大的不确定性，先暴涨，然后暴跌，然后再暴涨、暴跌。为了在暴涨暴跌的行情中保护好自己，并从中获利，唯一的办法就是采用空头方策略，在多种多样的、互不相关的市场上，择机灵活配置资产，并使之多样化。

换句话说，你必须掌握资本保全策略，以应对股票、市场和经济紧缩的压力。你还必须掌握保持购买力的策略，因为纸币在不断贬值。正因为如此，丹尼和我运用空头方策略，实施圣杯选择投资时机的精确战术，打造了一个理财平台。

梦想成真

股票市场和美国经济将进入一个长期的调整阶段，你是否已经认识到了这一点？我是个乐观主义者，但偏偏对此确信无疑。如果让我形容一下自己和对未来的展望，我宁愿用现实主义者（realist）这个词，当然，还有“空头方策略师”（“the Short-Side Strategist”）。尽管我持有看跌观点，但是，我在做空和做多两个方面都具有足够的灵活性，所以，我认为自己是一位新生代看跌者。有一种看涨者，口头上看跌，实际上只做市场和股票的多头，我不是这种“披着看跌外衣的看涨者”。更确切地说，我是一位新生代看跌者，对今后真正的危险洞若观火，采用随机应变的投资策略，在各种市场的多头和空头都进行交易。

在我心目中的华尔街英雄是一位带有传奇色彩的交易员，他叫杰西·利弗莫尔，最主要的原因是，他写的《股票作手回忆录》（*Reminiscences of a Stock Operator*）对我的职业生涯产生了激励作用，我钦佩他在这本证券交易巨著中展现出来的坚忍不拔的精神，以及他从市场惨败中重新崛起的能力。我打算写一本金融方面的书，将他和其他华尔街大腕们写的证券交易巨著中的精华融为一体。我注意到，那些顶级佳作大部分由约翰·威利父子出版公司出版，其中就有两本书写的是杰西·利弗莫尔及其生活。当我接到约翰·威利父子出版公司的电话，得知他们打算出版《发现机会》一书的时候，我多年的目标和梦想终于变成了现实。啊！在出版投资类书籍方面最受尊敬和最具声望的出版商，出版过许多让我钦佩不已的著作，如今同意为我出书。我简直不敢相信这是真的。他们出版了这本书，让我深感荣幸；您花时间读这本书，更让我受宠若惊。

总而言之，我愿意提醒您，没有一个人，绝对没有一个人，能够看清楚未来。或许，美国和全球经济也许将走向通货膨胀式的超级繁荣，就像看涨者所预言的那样，而不是我所预计的长期经济紧缩。不管是繁荣还是紧缩，如果掌握了市场下跌时的风险管理策略，赢利机会常存，为什么还要恐惧跌势呢？如果你是美元和股票市场的看跌者，不必从美国抽逃你所有的钱，不必生活在恐惧中。无论在市场中还是在你的生活中，始终要记住，乐观向上，在跌势中发现涨势。

前途是光明的。我已经向你提供了一些工具，让你安然度过这段已经开始的动荡时期。房地产业和美国经济乌云密布，因而，这正是秣马厉兵，准备一展身手的大好时机。

好的消息是，当熊市从地平线上消失之后，一个新的长期牛市将如旭日，再次从东方冉冉升起。到那时，我愿意再写一本书，书名就叫《无市不涨：股票、债券和房地产》。感谢您阅读本书。衷心希望本书将有助于您综合运用我的空头方策略的某些技巧，明智地重新配置你的投资头寸。

祝你们好运，上帝保佑你们。

结束语

变化的速度

尽管我是积21年的经验写就本书，但仍花了6个月左右的时间完成绝大部分内容的写作。然而，我将大部分时间用在调整对2008年的许多预测上，而且，2009年约翰·威利出版社（John Wiley & Sons）出版之后，重新写了预测的内容。时代前进的步伐令人震惊，在此期间，发生了如此多的负面事件。

回首2008年，股价暴跌，出现了大熊市；Indy Mac银行（Indy Mac Bank）和房利美被联邦政府接管；雷曼兄弟公司正式申请破产，美元几乎崩盘；房地产市场仍然在苦苦挣扎。原油价格一度高达到每桶145美元，然后突然暴跌到70美元以下。黄金价格在回调和继续下跌之前，一度摸高每盎司1000美元。中国的股市一路高涨，然后迅速下跌了一半。商品价格和几乎所有价格都普遍下跌。

在各种负面消息的压力下，股市最终下跌了，而且下调了10%，出现了完全意义上的熊市下跌。在2008年全年，股市经历了上涨和下跌的剧烈震荡。我确信，看过本书的大多数多头投资者，肯定会认识到对冲保护的好处，也会认识到，在疲软和下跌的股市中，存在运用沽空策略获利的机会。

为了应对熊市，联邦储备委员会正在使出浑身解数，企稳受到金融危机严重冲击的经济。美联储以格林斯潘式的速度下调利率，以应对房地产泡沫的破灭。对本·伯南克来说，非常不幸的是，现在越来越难重新使正在萎缩的资产泡沫重新膨胀起来，并使经济回到正常的轨道。许多迹象表明，美联储“命悬一线”（“pushing on a string”），正在败下阵来，因为累积的巨额债务使负担沉重的美国经济雪上加霜，步履维艰。

正如我们所见，美国爆发的金融危机及其引起的熊市，就像一列满载乘客高速行驶的火车一样突然出轨，也就是说，世界其他地方都不断地发生经济危机。全球股市大幅下跌，尤其是中国，就像2000年的纳斯达克指数一样，这将是中国股市暴跌的第一个阶段吗？或者说，这更像1987年的暴跌/调整，而且大多数投资仍然相信中国股市会再创新高吗？回顾我讲的斯诺勃得·丹尼斯的故事，可以了解中国股市下跌的后2个阶段将如何出现。

就在石油价格暴跌之前，石油价格的飙升，使原油和石油股票价格在涨到最高点时泡沫破灭了，当时所有投机者都认为必涨无疑。

正如我在第2章“繁荣的市镇变成了萧条的市镇”讨论的那样，房地产泡沫完全破灭了。即使美联储可能应对得当，赢回1、2盘，但我仍然持有这样的看法，即房地产的加时赛将以输掉房地产大牛市而告终。即使美联储通过调控可能将牛市延长一段时期，但房地产市场未来必将进入长期的调整期。

万一您现在还没有认识到，联邦储备委员会的所作所为正在起什么作用，让我来提醒您。美联储正在抗击潜在的巨额债务紧缩周期，这可能引发21世纪新的全球大萧条（New Great Global Depression of the Twenty-First Century）。美联储认为存在发生类似19世纪30年代经济灾难的真实概率。但是，这次灾难主要是由房地产价格缓慢连续下跌造成的。美联储采用过度增加流动性的政策来应对通货紧缩，为通货膨胀压力火上浇油。从阅读本书中，您将获悉接下来将发生什么。

如果美联储能够创造另一个经济的虚假繁荣，这只能建立在一座更高的债务大山之上，那么，我坚定地认为，无论利用多么小的窗口，每位读者都可以开启有序进入你的理财殿堂之门。我还建议，您可以根据您相中的理由分享这些看法，这些理由说明您为什么采取这种激进的措施，以减少住房抵押债务，使差价达到最高水平，使所有其它债务减少到最低程度。确实，债务是一个不招人待见的字眼儿，尤其在经济困难时期，因此，要抓住任何反弹机会，为了促进经济恢复，美联储会采取积极的降低利率和其他“孤注一掷的措施”。

我希望所有读者都能理解，我没有提供非专业的投资建议，以使每位读者在即将来临的股市波动新时代独立地进行股票交易。然而，如果您决定承担风险，我已经向你提供了一些投资工具和策略。特别是沽空股票策略。除非您决定在必要时考虑采用严格的止损纪律，除非您接受过必要的培训，完全了解沽空和利用差价的风险，否则，千万不要自己去做沽空交易。希望进行沽空股票的所有人，认真阅读关于股市、经济和沽空交易的最佳书籍。沽空股票的最佳书籍是威廉·奥尼尔所著的《如何通过卖空股票赚钱》（麦格劳－希尔出版社，1988 年）（*How to Make Money Selling Stocks Short*，McGraw-Hill，1988）。我极力推荐的另一本书是比尔·邦纳所著《债务帝国》（约翰·威利出版社，2006 年）（*Empire of Debt*，*by Bill Bonner*，John Wiley & Sons，2006）。这些书籍对为什么必须将沽空作为今后的投资策略进行了深入的阐述。

我的建议是，投资者应当有一位经验老到的股票经纪商、职业理财经理，或投资顾问，这些人采用各种投资策略，应对市场下跌或上涨的周期性波动。他们必须既运用我在本书中介绍的资产战略配置策略，也采用沽空策略，作为一种保护和盈利工具。我非常注意这种交易策略，即只有在上涨的市场和上涨的股票中，采用只是多头持有的策略，可以盈利。现在，大多数投资者很可能认识到沽空策略的逻辑性，因为全球股市走在调整之中，具体的股票价格都在大幅下跌。面对上下剧烈震荡的股市，使你确信，买入并持有股票的日子再也难现。在市场剧烈波动的新时代，需要更加积极的低买高卖策略，也需要更加积极的高卖低买策略（沽空）。

我愿意留下我的另一个思想，也是我最后的说明。经济危机预示着进入生活困难时期，即我们面临人类成长的机会。生活可能非常艰辛。

许多中低收入阶层的美国人，都实实在在地受到生活成本上升和经济滞胀的不利影响。为了将食品放在孩子们的餐桌上和支付账单，他们每天都在拚命地工作。他们面临油价上涨，食品价格上涨，医疗卫生和教育费用的上涨。如果他们拥有住房和股票，价格却在下跌。当你拥有的所有东西都在跌价，你所需要的生活必需品都在涨价时，你已面临严重的经济滞胀。如果我的展望是正确的，但我祈祷，这个展望是不正确的，更多的美国人和世界各国的人们将陷入极其困难的时期。在危机时期，迫使你从长计议，绞尽脑汁，寻找答案。

总而言之，生活中还有比投资获利更多的事情要做。信仰、家庭和朋友将帮助你渡过你必须应对的任何艰难困苦。我心中的英雄是那些能够承受灾难，并且反败为胜的人；是那些将个人劳苦转换为自己收获的人，而且，更重要的是转换为他人收获的人。这种人即使陷入困境，也能想方设法使自己重新站立起来，我深感敬佩，这种人在生活中给予我最大的鼓励。我确信，这次的经济萎缩期必将结束，增长和繁荣的新时代必将出现。我们人类是很坚强的，因此，我相信，世界正在开始见证，我们将为之进行共同的奋斗。正当我们在渡过这段经济困难期时，为什么不进行已建议的变革，以便你有经历危机的可能性，经历股票、债券和房地产价格下跌的危机？在进行金融分析时，我愿意向您阐述这样的思想：尽管世界和股市将永远处在变化之中，但沽空策略却是永远有效的。

专业词汇

美国证券存单（ADR）：是指一定数量的外国公司的股票。ADR 在美国市场以美元进行买卖。

看熊者：股市看熊者是指，认为股市将进入熊市或可能崩盘的投资者。

熊市：股市中弥漫着悲观和担忧情绪，股价进入较长的持续下跌期。

买入价、“触及买入价”：买入价是指反映愿意买入股票的交易者、交易商或投资者的一个价格指标。这是投资者可能向股票经纪商或交易商卖出股票的价格。

每股股票的账面价值：每股普通股的净值指标。

股票经纪商或交易商：专门从事股票买卖的个人或公司。

看牛者：认为某只股票或股市将上涨的投资者。

牛市：股市中弥漫着乐观情绪，股价进行较长的上涨期。

商业周期：经济增长与停滞交替轮回的一种自然形式，具体有以下 4 个阶段：

第一阶段：扩张（繁荣）

第二阶段：顶峰（见顶）

第三阶段：低迷（下跌）

第四阶段：谷底（见底）

看涨期权：一种期权合约，其赋予持有者在约定时期、按约定价格买入约定金额标的股票的权利。

看涨期权签出者，或卖出看涨期权：指收到收入或期权费的投资者，其具有根据看涨期权买入者意愿、按约定价格卖出标的股票的义务。

相关系数：2 种股票或 2 个市场共同波动的程度。

周期性波动：本书是指股票或市场的短期波动。

通货紧缩：经济体中出现价格水平的持续、普遍下跌。本书通常是指股票和房地产等资产价格的下跌。

衰退：经济长时期的下降，一般认为，GDP 持续 6 个季度下跌。

金融衍生产品：指期货、期权、远期合约和其他投资工具，这些产品的价值取决于其他有价证券的价值。

贴现率：12 家联邦储备银行向成员银行发放短期贷款时收取的利率。

投资多样化：一种风险管理方法，即将各种不同的有价证券和投资混合配置成一个投资组合，以降低投资组合中任何一种有价证券或投资价格波动的影响。

红利：公司以现金或股票的形式分配的收益。

道琼斯工业股票平均价格指数：道琼斯工业股票平均价格指数由 30 种极大型公司股票构成，这些股票交投活跃，也是使用最广泛的市场价格指数。

道琼斯公用事业股票平均价格指数：道琼斯公用事业股票平均价格指数是由 15 种公用事业上市公司股票价格构成的。这个指数常常用作预计利率和股市未来波动的先行指数。

扩张性货币政策：由阿兰·格林斯潘和本·伯南克广泛使用的一种货币政策，即应对通货紧缩趋时大量增加货币供应。主动降低利率也是扩张性货币政策的一项内容。

美联储基金利率：一家银行对另一家银行发放联邦基金贷款时收取的利率。

美国联邦储备委员会（简称美联储）：由 7 名成员组成的小组，在美联储主席领导下，经过决策程序，专门负责指导美国联邦储备体系的运行。

美国总统任命美联储主席，但要经国会批准，而且联储要向国会报告。

基本面分析：基本面分析是指，对股票的内在价值进行测算，并研究分析上市公司或股票市场面临的经济总体情况、行业状况和财务状况。

对冲：一种用于减少价格反向变动风险的策略，如沽空股票或卖出看涨期权。对冲基金使用对冲策略。

对冲基金：为资本雄厚的个人建立的私人合伙投资基金。对冲基金采用各种投资策略，以对冲市场下跌风险。大多数对冲基金持有股票多头头寸，也采用沽空策略，作为有效的对冲策略。

通货膨胀：经济体出现价格统计指标的持续、全面普遍上涨现象。通货膨胀的一个例证是，在新世纪的最初几年中，所有商品价格都上涨了。由于信贷过度泛滥和疯狂的投机行为，引起了股票和住房等资产价格的上涨。

投资顾问：指接受其他人委托进行投资，并收取定额手续费或按管理资产的百分比收取手续费的个人。

多头：用于描述持有股票的专用名词。

货币供应：指经济体中的票据、硬币、贷款、信用和其他流动性工具的总称，通常表示为 M1、M2、M3（从 2006 年起，格林斯潘不再公布 M3）。

纳斯达克指数：全国有价证券交易商自动报价系统协会编制的股票价格指数，由 3500 多只场外交易股票构成。在本书中的纳斯达克 2000 是指，纳斯达克综合指数中的股票价格在 2000 年初开始暴跌，到 2003 年初止跌。

规模内、规模外卖出者：一种严格的交易方法，即逐步累计或卖出股票头寸，同时在某个时点买入或卖出所有头寸。

卖出止损交易指令：一种保护多头头寸或限定损失的卖出交易指令。先以低于现价的价格买入股票，当市场价格高于或触及卖出止损价格时，交易指令生效。

沽空：投资者先向股票经纪商或交易商借入股票，并在股市上卖出这些股票，也可以说他或她看跌，持有空头头寸。这种人希望以后按更低的价格买回这些股票。先卖出股票（空卖），后买回股票，这称为抵补性买入。如果使用得当，沽空可以是熊市中的一种有效盈利和保护工具。不负责沽空称为“非抵补性沽空”，即在没有合法地借入多头股票，然后卖空的情况下，进行沽空。这是一种极其没有职业道德的操作手法，本书不推荐这种手法。

沽空策略：沽空策略将采用各种投资工具，如沽空和其他对冲技术，以控制风险，并且实行严格的交易纪律，如止损。实施沽空策略时，对牛市和熊市中适当的股票风险敞口进行基本面和技术面分析，进行资产的战术配置。沽空策略既可以在市场上扬时采用，也可以在市场下跌时实施，对应于只是多头买入和持有策略。沽空策略注意投资于互不相关的市场，以降低波动率和风险。沽空策略的目的是低买高卖，也可以高卖，然后以更低的价格买回来。沽空策略要人们认识到，在波动率和系统性风险的新时代，必须采用新的交易和投资方法。

标普500 指数：400 种工业股票、40 种金融股票、40 种公用事业股票和 20 种交通运输股票的加权平均价格指数。

滞胀：指经济处在增长停滞，但通货膨胀率和失业上升的时期。滞胀可以分为各种严重程度。中度滞胀期是指，即使在商品价格全面上升，出现通胀的压力下，股票和房地产等资产的价格依然保持下跌。由于失业率迅速攀升，同时出现价格普遍上涨，滞胀最终可能导致严重的经济衰退，这称为严重滞胀期。

止损交易指令：客户的一种交易指令，即当市场价格达到约定价位时，成为市场交易指令的委托交易指令。理性的止损是指，你已在心中确定可以承担某只股票交易损失的价位。

技术面分析：指利用股票走势图，分析过去的股价和成交量，以确定未来股价波动的一种方法。纯粹的技术面分析主要集中对股价的走势分析，与基本面和基本面分析无关。

书系代码	书　名	作　者	定 价
经营管理			
BM001	《并购成长》(Digital Deals)	Geis	29.80
BM002	《绩效！绩效！》(企业培训版) (Coaching for Improved Performance)	Fournie	39.80
BM003	《质量无泪》(Quality Without Tears)	Crosby	39.80
BM004	《海阔天空——我在 DELL 的岁月》	方国健	20.00
BM005	《心时代——一个情感化的世界及其经济图景》	曹世潮	20.00
BM006	《情境领导者》(The Situational Leader)	保罗·赫塞	18.00
BM007	《EMBA 销售管理》(Sales Management)	Calvin	45.00
BM008	《EMBA 财务管理》 (Finance and Accounting for Non-financing Managers)	Weston	49.80
BM009	《EMBA 兼并与收购》(Mergers and Acquisitions)	Weston	38.00
BM010	《EMBA 公司战略》(Corporate Strategy)	Colley	39.80
BM011	《EMBA 创业管理》(Entrepreneurial Management)	Calvin	49.80
BM012	《EMBA 领导艺术》(Managerial Leadership)	Topping	35.00
BM013	《EMBA 战略营销管理》 (Strategic Marketing Management)	Parry	42.00
BM014	《EMBA 公司治理》(Corporate Governance)	Colley 等	49.80
BM015	《六西格玛是什么》(What is Six Sigma)	Pande	15.00
BM016	《六西格玛基础教材》(The Six Sigma Basic Training Kit)	Juran	80.00
BM017	《六西格玛团队实战手册》 (The Six Sigma Way Team Fieldbook)	Pande, Neuman, Cavanagh	49.80
BM018	《六西格玛团队怎么做》(Six Sigma Team Pocket Guide)	Federico	16.00
BM019	《杰克·韦尔奇领导艺术词典》 (Jack Welch Lexicon of Leadership)	Krames	32.00
BM020	《杰克·韦尔奇的 29 个领导秘诀》 (29 Leadership Secrets from Jack Welch)	Slater	29.80
BM021	《通用电气"群策群力"》(GE Work-Out)	Ulrich 等	39.80
BM022	《顶峰》(Million Dollar Consulting)	Weiss	48.00
BM023	《战略计划实务》(Applied Strategic Planning)	Goodstein 等	48.00
BM024	《平衡计分卡实用指南》(Balanced Scorecard)	Paul Niven	49.80
BM025	《战略物流管理》(Strategic Logistic Management)	Stock	80.00
BM026	《整合——企业并购成功之道》(M&A Integration)	Schweiger	39.80
BM027	《战略领导》(The Art and Discipline of Strategic Leadership)	Freedman	32.00
BM028	《经理薪酬完全手册》 (The Complete Guide to Executive Compensation)	Bruce R. Ellig	65.00

书系代码	书　　名	作　者	定 价
BM029	《突破困境的领导艺术》(Leadership When the Heat's On)	Cox, Hoover	39.80
BM030	《朱兰自传》(Architect of Quality)	Juran	50.00
BM031	《卓越领导》(The Extraordinary Leader)	Zenger 等	39.80
BM032	《精益六西格玛案例》(Learning into Six Sigma)	Wheat 等	18.00
BM033	《领袖魅力》(Executive Charisma)	Benton	39.80
BM034	《西南航空案例》(The Southwest Airlines Way)	Gittell	49.80
BM035	《危机领导》(Leader Shock)	Hicks	29.80
BM036	《应变》(Agile Business for Fragile Times)	麦卡锡 等	35.00
BM037	《绩效导向的领导力》(Results-Based Leadership)	Ulrich 等	49.80
BM038	《企业沟通的威力》(The Power of Corporate Communication)	Argenti 等	39.80
BM039	《贯彻执行 现在就做》(Why Can't We Get Anything Done Around Here?)	李夫顿 等	20.00
BM040	《高效能团队领导智慧》(Leadership Lessons of The Navy Seals)	坎农 等	39.80
BM041	《竞争性销售》(Hope is not a Strategy)	佩吉	39.80
BM042	《丰田汽车案例》(The Toyota Way)	莱克	49.80
BM043	《风险管理》(Risk Management)	科罗赫 等	80.00
BM044	《团队工作》(The Work of Teams)	卡岑巴赫	39.80
BM045	《通用电气案例》(GE Work-out)	Ulrich 等	49.80
BM046	《质量无泪》(修订版)	Crosby	39.80
BM047	《绩效改进 19 讲》(201 Ways to Turn any Employee Into a Star Performer)	霍利	29.80
BM048	《人性管理》(The Uncertain Art of Management)	奥斯曼	39.80
BM049	《透明管理》(The Transparency Edge)	佩格诺	29.80
BM050	《成本改进 181 法》(A Manager's Guide to Creative Cost Cutting)	大卫·杨	29.80
BM051	《直觉》(The Art of What Works)	杜根	39.80
BM052	《劣势者的优势》(The Underdog Advantage)	莫里	39.80
BM053	《精益六西格玛服务》(Lean Six Sigma for Service)	乔治	55.00
BM054	《活学活用博弈论》(Game Theory At Work)	米勒	39.80
BM055	《巅峰绩效》(Peak Performance)	卡岑巴赫	39.80
BM056	《丰田汽车:精益模式的实践》(The Toyota Way Fieldbook)	莱克 等	65.00
BM057	《什么是公司治理》(What is Corporate Govermance)	科利 等	18.00
BM058	《MBA 名校的 10 堂课》(What the Best MBAs Know)	纳瓦洛	49.80
BM059	《现代企业管理教程》(Understanding Business)	尼科尔斯 等	50.00
BM060	《领导艺术》(The Art of Leadership)	曼宁 等	50.00
BM061	《产品生命周期管理》(Product Lifecycle Management)	格里夫斯	49.80
BM062	《创新从头开始》(What customers want)	伍维克	29.80
BM063	《创新引擎》(Fast Innovation)	George	39.80

书系代码	书　　名	作　者	定 价
BM064	《苹果电脑案例》(The Apple Way)	Cruikshank	39. 80
BM065	《企业外包实务》(The Manager's Step-by-Step Guide to Outsourcing)	Dominguez	29. 80
BM066	《重塑创业精神》(Lead Like an Entrepreneur)	桑伯里	45. 00
BM067	《顾客导向》(The Outside-In Corporation)	邦德	39. 80
BM068	《定价与收益优化》(Pricing and Revenue Optimization)	菲利普斯	60. 00
BM069	《笑梁山》	陈实	35. 00
BM070	《价值流管理:面向全局供应链的精益方法》	多尔斯麦思卡罗	43. 00
BM071	《新企业所得税法与会计准则比较分析》	张炜	68. 00
BM072	《丰田产品开发体系》	摩根,莱克	60. 00
BM073	《联想:中国 IT 企业国际化品牌行销之道》	周锡冰	39. 80
BM074	《每秒千桶》(A Thousand Barrels a Second)	特扎基安	39. 80
BM075	《活学活用丰田生产方式》	田鹏	26. 00
BM076	《什么是精益》(Lean Production Simplified)	丹尼斯	35. 00
BM077	《纳税会计》	张炜	46. 00
BM078	《精益办公价值流》(The Complete Lean Enterprise)	凯特,劳克尔	35. 00
BM079	《超越平衡计分卡》(Beyond the Balanced Scorecard)	布朗	39. 80
BM080	《超越约束理论》(Beyond the Theory of Constraints)	莱文森	35. 00
BM081	《精益企业文化》(Creating a Lean Culture)	曼恩	39. 80
经济学			
E－001	《中国经济》(Chinese Economy)	蔡昉,林毅夫	39. 80
E－002	《宏观经济学》(Macroeconomics)	Dornbusch	60. 00
E－003	《经济学》(Economics)	McConnell, Brue	79. 00
E－004	《微观经济学》(Microeconomics and Behavior)	Frank	65. 00
E－005	《环境经济学》(Introduction to Environmental Economics)	Field 等	50. 00
E－006	《财富的诞生》(The Birth of Plenty)	Bernstein	49. 80
E－007	《ArcView GIS® 与 ArcGIS® 地理信息统计分析》(Statistical Analysis of Geographic Information with ArcView GIS® and ArcGIS®)	David Wong 等	58. 00
管理学			
MT001	《战略物流管理》(Strategic Logistic Management)	Stock	80. 00
MT002	《物流战略咨询》(Supply Chain Strategy)	Frazelle	49. 80
MT003	《组织人员配置》(Staffing Organization)	Heneman, Judge	
MT004	《战略管理》(Strategic Management)	Dess 等	40. 00
MT005	《数据模型与决策:运用电子表格建模与案例研究》(第1版)(Introduction to Management Science)	Hillier 等	75. 00
MT006	《数据模型与决策:运用电子表格建模与案例研究》(第2版)(Introduction to Management Science)	Hillier 等	75. 00
MT007	《电子商务导论》(Introduction to E-Commerce)	雷波特　等	58. 00
MT008	《供应链设计与管理》(Designing and Managing The Supply Chain)	辛奇—利维　等	40. 00

书系代码	书　　名	作　者	定 价
MT009	《管理学基础》(Management)	克尼基　等	48.00
MT010	《定价》(Pricing)	门罗	65.00
MT011	《精通战略》(Mastering Strategy)	雷格斯比　等	39.80
MT012	《战略采购管理》(Harnessing Value in the Supply Chain)	班菲尔德	39.80
MT013	《逆向管理》(Don't Oil the Squeaky Wheel)	Rinke	39.80
MT014	《跨国管理》(Transnational Management)	Bartlett 等	79.80
MT015	《运营管理》(Matching Supply with Demand)	Cachon 等	50.00
MT016	《供应链与价值网创新企业案例》	任建标	35.00
营销管理			
MM001	《定位》(Positioning)	Ries & Trout	39.80
MM002	《营销战》(修订版)(Marketing Warfare)	Ries & Trout	39.80
MM003	《营销革命》(Bottom-up Marketing)	Ries & Trout	39.80
MM004	《新定位》(The New Positioning)	Trout	39.80
MM005	《颠覆广告》(Disruption)	让—马贺·杜瑞	40.00
MM006	《创意的竞赛》(Which Ad Pulled Best?)	Purvis	39.80
MM007	《广告文案名人堂》(The Art of Writing Advertising)	Higgins	29.80
MM008	《产品经理的第一本书》(The Product Manager's Handbook)	Gorchels	39.80
MM009	《全球整合营销传播》(Communicating Globally)	舒尔茨	39.80
MM010	《整合营销传播:利用广告和促销建树品牌》(IMC: Using Advertising and Promotion to Build Brands)	Duncan	298.00
MM011	《市场战略》(The Market Makers)	Spulber	48.00
MM012	《全球营销》(Global Marketing)	乔尼·约翰逊	60.00
MM013	《网络营销》(Internet Marketing)	默罕默德　等	65.00
MM014	《产品经理的第二本书》(The Product Manager's Field Guide)	Linda Gorchels	39.80
MM015	《营销学基础》(Essentials of Marketing)	佩罗特,麦卡锡	60.00
MM016	《文案发烧》("Hey, Whipple, Squeeze This.": A Guide to Creating Great Ads)	苏立文	39.80
MM017	《小鱼吃大鱼》(Eating the Big Fish)	摩根	45.00
MM018	《什么是战略》(Trout On Strategy)	特劳特	29.80
MM019	《整合营销传播:创造企业价值的五大关键步骤》(IMC: the Next Generation)	唐·舒尔茨　等	39.80
MM020	《促销管理的第一本书》	Schultz	39.80
MM021	《广告箴言》(And Now a Few Words From Me)	加菲尔德	29.80
MM022	《营销计划手册》(The Successful Marketing Plan)	赫宾 等	68.00
MM023	《渠道管理的第一本书》(The Manager's Guide to Distribution Channels)	哥乔斯 等	35.00
MM024	《项目管理的第一本书》(The McGraw-Hill 36 – Hour Project Management)	库克,塔特	

书系代码	书　　名	作　者	定 价
MM025	《细读杰克·韦尔奇》	Krame, Slater	39.80
MM026	《品牌资产管理》(Brand Asset Management)	戴维斯	39.80
MM027	《互愿营销》(Opt-In Marketing)	罗曼 等	39.80
MM028	《小技巧　大销售》(401 Killer Marketing Tactics)	费尔藤斯坦	39.80
MM029	《作业成本管理的第一本书》(Common Cents)	特尼	39.80
MM030	《产品经理手册》(The Product Manager's Handbook)	哥乔斯	55.00
MM031	《商战》(20 周年纪念版)(Marketing Warfare)	Ries & Trout	68.00
MM032	《博客营销》(Blog Marketing)	Jeremy Wright	39.80
MM033	《品牌驱动力》(Building the Brand-Driven Business)	戴维斯, 邓恩	39.80
MM034	《定价的艺术》(The Art of Pricing)	Mohammed	29.80
MM035	《营销 7 堂课》(Mastering Marketing)	罗斯金－布朗	39.80
销售管理			
SM001	《成功销售管理的 7 大秘诀》(7 Secrets to Successful Sales Management)	Wilner	39.80
SM002	《电话行销, 轻松成交》	姚能笔	39.80
SM003	《摸透顾客心》(Ten Demandments)	Mooney Bergheim	39.80
SM004	《练就铁齿铜牙》(Secrets of Power Persuasion for Salespeople)	Dawson	39.80
SM005	《轻松收款》(Collections Made Easy)	卡罗尔	39.80
SM006	《打倒墨菲定律　挽救我的销售》(Beating the Deal Killers)	Giglio	39.80
SM007	《增加销售的 12 种核心技术》(Beyond E)	Diorio	39.80
SM008	《销售管理》(Sales Force Management)	Johnston 等	49.00
SM009	《汽车销售的第一本书》	孙路弘	39.80
SM010	《终极销售力》(Ultimate Selling Power)	莫伊, 洛伊德	39.80
SM011	《顶尖销售的 25 堂课》(Secrets of Top Performing Salespeople)	乔诺　等	29.80
SM012	《引爆销售的 10 大黄金法则》	Desena	39.80
SM013	《再造销售奇迹》	Eades	39.80
SM014	《攻心式销售》	Bosworth	24.80
SM015	《百万销售师》	Gardner	24.50
SM016	《成交》	Victor	29.80
SM017	《直销经理的第一本书》(Making Millions in Direct Sales)	马拉汉 等	39.80
SM018	《直销 37 计》(The Ultimate Guide to Network Marketing)	乔·鲁比诺	39.80
职场发展			
CD001	《外企面试宝典》(More Best Answers to the 201 Most Frequently Asked Interview Questions)	DeLuca	25.00
CD002	《人才心理测评》(Psychological Testing at Work)	Hoffman	25.00

书系代码	书　　名	作　者	定 价
CD003	《演讲的艺术》(Strictly Speaking)	Buckley	29.80
CD004	《五大会计师行》	周年洋　等	24.80
CD005	《职业经理自修手册》(The Manager's Self-development Guide)	Pedler	35.00
CD006	《关键对话》(Crucial Conversations)	Patterson 等	29.80
CD007	《静思录》(Finding Your Strength in Difficult Times)	David Viscott	19.80
CD008	《商务英语书信写作精益求精篇》	康宁汉　等	29.80
CD009	《商务人士日常书信写作》(Great Personal Letters for Busy People)	布赫	48.00
CD010	《销售信函》(Sales Letters Ready to Go)	贝塞尔　等	32.00
CD011	《商务信函》(Business Letters Ready to Go)	Bayse	39.80
CD012	《我爱笨老板》(How to Work for an Idiot)	胡佛	29.80
CD013	《实用英语动词短语》(Basic Phrasal Verbs)	斯皮尔斯	35.00
CD014	《赛马》(Horse Sense)	里斯,特劳特	29.80
CD015	《报刊装帧设计手册》(The Newspaper Designer's Handbook)	哈洛维	128.00
CD016	《君子善言》(Speak Like a CEO)	贝茨	32.00
CD017	《脱颖而出》(Shine)	汤普森	29.80
CD018	《量子飞跃》	谢尔顿,刘芊	29.80
CD019	《纳米说服力》	姚能笔	29.80
CD020	《你就是品牌》(U R a Brand!)	卡普塔	29.80
投资理财			
IF001	《赢得"输家的游戏"》(Winning the Loser's Game)	Ellis	29.80
IF002	《向格雷厄姆学思考,向巴菲特学投资》(How to Think Like Benjamin Graham and Invest Like Warren Buffett)	Cunningham	39.80
IF003	《巴菲特怎样选择成长股》(How to Pick Stocks Like Warren Buffett)	Vick	29.80
IF004	《最后的合伙人》(The Last Partnership)	Geisst	29.80
IF005	《财务报表分析与证券定价》(Financial Statement Analysis and Security Valuation)	Penman	98.00
IF006	《技术分析》(Technical Analysis Explained)	Pring	80.00
IF007	《技术分析 A–Z》(Technical Analysis from A to Z)	Achelis	55.00
IF008	《股票价值评估》(Valuing a Stock)	Gray　等	39.80
IF009	《蜡烛图精解(第3版)》(Candlestick Charting Explained)	Morris	60.00
IF010	《技术分析习题集》(Study Guide for Technical Analysis Explained)	Pring	25.00
IF011	《股票市场的时机选择》(Timing the Stock Market)	亚历山大	48.00
IF012	《最佳卖出点》(It's when You Sell that Counts)	卡西迪	39.80
IF013	《股市名言》(Buy the Rumor, Sell the Fact)	麦洛	29.80
IF014	《向格雷厄姆学思考,向巴菲特学投资》(修订版)	Cunningham	39.80

书系代码	书　　名	作　者	定 价
IF015	《华尔街投资银行史》	Geisst	49.80
IF016	《信用风险:度量与管理》	瑟维吉尼	65.00
IF017	《财务报表分析与证券定价》(第二版)(Financial Statement Analysis and Security Valuation)	Penman	98.00
IF018	《信用评分模型技术与应用》	陈建	60.00
IF019	《现代信用卡管理》	陈建	80.00
IF020	《标准普尔教你做好个人理财》(The Standard & Poor's Guide to Personal Finance)	道尼	25.00
IF021	《标准普尔教你做好第一笔投资》(The Standard & Poor's Guide for the New Investor)	马蒂夫	25.00
IF022	《标准普尔教你做好长期投资》(The Standard & Poor's Guide to Long-Term Investing)	提格	20.00
IF023	《股市法则》(Stock Market Rules)	沙伊莫	29.80
IF024	《股指期货 100 问》	中国国际期货武汉研究中心	25.00
IF025	《巴菲特选股魔法》	洪瑞泰	25.00

(具体数据以出书为准)

图书订购单

（可复印使用）

第一步：请您填写以下资料：

公司名称： 收书人：

发货（邮寄）地址： 邮编：

联系电话： E-mail：

第二步：请您填写您所选购的图书及册数资料：

图书名称（请注明版次）	数　量	单价（RMB）	合计（RMB）
合　　计			

第三步：请您到邮局将款项汇至以下地址：

收 款 人：中国财政经济出版社邮购部

地　　址：北京市海淀区阜成路甲28号新知大厦

邮　　编：100036

电　　话：010－88190406　88190488

传　　真：010－88190414

邮购费用：书价加15%的邮费

第四步：请确认您是否需要增值税票，如果需要请在传真中注明您的增值税信息：

☐ 开具增值税发票　　☐ 开具普通发票

第五步：如果您想了解其他详细情况，请垂询销售热线或发电子邮件：

TEL：010－8819 1017　　E-mail：webmaster@ewinbook. com

第六步：请您在以下空白处签字确认：

客户：

日期：